Ruth Blaue

Klaus Alberts

DIE MÖRDERIN
RUTH BLAUE

Schleswig-Holsteins
rätselhafter Nachkriegsfall

BOYENS

ISBN 978-3-8042-1329-6

Herstellung: Boyens Buchverlag
Druck: Boyens Offset
Printed in Germany

Inhaltsverzeichnis

I. Detlef Boysen, Ruth Blaue und ich

Kleine Stadt Meldorf an der Nordsee, es ist Sonnabend, der 19. November 1955, wie immer ist die Schule nach der vierten Stunde vorbei; ich, Quartaner, gehe die paar Schritte zum Vater ins Amt; der ist noch beschäftigt, danach wollen wir nach Hause, ich lese solange die „Dithmarscher Landeszeitung". Ein Prozess, den ich die ganze Woche gespannt verfolgt habe, ist entschieden: Eine Mörderin ist zu lebenslänglich verurteilt worden. Vater muss nun doch noch bleiben, ich mache mich auf den Heimweg. In der Zingelstraße stürzt sich Detlef Boysen auf mich, er stürzt eigentlich immer so herum: hektisch, erregt; wirre, weiße Haare, ungeschnitten unter der Baskenmütze, wilder Blick, Riesenhornbrille, stinkender Zigarrenstummel im Mund oder in der Hand mit dem halb amputierten Finger, von dem ich den Blick nie losreißen kann. Schreit: „Klaus, hast Du's schon gelesen? Sie haben unsere Ruth verurteilt! Diese Unmenschen, diese Wahnsinnigen, was kann man bloß tun?" Ich weiß es nicht, noch bin ich nicht Jurist. Und überhaupt: „U n s e r e Ruth"?
Detlef Boysen, Original-Genie, Rangierarbeiter auf der „Hölle", der großen DEA-Raffinerie im Nachbarort Hemmingstedt, Kunstförderer, Ausstellungsmacher, Berühmtheit und mein Freund (wie Kinder gerne Originale zu Freunden haben), ist außer sich. Er schäumt. Die wenigen Meldorfer, die in dieser Mittagsstunde, da die Geschäfte schon schließen, noch unterwegs sind, drehen sich um: Ach so, Detlef Boysen ...
Er ist Ruth Blaue verfallen, seit er sie 1949, nach ihrem Umzug von Elmshorn nach Dithmarschen, das erste Mal erlebt hat. Was für eine Frau, was für ein Geist, welche Bildung!
Als sie dann angeklagt wird, bietet er sich dem Gericht als Zeuge an; zur Tat kann er nichts sagen, nur, dass er ihr den Mord nie und nimmer

zutraut. Das Gericht lässt ihn als Leumundszeugen zu, da es jede Gelegenheit nutzen will, sich von Ruth Blaues Persönlichkeit ein Bild zu machen. Er nennt sie eine Frau, „die so tief pflügt, dass sie unvergesslich" ist. „Was sie sagt, ist unbedingt wahr." Ihre Lebensweisheiten seien für ihn richtunggebend geworden, wie er es auch in seinem Erinnerungsbuch „Was bleibt" beschrieben hat. Sie sei stets äußerst hilfsbereit, „wenn auch besonders geistiger Art". Im Gerichtssaal schaut er nach beinahe jedem Satz zur Angeklagten: „Ist's recht so, Ruth?" wendet er sich an sie, bis der Vorsitzende ihm dieses Verhalten untersagt. Er gibt das Bild eines alten Narren, eines Abhängigen: Er ist ihr untertan, und er bleibt es. Sie soll später sagen, Detlef Boysen habe sie nicht interessiert:

„Jede Beeinflussung liegt mir fern, noch lege ich es darauf an, Menschen an mich zu fesseln. Herrn Boysen seinerzeit am allerwenigsten. Die Treue und Freundschaft, die er Horst hielt, freute mich. Was er von mir hielt, war mir nicht bekannt, interessierte mich auch nicht. Seine Rückfrage an mich bei seinen Aussagen entspricht seiner Art. Jetzt vergesse ich es ihm allerdings nie, dass er als Einziger zu meinen Gunsten zu sprechen versuchte und mir die Jahre der Haft hindurch seine Hilfsbereitschaft bewies."

Durch Detlef Boysen bekommt Ruth Blaue für mich eine persönliche Kontur. Heftig interessiert allerdings habe ich, der frühreife, neugierige Knabe, mich für sie schon, seit ich von ihrer und Horst Buchholz' Verhaftung im Sommer 1954 gelesen habe. Viele Quellen stehen mir zur Verfügung. Ich nutze sie eifrig. Der Vater hat die „Dithmarscher Landeszeitung" abonniert, auch das „Hamburger Abendblatt". Unsere liebe Putzfrau, Auguste Altenburg, liest die „Bild"-Zeitung, klar, und, vor allem, unerschöpflicher Quell, die mir vom puritanischen Vater streng verbotenen Lesemappen bei Friseur Adam und bei Inspektor Wedderkop, einem Mitarbeiter der Kreisverwaltung, mit dessen Sohn Uwe ich befreundet bin, wo ich mich Nachmittage lang begierig auf die Themen stürzte, die mich eigentlich nichts angehen sollten. In jener Zeit sind es insbesondere Ulla Jacobsson in dem Skandalfilm „Sie tanzte nur einen Sommer" und, ja, eben Ruth Blaue, diese Geschichte von Abhängigkeit und Tod. Die Presse bedient die Öffentlichkeit. Die regionale und lokale Presse berichtet weitgehend sachlich über den Fall, über die Verhaftung der mutmaßlichen Täter, den Fortgang der Ermittlungen, wie Polizei und Staatsanwaltschaft kontinuierlich auf Pressekonferenzen darüber informieren. Die „Norddeutsche Rundschau" bietet unter der Überschrift „Die Mörder wohnten unter uns" ein bisschen Grusel an. Sie besucht die Witwe Schaar, die Mutter meines kurzzeitigen Klassenkameraden Herbert Schaar, die mit ihren Kindern in dem Haus wohnt, das Horst Buchholz 1948 erworben hatte. Sie jagen der einfachen Frau einen furchtbaren Schrecken ein; denn sie wusste nicht, dass die des Mordes Verdächtigten hier eine Zeit lang gewohnt hatten. Ansonsten hält sich die örtliche Presse mit Effekthascherei und Sensationsmache, vor allem auch ganz überwiegend mit Vorverurteilungen, zurück. Es wird ein kleines Stück Nachkriegsgeschichte dargestellt, über das im Grunde genommen die Zeit schon hinweggegangen ist. Aber bis zum Prozess wird das Interesse des Publikums wachgehalten, immer wieder erscheint der eine oder andere Artikel; denn immerhin: ein unaufgeklärter Mord in nächster Nähe, eine geheimnisvolle Frau, ein blutjunger Fliegeroffizier, ein toter Ehemann, ein hartnäckiger Kommissar: das hat schon etwas von einem großen Kriminalstoff.

Für die Vorverurteilung sind andere Blätter zuständig. Dafür sorgen mit starken Worten erst einmal „Bild" und „Stern". Auch das „Hamburger Abendblatt" emotionalisiert stark, dessen Journalistin, Dr. Hildegard Damrow, weiß, wie es gewesen ist: Das anspruchsvolle Hamburger Publikum braucht, bevor sein gelangweiltes Auge überhaupt aufblitzt, eben ganz anderen Tobak als die biederen Landbewohner. Sie widmet dem Fall eine kleine Serie „Das Geheimnis der Blauen Stube".

Für „Bild" ist die Sache schon am 27. August 1954 klar: „Mit Blutschuld beladen": Da sind sie, lächelnd, verliebt und bieder, als ob sie keiner Fliege etwas zuleide tun könnten, die Mörder von Elmshorn …" Und genauer: „Das Liebespaar schlug dem mit Schlaftabletten betäubten Ehemann den Schädel ein."

Am Tage zuvor war schon berichtet worden, „Ehefrau und Geliebter erschlugen Heimkehrer". Opfer war der „aus der Kriegsgefangenschaft heimgekehrte Ehemann". Hier wird das Bild suggeriert, John Blaue, der nie in Gefangenschaft war, sei eine dieser hilflosen Elendsgestalten gewesen, die man von den Aufnahmen aus Friedland kennt: fast verhungerte Männer, wie sie aus den sowjetischen Straflagern kommen, knapp dem Tode entronnen. Mord an einem solchen Menschen wirkt noch perfider. Beim Fund der Leiche hatte sich ein kleines Stück der Verpackung gelöst, man sah ein wenig vom Oberschädel: „Es war ein Seesack, aus dem den Kindern der Schädel eines Toten entgegengrinste." „Bild"-Leser mögen es voll derb, sonst wirkt es nicht.

Und der „Stern"? Er ist im Ermittlungsverfahren dabei.

„Kriminaloberkommissar Paukstadt rauchte viel in den nächsten Tagen, und manchmal, spät abends, wenn er immer noch nicht fertig war mit Grübeln, Kombinieren und mit Verwerfen von gefundenen scheinbaren Lösungen, die eben noch vielversprechend ausgesehen hatten, gingen ihm die Zigaretten aus, er fand nur noch leere Packungen im Büro, und auch keiner der Kollegen, die nach Hause gegangen waren, hatte eine Schachtel vergessen, die man jetzt plündern könnte."

Bei der Festnahme:

„Ich komme wegen ihres Mannes", sagte Paukstadt ruhig, „ich bin Kriminalbeamter aus Itzehoe." Ein Schatten huschte über Ruth Blaues Gesicht, dann war ein Lächeln da mit einem Ausdruck von Hoffnung dabei: „So?" sagte sie. „Haben sie Nachricht von ihm?" Paukstadt sah Buchholz an. Er sah in ein Gesicht, das blass geworden war. (Auch das „Hamburger Abendblatt" wusste Bescheid: „Tiefer Ernst liegt in diesen wenigen Worten des Kommissars. Aber auch eine gewisse Güte, geboren aus dem Mitempfinden für das, was jetzt kommt.")
„Ich glaube, Herr Buchholz weiß, wie ich zu verstehen bin", sagte er. „Ich muss sie beide bitten, mit mir zu kommen." „Gleich?", fragte Ruth Blaue. Um ihren Mund war immer noch ein Lächeln, jetzt aber mit befremdetem Erstaunen, aber ihre Stimme war schrill.
„Ja, gleich", nickte Paukstadt, „bitte kommen Sie, der Wagen wartet unten." Buchholz stand als Erster auf. Er sagte kein Wort. Er nahm seine Jacke, die auf der Couch lag.
„Ich verstehe das alles nicht", sagte Ruth Blaue.
„Natürlich nicht", antwortete Paukstadt gleichmütig.

Nach der Tat:

„Jetzt ins Schlafzimmer", sagte Horst Buchholz. Folgsam verließ Ruth Blaue die Bodenkammer. …
„Ist dir kalt?", fragte Buchholz. Sie antwortete nicht. …
„Wir dürfen nie mehr daran denken", sagte sie nach einer Weile. …
„Ja."

„Ob Weinhold was gehört hat", fragte er nach langer Pause. Ein kurzes Zucken war um ihre Lippen. Sie schüttelte den Kopf.

„Er hat so viele Brote mit Fischpaste gegessen", sagte sie, und es klang fast, als freute sie sich diebisch über einen gelungenen Streich.

„Und?"

„Ich habe Schlaftabletten zerrieben und sie unter die Paste gemischt."
...
„Er hat auch davon gegessen." Sie sprach den Namen des Getöteten nicht aus.

„Deshalb sind wir ja auch nicht lange beim Tanzen geblieben, er wurde müde."

Der „Stern" hat einen Informanten. Die Version der Geständnisse, die die Verabreichung von Schlaftabletten zum Abendbrot beinhaltet, ist nur der Kriminalpolizei, der Staatsanwaltschaft, dem Ermittlungsrichter und den Verteidigern bekannt. Auch damals schon kämpfen die an mehreren Fronten für ihre Mandanten. Die Justiz bittet „collegialiter" um künftige Beachtung ihrer Verschwiegenheitspflichten. Andere Zeiten! Alle Hamburger Blätter laben sich ganz besonders daran, dass der blutbefleckte „Herrgottschnitzer vom Schwarzwald" sich hauptsächlich mit dem Herstellen von Marterln mit dem gekreuzigten Christus und Madonnenfiguren, die das Gesicht Ruth Blaues tragen, beschäftigt. Aber er kann auch anders:

„Seligkeit und Sünde wurden eins für ihn. Er modellierte betörende Akte, formte neben der himmlisch betenden Frau die irdische, liebende, die weit entfernt war von stiller Entsagung."

Gespielte Abscheu und tiefes Entsetzen, aber auch die notwendige Prise deftigen Voyeurismus bestimmen den Ton, der dem Publikum vorgegeben wird: So soll es das wohl sehen!
Ich bin damals als Schüler also bestens informiert und – fasziniert. Ich warte auf den Prozess.
Der kommt, es ist November 1955. Jetzt ist das Interesse der Herren der veröffentlichten Meinung riesengroß, besonders auch, nachdem es den zweiten Toten gibt: Ruth Blaues Mitangeklagter Horst Buchholz, der sich wenige Tage vor Verhandlungsbeginn das Leben genommen hat. Aus dem ganzen Bundesgebiet reisen die Berichterstatter an, natürlich überwiegen die Lokal- und Regionalzeitungen. In e i n e r journalistischen Bewertung sind sich alle einig: Es handelt sich um

einen der „aufsehenerregendsten Mordfälle der Gegenwart". Hier wird dann der Publikumsgeschmack bedient. Mag der Fall lange zurückliegen, der Prozess aber ist dramatische Gegenwart. Und so ist es konsequent, dass der Gerichtssaal regelmäßig überfüllt ist mit den üblichen sensationsgierigen, empörungsbereiten Rentnern, Arbeitslosen und Hausfrauen, die die Angeklagte anstarren mit der bekannten Mischung aus Lüsternheit und wohligem Abgestoßensein. Ein Blitzlichtgewitter geht über Ruth Blaue nieder, als sie den Saal betritt. Das wiederholt sich zur Urteilsverkündung. Alles wird registriert: dass sie blass und nicht geschminkt ist am ersten Tag, einen schokoladenfarbenen Mantel trägt, ein hochgeschlossenes schwarzes Wollkleid, schwarze Wildlederpumps, am linken Ringfinger ein schmaler Goldreif mit blauem Stein auffällt. An den anderen Verhandlungstagen trägt sie dann ein schlichtes graues Kostüm. Hin und wieder ordnet sie mit leichter Hand den Haarknoten in ihrem Nacken. Sie muss nicht auf der Anklagebank Platz nehmen, ein bequemer Polstersessel steht ihr bereit, zielsicher geht sie dorthin. Knisternde Spannung breitet sich im Saal aus, als die kreidebleiche, verhärmte, übernächtigt wirkende Angeklagte dann vom Publikum zu betrachten ist. Auf manchen Journalisten wirkt sie einsam und innerlich zerrissen, hilflos wie ein Lamm, das zur Schlachtbank geführt wird. Die ersten zaghaften Wort bringt sie leise mit leicht lispelnder Stimme hervor.

Dann ändert sich das Bild: Angespannt und hochkonzentriert ist sie, mit fester Stimme schildert sie ihr Leben und ihre Sicht der Tat, beschuldigt als erstes ihren toten Geliebten der Alleintäterschaft. Man findet, ihre Darstellung hätte einem Psychologen Ehre gemacht. Immer wieder schwelgt die Presse in Bildern ihrer äußeren Erscheinung. Sie kann den Blick nicht von ihr wenden. Mal „ist sie von jener sanften Schönheit, der ein Hauch von Mütterlichkeit anhaftet", dann wieder ist das Gesicht „eine starre Maske, die fahlgelb über den gefalteten Händen schwebt". Was fasziniert und abstößt ist, dass sie nie, auch nicht in den kritischsten Augenblicken, die Fassung verliert. Es berührt offenbar ungeheuer, das mitzuerleben. Solche Kraft kann nur aus völliger Unschuld erwachsen, oder sie ist nur noch geschliffener Verstand, der wie ein Automat arbeitet.

Ruth Blaue ist den Prozessbeobachtern unheimlich, besonders auch, dass sie während der Urteilsbegründung „überlegen" lächelt und dieses Lächeln beibehält, als sie danach „sehr aufgeräumt" mit ihrem Verteidiger die Formalitäten der Revisionseinlegung bespricht. Über die Frage, ob Ruth Blaue eine „abgefeimte Intrigantin und Mordanstifterin", eine Mörderin oder eine große Unschuldige ist, kommt die Presse nicht hinweg. Allen Journalisten gemeinsam ist, dass sie aus der Angeklagten letzten Endes nicht „schlau" werden, ein Gefühl, das sie mit Polizei, Staatsanwaltschaft, Gericht und Gerichtsmedizinern verbindet. Einen Leckerbissen bietet mir, dem Meldorfer Gelehrtenschüler, die „Dithmarscher Landeszeitung" am 12. November 1955:

„... – es erinnert an die griechische Tragödie von der Heimkehr des Agamemnon ... Buchholz hatte in dieser Tragödie die Rolle des Aegist gespielt, er hatte die tödlichen Axthiebe gegen den Heimkehrer geführt."

Nach dem Urteil gerät Ruth Blaue bei mir für lange Zeit in Vergessenheit.

1963 dreht Jürgen Roland „Das Haus an der Stör", den Fernsehkrimi in der Reihe „Stahlnetz", der mich interessiert und den ich gut gemacht finde: Rudolf Platte als Kommissar hinreißend, Mady Rahl als die Ruth, alle mit veränderten Namen. Der Film spielt zu Teilen in Meldorf. Er wird ein Klassiker des Genres, immer wieder einmal gezeigt.

Als Ruth Blaues Tod der Presse Anfang 1973 noch eine kurze Meldung wert ist, da kommt auch bei mir die Erinnerung an diese eigenartige Frau wieder hoch – zum letzten Mal? Nein. Viel später folgt dann der „Fall Ruth Blaue" in der Dokumentation „Wenn Frauen morden" auf „arte" und „Phoenix". Hatte sie denn gemordet? Alle Beiträge, auch Rolands Film, bleiben merkwürdig unbestimmt, ringen sich nicht zu einer eindeutigen Stellungnahme durch. Nachdem ich diese Sendungen gesehen habe, erwacht mein Interesse an Ruth Blaue erneut und endgültig. Die Justiz macht mir die Akten zugänglich, der Plan zum Buch entsteht. Weshalb?

Es geht um die mich immer interessierenden zeitlosen Fragen von Verstrickung und Schuld, von Ausweglosigkeit und von menschlicher Tragödie. Und es geht ganz stark um die Frage des Zweifels: Ist Ruth Blaue das Opfer eines Fehlurteils? Dieser Zweifel bleibt beim Menschen und Juristen Klaus Alberts und verstummt nicht mehr. Diese

Frage will ich jetzt klären. Dieses Buch verdankt seine Existenz diesem Zweifel.

November 2010: Das Manuskript wird langsam fertig. Den Personen des Dramas bin ich nahegekommen. John Blaue und Horst Buchholz habe ich verstanden. Männer, die aus dem Kriege heimkehren, sich eine Existenz schaffen wollen. Einer ist verheiratet, wie so viele Ehen ist auch seine nicht mehr so, wie sie vorher war. Vielleicht hat die Frau sich entwickelt, vielleicht werden aber auch erst jetzt die Unterschiede so recht deutlich, die immer schon da waren, die der Krieg, die vielen Trennungen übertüncht haben; der Mann kann es nicht sehen, ist fast hilflos, hängt an seiner Frau, nimmt um dieser Verbundenheit willen, dieser Liebe vielleicht, es sogar hin, dass sie sich einem anderen zuwendet. Er bleibt, so schon sein Naturell, optimistisch, wird sich eine Existenz schaffen, dann die Verhältnisse regeln, ein zivilisierter Mensch, der vielleicht die Verachtung, die sie ihm entgegenbringt, nicht einmal bemerkt, er hält die Spannungen aus und hofft. Er ist ein Phantast. Alle mögen ihn, auch Horst Buchholz.

Horst Buchholz, ein verstörter, heimatloser Mensch von 21 Jahren, stößt auf eine ältere Frau, die sich um ihn kümmert, ihm ein Zuhause gibt und, in dem ihr möglichen Maß, vor allem Wärme. Auch wenn er ein eigenständiger Mensch bleibt, sie schafft den Rahmen – nicht wenig in dieser Zeit. Und sie erlaubt ihm eine sexuelle Beziehung, das ist damals viel für einen jungen Mann: von einer reifen, erfahrenen Frau gewählt zu werden. Horst Buchholz könnte zufrieden sein und der Zukunft unbelastet entgegensehen, wäre da nicht d i e S i t u a t i o n. Er kann nicht darüber hinwegsehen, dass es John Blaue gibt, der ihm liegt. Er muss leiden, weil er bestimmte Regeln des Anstands gelernt hat und für sich bejaht. Aber er ist auch an Ruth Blaue gebunden, längst, und das ist stärker als die Regeln des Anstands.

Ruth Blaue fürchtet, ihn zu verlieren. Sie schafft eine Kulisse, in der John Blaue als Bedrohung fungiert, sie als Opfer. Horst Buchholz reagiert wunschgemäß: Zaghafte Versuche der Lösung sind ihm so nicht möglich, er ist doch auch Beschützer der schwachen, gequälten Geliebten.

Aber Ruth Blaue übertreibt. Sie steigert das Maß ihrer Leiden ins Unerträgliche, damit aber auch ins Unerträgliche für Horst Buchholz. Sein Überlebensinstinkt setzt ein, er spürt, dass die Situation ihn zerstört. Er schließt dieses Kapitel für sich ab, die Lösung von Ruth Blaue und den bedrückenden Verhältnissen ist da, er will gehen. Jetzt ist er 22 Jahre alt.

Wie gehe ich mit Ruth Blaue um? Viele haben vor ihr kapituliert, es irgendwann aufgegeben, sie ergründen zu wollen. Ich auch? Was sie so befremdlich, aber auch in gewisser Weise interessant macht: Sie lügt ständig, aber immer anders, völlig unberechenbar, scheinbar ohne System. Was bringt sie dazu, auch dann bei Darstellungen zu bleiben, wenn sie längst widerlegt sind, die unmöglich sind, die niemand bestätigt? Sie verfolgt sicherlich ein Ziel: Erhaltung und Bekräftigung ihres Selbstbildes. Es gibt aber auch etwas, das sie uninteressant oder sogar abstoßend macht. Ich glaube, für mich sind es die Arroganz und, damit einhergehend, eine ganz bestimmte Art von Resistenz und völlige Uneinsichtigkeit. Sie unterschätzt uns andere, das verärgert und führt eigentlich zur Abwendung. Dann bleibt aber die Frage: Weshalb ist sie so, weshalb ist sie so geworden?

Uneinsichtigkeit und Selbstbehauptungswillen, Durchsetzung des Selbstbildes sind eine Kombination, die nicht selten ist. Wir alle begegnen ihr immer wieder. Hat die Kindheit sie geformt, die Prinzessin, nach deren Pfeife alle tanzen, die die schönsten Kleider trägt, die so süß ist, nach der sich alle Leute auf der Straße umdrehen? Die so besonders ist, an die niemand heranreicht, ein verwöhntes Wunderkind eben? Verhindert das ihr Leben lang jede Distanz zu sich und ihrem Tun? Vieles spricht dafür, dass hier ein Schlüssel zu ihrer Persönlichkeit verborgen ist.

Das würde vieles erklären, fast alles: Wenn Ruth Blaue gemordet hat, haben sich in einem Moment ihres Lebens Herrschsucht und Gewaltbereitschaft in ihr konzentriert und sind explodiert.

Wenn es so war, dann will ich es wissen. Schließlich bin ich Detlef Boysen noch eine Antwort schuldig geblieben – dieser Kauz und Freund hat sie mir hinterlassen, als er sich 1974 das Leben nahm, nur ein Jahr nach dem Tod von Ruth Blaue.

II. Die Prinzessin von Halberstadt

Ruth Blaue hat – wie wir alle – ein reales, durch Fakten belegtes Leben; daneben aber gibt es die Inszenierung und Illuminierung von Leben – die ihres eigenen und die des Lebens derjenigen, die ihr begegnen. Auch die Theateraufführung schafft Realität.
Sie heischt Bewunderung und will Erstaunen erregen. Danach bestimmt sie Akteure und Publikum; gezielt umgibt sie sich dabei mit Menschen, denen sie sich überlegen sieht; Menschen, die sie bewundern, bannt sie an sich. Sie schafft sich ein Milieu, in dem sie Prinzessin, Königin, Herrscherin ist. Sie hat ein festes Ziel für ihr Leben vor Augen.
Am 2. April 1914 kommt Ruth Blaue in Breslau als Tochter des Ehepaares Heine zur Welt; sie ist das älteste von drei Kindern, nach ihr werden noch die Schwester Gerda und der Bruder Wolfgang geboren. Gerda wird sie überleben, Wolfgang stirbt 1944 im Lazarett an seinen in Russland erlittenen Verwundungen.
Der Vater, Karl Heine, ist schon vor dem Ersten Weltkrieg als selbständiger Vertreter für Fleisch- und Wurstwaren tätig. Diesen Beruf übt er bis zu seiner Zurruhesetzung aus, er gehört zum weiteren Kreise der in Halberstadt ansässigen Fabrikantenfamilie Heine, die ein renommiertes Unternehmen in dieser Branche führt. Materiellen Erfolg soll er nicht haben, immer wieder lebt er mit seiner Frau und den Kindern in bedrängten Verhältnissen.
Wegen der Kriegsereignisse zieht die junge Familie im Sommer 1914 zu den Verwandten nach Halberstadt. 1916 wird der Vater eingezogen, er bleibt bis Kriegsende Soldat.
Ruth besucht in Halberstadt die Volksschule, hat gerade mit dem Lyzeum begonnen, als der Vater aus wirtschaftlichen Gründen 1925 nach Hamburg geht, die Familie siedelt sich in Lokstedt an. Dort besucht

sie die Mittelschule, macht 1929 die Mittlere Reife; es schließt sich der Besuch einer Hauswirtschaftsschule an, wo sie Schneidern und Weißnähen lernt, von April bis September 1930 besucht sie eine Handelsschule.

Ende des Jahres findet sie eine Anstellung in der Klinik Friedrichsberg, erledigt dort Schreibarbeiten, übt einfachere Labortätigkeiten aus. Danach wechselt sie ins Universitätsklinikum Hamburg-Eppendorf und beginnt eine Lehre als Laborantin; nebenher erledigt sie Sekretariatsarbeiten für einen leitenden Institutsmitarbeiter. Mitte 1933 wird sie fristlos entlassen, weil entdeckt worden ist, dass sie zahlreiche Briefe ihres Chefs unterschlagen hat. Ein Strafverfahren wird nicht eingeleitet, sie erfährt eine psychotherapeutische Betreuung. Während ihrer Tätigkeit in Eppendorf lernt sie den zehn Jahre älteren Assistenzarzt Dr. Wolfgang Trautmann kennen, den sie am 23. August 1933 heiratet. Trautmann beendet am 28. August die eheliche Lebensgemeinschaft, weil er erfährt, dass seine Ehefrau im Zustand der Unzurechnungsunfähigkeit, sie leidet laut psychiatrischem Gutachten an einer periodisch auftretenden Gemütskrankheit, eine Urkundenfälschung begangen hat. Auf seinen Antrag hin erklärt das Landgericht Hamburg am 29. November 1933 die Ehe für nichtig; die Beklagte Ruth Trautmann erhebt keine Einwendungen.

Die Verbindung reißt nach der Nichtigkeitserklärung nicht ab, sondern bleibt intensiv aufrechterhalten, auch in sexueller Hinsicht, während dieser Zeit, im Dezember 1933, erleidet sie eine Fehlgeburt. Sie trägt wesentlich zum Lebensunterhalt Trautmanns bei, die Mittel dazu gewinnt sie aus der Begehung von Straftaten, sie unterschlägt, fälscht Urkunden, betrügt. Von Juni bis August entleiht sie aus einer Bücherei fünfzig bis einhundert Bände, die sie verkauft. Im März 1935 nimmt sie eine Stelle als Kontoristin bei einer Agentur für elektrische Apparate an. Von April bis Juli reicht sie 78 fingierte Aufträge ein und erhält einen Provisionszuschuss in Höhe von 1.078,00 RM. Sie verkauft zwei Staubsauger, die sie an Kunden ausliefern soll.

Im Oktober 1935 wird sie vom Schöffengericht Hamburg zu neun Monaten Gefängnis verurteilt, ein psychiatrisches Gutachten attestiert ihr verminderte Zurechnungsfähigkeit. Die Verurteilung erfolgt wegen fortgesetzten Betruges in zwei Fällen, in einem Fall in Tateinheit mit fortgesetzter schwerer Urkundenfälschung und fortgesetzter Unterschlagung. Sie verbüßt einen Teil der Gefängnisstrafe, der geringere

Teil wird zur Bewährung ausgesetzt. Der Grund für ihre Straftaten wird in der Beziehung zu Dr. Trautmann gesehen, für den sie Geld herbeischaffte.

Als sie das Gefängnis verlässt, ist sie 22 Jahre alt. Ihre Eltern fangen sie auf, besorgen ihr eine kleine Wohnung, im Frühjahr 1936 findet sie eine Anstellung als Stenotypistin und Kontoristin bei einem Makler. Dr. Trautmann sieht sie nicht mehr.

In diesem Jahr lernt sie den Seemann John Blaue kennen, der auf dem Wege zum Offizier in der Handelsschifffahrt ist. Aus dem freundschaftlichen Verhältnis wird eine intime Beziehung, John Blaue gibt die Seefahrt auf und gründet in Hamburg das kleine Fuhrunternehmen „Blaue-Blitz". Zwei Lastwagen werden angeschafft. Sie packt beim Aufbau energisch mit an, übernimmt neben ihrer eigentlichen beruflichen Tätigkeit organisatorische und kaufmännische Aufgaben im Betrieb. Nachdem das Paar seit 1938 zusammenlebt, wird im Mai 1940 die Ehe geschlossen. Im selben Jahr wird ihr Mann zur Marine eingezogen, an wechselnden Standorten kommandiert er als Oberleutnant zur See ein Vorpostenboot.

Während der Zeit seiner Stationierung in Gotenhafen lebt das Ehepaar in Danzig zusammen, wo Ruth Blaue auch nach der Versetzung ihres Mannes nach Norwegen bleibt. Bis 1942 ist sie dienstverpflichtet bei den Deutschen Werken, ist dort in der Werksbibliothek beschäftigt. 1943 wird sie zur Flak eingezogen, Ausbildung in Hagenow, kommt später als Scheinwerferführerin im Raum Bremen zum Einsatz, wird Ende 1944 aus dem Wehrdienst wegen mehrfacher Nervenzusammenbrüche entlassen. Sie geht zu ihren Eltern nach Elmshorn, wohin diese inzwischen verzogen sind. In ihrem Hause in der Ollnstraße 153 richten sie ihr eine Dachgeschosswohnung ein, in die 1946 auch ihr Mann einziehen soll. Der versieht nach der Kapitulation noch weiter Dienst bei einer Bergungseinheit in Kiel, jetzt in Diensten der Engländer. Das Ehepaar sieht sich häufig.

Ruth Blaue gründet kurz nach Kriegsende eine Leihbücherei, die „Blaue Stube", der sie bald eine Kunstgewerbehandlung anschließt. Ihre Eltern bieten hin und wieder obdachlosen Soldaten eine Bleibe.

Ruth Blaue, deren Mann da noch in Kiel stationiert ist, nimmt einen ehemaligen Luftwaffenangehörigen, den Fliegerleutnant Horst Buchholz, in ihre Wohnung auf; der versucht sich eine Existenz als Holzbildhauer aufzubauen. Er beteiligt sich an ihrem Geschäft, es entsteht

Freundschaft zwischen den beiden, dann eine intime Beziehung. Als John Blaue nach Beendigung seines Dienstes für die Besatzungsmacht in die Ollnstraße einzieht, kommt es zu Spannungen, da dem Ehemann das Verhältnis zwischen seiner Frau und dem Untermieter nicht verborgen bleibt. Er toleriert jedoch die Beziehung einstweilen, da er stark mit dem Aufbau einer neuen eigenen Existenz beschäftigt ist. Kurz bevor ihm dieses gelingt, verschwindet er Mitte November 1946 spurlos. 1948 gibt Ruth Blaue eine Vermisstenanzeige auf.

Im Juni 1947 wird in einer Kiesgrube in der Nähe Elmshorns eine stark verweste Männerleiche mit zertrümmertem Schädel gefunden. 1954 wird der Tote als John Blaue identifiziert. Nach umfangreichen Ermittlungen werden seine Frau und Horst Buchholz wegen Mordverdachts festgenommen, gehen in Haft.

Buchholz, der als Bildhauer durchaus erste Erfolge hat, und Ruth Blaue, die ihr Geschäft verkauft hat, verlassen 1948 Elmshorn und siedeln sich in einem von ihm gekauften Haus im gleichnamigen Ort Buchholz bei Burg in Dithmarschen, dann in Schafstedt im selben Landkreis an. Nach der Währungsreform bricht sein Geschäft zusammen, er bezieht Arbeitslosenunterstützung, sie trägt zum Lebensunterhalt durch Wahrsagen, Kartenlegen und Bücherverkäufe bei. Seit Anfang 1947 schon leben sie immer offener als Paar zusammen.

Auf der Suche nach einer tragfähigen Existenz geraten sie nach Süddeutschland, nach Gremmelsbach bei Triberg im Schwarzwald. Buchholz, der nebenher weiterhin skulpturale Schnitzereien herstellt, findet Arbeit in einer Uhrenfabrik als Schnitzer, Ruth Blaue ist in dem Unternehmen als Bürokraft angestellt; dann macht er eine Erfindung, ist auf dem Wege in die Selbständigkeit.

So verläuft Ruth Blaues äußeres, belegtes Leben bis zu ihrer Verhaftung im Sommer 1954.

Zwei Menschen, die Ruth Blaue ihr ganzes Leben kennen, haben über sie berichtet, und zwar im Rahmen von Verhören durch die Polizei, als sie schon des Mordes verdächtigt wird: ihr Vater und die Schwester Gerda.

Karl Heine erzählt uns von einem sehr aufgeweckten Kind, das sich gegenüber seinen Altersgenossen und seinen beiden anderen Kindern überdurchschnittlich begabt gezeigt habe. Es habe wegen guter Leistungen auf der Volksschule eine Klasse übersprungen, Deutsch und Geschichte seien die stärksten Fächer gewesen. Es habe im frühen Alter nie Schwierigkeiten bereitet. Das normale, gute Verhältnis zu seiner Tochter als junger Frau habe sich verändert, als sie im Alter von 18 Jahren den Arzt Dr. Trautmann geheiratet habe. Er habe diesen wegen dessen schlechten Rufs abgelehnt, schließlich aber dem Drängen seiner Tochter nachgegeben. Die Ehe sei dann doch mit seiner Zustimmung geschlossen worden. Er sieht sie da nur noch selten: „Ich hatte mich seit dieser Zeit bereits innerlich von meiner Tochter getrennt." Sie hat sich vollkommen verändert, er erkennt sie nicht wieder.

Der Vater erinnert sich:
Nach Verbüßung einer Gefängnisstrafe richtet Ruth sich wieder ein normales Leben ein und findet eine Beschäftigung als Kontoristin. Sie weiß genau, dass sie mehr kann als ihre Kolleginnen, und ist dadurch „in ihrer Art etwas überheblich geworden". Sonst zeigt sie keinerlei negative Eigenschaften. In dieser Zeit, bevor sie John Blaue kennenlernt, lebt sie sehr für sich und zieht sich nach Arbeitsschluss in ihre kleine Wohnung zurück, liest viel und ist dann für nichts anderes mehr zugänglich. Bei der Auswahl ihrer Lektüre ist sie kritisch und bevorzugt „schwerere problematische Abhandlungen". Der Vater ist froh, als sie John Blaue begegnet, dessen „frische aufgeschlossene Art" ihm gefällt. Er kann wieder mit seiner Tochter reden: „Sie war plötzlich ganz anders, stand wieder mit beiden Beinen auf der Erde, und ich konnte mich danach wieder mit meiner Tochter unterhalten."

Heine schildert Ruth als von Kindheit an „immer überaus beherrscht, keineswegs impulsiv und niemals jähzornig". Sie wägt alles sorgfältig ab: „Wenn sie etwas unternommen hat, ob privat oder geschäftlich, so dauerte es recht lange, bis sie zu einem Entschluss kam, da sie stets in jeder Hinsicht alles durchdachte. Sie zeichnete sich durch eine stoische Ruhe aus."

Gerda, die jüngere Schwester, nennt Ruth schon in der Schule „recht erfolgreich". Sie fährt fort:

> „Meine Schwester war in ihrer Kindheit stets im gewissen Sinne eine Einzelgängerin. Sie sonderte sich von uns ab, um viel zu lesen. Gespielt hat sie kaum. Neben wissenschaftlichen Romanen hat sie praktisch alles gelesen, Kriminal-, Liebes- und Abenteuerromane. Aus dem Blickpunkt der jüngeren Schwester war sie stets immer etwas erwachsener und in ihren Anschauungen gereifter als ich. Ich glaube aber, dass sie darin nicht wesentlich von ihren Altersgenossen abwich. Nach meiner Auffassung ist sie Männerbekanntschaften gegenüber sehr zu-

rückhaltend gewesen. Ihr erster richtiger Freund war Dr. Trautmann, den sie dann heiratete. Ich habe nie den Eindruck von ihr gewonnen, dass sie in sittlicher Beziehung etwa hemmungslos war oder übergroßen Lebenshunger zeigte. Allerdings weiß ich in dieser Hinsicht wenig, da sie sich kaum einmal mit mir ausgesprochen hat. Irgendwelche Gefühlsregungen waren ihr fremd, zumindest zeigte sie sie nie nach außen hin. Kleine Eifersuchtsszenen, wie sie unter jungen Mädchen manchmal üblich sind, gab es bei ihr nicht. Sie war immer in ihrer ganzen Art durchaus beherrscht."

Beide wissen, unter welch schwerem Verdacht ihre Tochter und Schwester steht, beide stehen solidarisch zu ihr. Besonders bei Gerda hat man den Eindruck, liest man den ganzen Text, dass sie sich schützend vor die Schwester stellt, die ins Unglück geraten ist. Beider Aussagen sind geprägt von Wärme für einen für sie nicht einfachen Menschen.

Ruth Blaue selbst hat viel über sich gesprochen und geschrieben. Die Verhöre und die Untersuchungen durch die Gerichtsmediziner Hallermann/Gerchow geben ihr überreichlich Gelegenheit zur Selbstdarstellung. Später sollen Gespräche mit einer Journalistin hinzukommen. Sie versucht uns ein Bild von sich zu vermitteln, das ihren Vorstellungen von sich selbst entspricht, ein Bild, das sie verinnerlicht hat und das damit zum unverrückbaren Teil ihrer Identität wird. Ihre früheren Erinnerungen hängen mit dem Ersten Weltkrieg zusammen: Ihr Vater hat schon sehr früh im Krieg in Breslau „Truppen ausgebildet", so dass ihre ersten Erinnerungen die an „Kasernenhöfe und singende und marschierende Soldaten" sind.

Dann folgt der Umzug nach Halberstadt. Im „schönen Harzvorland" erfährt sie in der Fleischwarenfabrik Heine „die erregende Fülle der Tiere, ihr Leben und ihr Sterben". Noch vor der Einschulung erleidet sie „das direkte Schock-Erleben eines Flugzeugabsturzes, das Herabstürzen von zwanzig brennenden Menschen in die Behaglichkeit des Kaffeegartens". Sie erlebt es direkt mit. Das Stadtarchiv Halberstadt verzeichnet für den 19. August 1917 den Absturz eines Großflugzeugs vom Typ R 14 in den Klusbergen außerhalb der Stadt, sechs Besatzungsmitglieder kommen ums Leben. Die Revolution vom November 1918 beeindruckt sie „mit umgestürzten Straßenbahnen, eingeschlagenen Fenstern und Schüssen in der Nacht". Die Ortschronik berichtet für den 9. November 1918 über einen friedlichen Arbeiterumzug, mehr passiert in Halberstadt nicht.

Ihre Kindheit wird „ein lichter Weg durch frohe Schultage, herrliche Ferien in den Bergen und an der See". Allerdings muss sie während all dessen noch den Mordanschlag eines Kindermädchens überleben, das sie mit in Brotaufstrich eingedrücktem Quecksilber zu töten versucht. Als eine kleine Cousine hinfällt und vor Schreck liegenbleibt, legt sie sich neben sie, statt ihr zu helfen. Sie möchte nicht durch Hilfe, sondern durch Teilhabe am Leid Solidarität bezeugen.

Sie imaginiert, ist voller Phantasie, oder konstruiert später ein buntes, aufregendes, schönes Leben. Wir sollen ihr auf diesem Weg folgen; denn ohne das, ohne Wirkung, ist alles nichts, ist sie nichts. Sie ist besonders, und das muss sie sein. Sich abheben. Was kompensiert sie, worunter leidet sie? Oder leidet sie gar nicht, sondern stellt, für sich selbst glaubhaft und als Realität, dar, was sein müsste, was ihr zukommt? Korrektur der Banalität, die so schwer zu ertragen ist?

Sie ist „zart und kränklich" und wird deshalb „von allen verwöhnt und verhätschelt". Viele ihrer Kleider bekommt sie von einer Tante, die in Brüssel ein Modehaus führt; alle Leute auf der Straße drehen sich nach ihr um, so hübsch ist sie. Schon ganz früh empfindet sie das Fahren mit der Straßenbahn nicht als „standesgemäß". Wenn sie unterwegs müde wird, besteigt sie eine Droschke und lässt sich nach Hause fahren: Eine kleine Herrin in ihrer Welt.

Die Ehe der Eltern entwickelt sich nicht gut; der Vater ist ein „arbeitsamer, weicher Mensch", in Erziehungsfragen sehr „großzügig". Er leitet verschiedene Betriebe „in der weltbekannten Firma Heine", ist in Russland und Island unterwegs und hat es durch seinen familiären Hintergrund nicht sehr schwer, sich durchzusetzen. Für den Lebensaufwand braucht er viel Geld, das er nicht hat. Schwierigkeiten entwickeln sich, das Unternehmen trennt sich von ihm. Es wird dennoch auf dem gewohnten hohen Niveau weitergelebt. Er wird einmal wegen Unterschlagung verurteilt.

Die Mutter ist „sehr lebenslustig, temperamentvoll und lebhaft", ihr steht sie innerlich näher, „weil ich meine Mutter sehr früh verstanden habe". Als sie sechs ist, „ist meine Mutter nicht mehr meine Mutter", weil sie dahintergekommen ist, dass diese eine Beziehung zu einem anderen Mann unterhält. Die Mutter „läuft wie mit einem Geheimnis herum". Sie jetzt auch.

Sie verschließt sich und hat zu niemandem mehr Vertrauen, nie wieder soll sie sich jemandem ganz anvertrauen. Ab jetzt – bis zum Schluss – spielt die Mutter für sie keine Rolle mehr, radikaler Bruch. Ganz früh lernt sie laufen und sprechen („War früher so'n bisschen Wunderkind."). Sie sieht sich als „sehr aufgeweckt" und im Vergleich zu ihren Geschwistern „überdurchschnittlich" begabt. Das Lernen fällt ihr leicht, Deutsch und Geschichte liegen ihr besonders, das Auswendiglernen langer Zahlenreihen und Texte ist ihre besondere Stärke. Ihr Erinnerungsvermögen und ihre Vorstellungskraft sind enorm. Als der Vater aus beruflichen Gründen nach Hamburg geht, verlässt sie Halberstadt ungern, sie lässt Freundinnen zurück. Eine berichtet, sie sei etwas empfindlich gewesen und hin und wieder leicht beleidigt, sie habe sich nur schwer angeschlossen und keinen großen Freundeskreis gehabt. Sie habe über eine sehr lebhafte Phantasie verfügt, sei aber durchaus wahrheitsliebend gewesen. Aber, die große Stadt nimmt sie bald gefangen, sie fühlt sich wohl.

Sie verliert zwar ihre Lehrstelle im Krankenhaus Eppendorf, aber die Unterschlagung der Briefe, die zur Entlassung führt, ist notwendig: Sie ist einer großen Intrige unter Krankenhausärzten auf die Spur gekommen; Initiator ist ein nationalsozialistischer Arzt, der auch einen Kollegen, Dr. Wolfgang Trautmann, vernichten will, in den sie sich verliebt hat. Dieser Arzt schickt schon 1931–32 Agenten nach Polen, die auf Bahnhöfen Zahnstocher mit Milzbrand infizieren sollten. Sie gerät in einen „Hexenkessel", dem sie sich aus „gesellschaftlichen Gründen" nicht entziehen kann. Sie wendet sich an Hugenberg, den Förderer Hitlers und mächtigsten Pressemagnaten der dreißiger Jahre, in Berlin. Reist dort hin, versucht zu ihm vorzudringen, um ihn für ihre und Trautmanns Sache zu gewinnen, wird abgewiesen, vertröstet, hofft („Ich habe oft gern geglaubt, was ich glauben wollte."), gibt auf. Sie lernt die Liebe kennen. Trautmann, den sie bald heiratet, ist ihr erster Mann. Nach der Trennung, lösen wird sie sich von ihm ihr ganzes Leben nicht, folgt John Blaue, vom dem sie später sagen wird, auch ihn habe sie geliebt. In Danzig liebt sie Klaus, sie nennt ihn einen der engsten Mitarbeiter des Reichsaußenministers v. Ribbentrop. Dann die Liebe zu einem Offizier in Bremen, der bald fällt. Danach folgt Horst Buchholz.

Über ihre Art des Liebens sagt sie:

„Meine Eltern führten in meiner Halberstädter Kindheit keine gute Ehe, was meine Vorstellungen ziemlich angriff und zu einer einseitig verkrampften Liebesvorstellung führte, zu einer eingebildeten Verantwortlichkeit, der ich nie gerecht werden konnte. Alle meine Liebeserlebnisse litten darunter. Ich liebte stets hemmungslos und ausschließlich, das heißt, ohne Rücksicht auf die gute oder schlechte Meinung anderer, Familie oder Mitmenschen. Ohne dass es mir aber bewusst war, erlosch meine Liebe schlagartig, wenn der Geliebte etwas tat, was seinem Bilde in mir Abbruch tat. Er konnte tun, was er wollte, mich belügen, betrügen, alles Schlechte der Welt, aber er durfte nicht stillos sein, nicht gemein, nicht kleinlich, geizig, dumm. Die Geschichte meiner ersten Ehe ist entsprechend. Der Mann, den ich liebte, war für mich das Ideal schlechthin und ich tat daher alles Mögliche und Unmögliche, um mir seine Liebe, ach, seine Gegenwart, zu erhalten. Ich war sehr schlecht (kein passendes Wort), ich verlor den Boden unter den Füßen, war sehr verzweifelt und hatte nirgends Halt. Der Einzige, der mich hätte zu mir bringen können, eben der geliebte Mann, ließ mich fallen, sehr oft schon vorher, ehe ich schließlich ins Gefängnis ging. Sicher hatte ich an allem Schuld. Ich will da nichts beschönigen, und er war ehrlich der Ansicht, dass ich ihn zugrunderichten wollte. Man sieht so etwas später mit anderen Augen und ist selbst erschrocken und verstört über das eigene Tun. Obwohl man mir das Gefängnis leicht machte, konnte ich alles kaum verwinden. Aber ich liebte ihn unentwegt weiter."

So schreibt sie nach ihrer Verhaftung im August 1954.
Sie äußert sich mehrfach zu Fragen, die den zwischenmenschlichen Bereich betreffen: Sie hat immer wieder behauptet, sie sei in der Zeit, in der sie für Trautmann habe sorgen müssen, der Gelegenheitsprostitution nachgegangen. Zeugen dafür gibt es naturgemäß nicht, sie verweist auf das sozusagen höchste Opfer, das eine Frau für den geliebten, unterstützungsbedürftigen Mann bringen kann, sie bringt es und: „Die Existenz durch Prostitution konnte mich nicht beflecken." Heute, richtig verstanden, ein einsichtiger Gedanke, damals unvorstellbar. Gericht und Psychiater deuten Fassungslosigkeit an.
Die Eheschließung mit Trautmann erfolgt „schnell und aus einer Laune heraus", „ich sah in der Eheschließung nur eine Formalität". Eigentlich wird sie geschlossen, „weil ich bei einem Besuch im Schwarz-

wald, der Professor Bauer galt, nur als Ehefrau des Dr. Trautmann in Erscheinung treten konnte".

Kurz vor der Verheiratung fälscht sie ein Sparkassenbuch über 5.000,00 RM, „weil ich mich so schämte, ohne Aussteuer in die Ehe zu kommen". Als Trautmann sich zur Hochzeit einen Mercedes wünscht, behauptet sie, ihr Vater habe ihnen einen geschenkt. Sie fahren in den Schwarzwald, um das Fahrzeug abzuholen. Zum Kauf kommt es nicht, da eine Bestellung nicht vorliegt. Trautmann behauptet, das Unternehmen habe die peinliche Sache unter den Teppich gekehrt. Hat sie wieder versucht zu betrügen, hat die einkommenslose Minderjährige möglicherweise die Unterschrift des Vaters gefälscht? Sie selbst sagt, sie habe aufgrund von Hugenbergs Versprechungen versucht, sich von einer Bekannten ihres Vaters Geld zu leihen. Die Sache bleibt unaufgeklärt. Seltsame Geschichte, aber sie passt, wie sich weisen wird.

Als die Ehe für nichtig erklärt ist, kommt sie dennoch von Trautmann nicht los, der zu dieser Zeit praktisch ohne Einkommen ist, will man ihm glauben. Er zieht in die Wohnung ein, die die Eltern ihr inzwischen, komplett eingerichtet, zur Verfügung gestellt haben. Im April 1934 muss diese Wohnung aufgegeben werden, nachdem die jetzt 20-jährige Ruth für die Beschaffung des Lebensunterhalts das gesamte Mobiliar, ihren Schmuck und alle sonstigen Wertsachen verkauft hat. Trautmann trägt nichts zum Lebensunterhalt bei, obwohl er über Mittel verfügt. Von ihrem restlichen Geld leben sie eine Zeit lang in einer schäbigen Pension in Altona. Als sie kein Geld mehr hat, verlässt er sie, bezieht irgendwo ein Zimmer. Er ist stellungslos. Sie besucht ihn weiter, wird während dieser Zeit schwanger, erleidet eine folgenreiche Fehlgeburt: Sie wird keine Kinder mehr bekommen. Sie begeht weitere Straftaten, um Trautmann zu unterstützen. Leben darf sie bei ihm nicht, tagsüber ist sie bei ihm, nachts irrt sie durch die Straßen, ist obdachlos. Sie will sich durch einen Sprung in ein Hafenbecken das Leben nehmen. Ein alter Schauermann rettet sie, redet mit ihr, eine warme Erbsensuppe ruft die Lebensgeister wieder wach.

Im Herbst 1934 nehmen die Eltern sie auf, sie ist noch nicht einmal volljährig. Das Verhältnis zu Trautmann dauert fort. Sie stiehlt den Eltern Silbersachen und einen Pelz. Vom Erlös lädt sie ihn zum Essen ein. Von Dezember 1934 bis März 1935 fährt Trautmann als Schiffsarzt zur See, in dieser Zeit lebt sie unauffällig. Vom letzten Hafen der

Reise aus ruft er sie an, die Beziehung setzt sich fort. Nachdem angeblich seine Heuer aufgebraucht ist, begeht sie erneut Betrügereien, von dem Geld mietet sie ihm ein Wochenendhaus in Holstein, wo er „in Ruhe seinen bedeutenden Forschungen nachgehen kann". Seine diversen Frauenbekanntschaften schmerzen sie, da sie ihn aber „über alles liebt", duldet sie sie.

Von ihm lernt sie nicht nur Kartenlegen und das Stellen von Horoskopen, sondern auch, „die Frau müsse dem Mann Kamerad sein". Sie sei ebenso unabhängig wie er und müsse frei sein von allen kleinlichen Bedenken.

Sie beide fühlen sich frei von allen bürgerlichen Bindungen und sehen „die Erotik als etwas Natürliches an". Sie fühlt sich ihm gegenüber verpflichtet und hat „ihm ihr Letztes geopfert". Er verlangt von ihr und sie bemüht sich darum, „dass sie ohne Gefühl, männlich und tapfer sein müsse". Er „imponiert" ihr; mit keinem kann sie sich so über die Probleme des Lebens, über Kunst und Philosophie unterhalten. Durch ihn fühlt sie sich „gehoben und erhaben über andere Frauen". Sie glaubt, dass er ein besonders fähiger Mann sei, „von dem die Menschheit noch viel zu erwarten hat". „Er ist ganz einfach die Erfüllung meiner Mädchenträume gewesen."

Ist Ruth Blaue nach ihrem Vater einem zweiten „schwachen" Mann in ihrem Leben begegnet? „Gehandelt habe immer nur ich." Es scheint, als habe sie früh ihr Lebensmotto gefunden.

Ihre Festnahme erträgt sie lächelnd. Als die Rede auf ihren Mann kommt, fängt sie an zu weinen, sie will nicht von ihm lassen, „weil ich ihn liebe, er ist meine erste Liebe und soll auch meine letzte sein". Einmal sagt sie in dieser Zeit zu einer Freundin, wie unglücklich sie über alles sei. Hat sie vielleicht doch gespürt, dass sie sich nicht in einen „schwachen" Mann verliebt hat, sondern in einen skrupellosen Ausbeuter, dem sie nichts wert ist?

Dann die äußere Befreiung: Sie lernt John Blaue kennen. In ihren Aussagen zu ihm spiegelt sie wieder sich und das, was sie über sich mitteilen möchte:

Sie nennt die Freundschaft, auch von ihrer Seite, „herzlich", ist aber erstaunt, dass er ihr keine sexuellen Angebote macht. Sie spricht ihn darauf an, er antwortet, sie sei ihm „dazu zu schade": „Ich war sprachlos, tat aber nichts, diesen mir irgendwie komisch erscheinenden Zustand zu ändern, und war gespannt, wann und warum ich einmal nicht zu schade wäre."

Der Tag, an dem es dann doch „dazu" kommt, ist ihr nicht in Erinnerung, wohl aber der Tag, an dem er sein Steuermannsexamen machen soll. Sie ist stolz darauf, dass sie ihm die schriftlichen Arbeiten liefert, für die es bei ihm nicht reicht. Nautische Facharbeiten. In der Nacht vor der Prüfung verabschiedet sie sich früh von ihm, er aber treibt sich auf St. Pauli herum, verschläft den Termin, sie findet ihn bei einem „Freudenmädchen", schlaftrunken, aber vergnügt. Das Examen ist dahin. Beim zweiten Mal besteht er, dank ihrer Hilfe: „Jedenfalls blieb ich bei ihm, um ihn bei der Stange zu halten." Sie nennt ihn „nicht eigentlich intelligent, aber begabt mit gesundem Menschenverstand", merkt, dass sie in der Verbindung mit ihm etwas aufgegeben hat, „auf das ich früher oder später zwangsläufig zurückkommen musste, Bücher, geistige Anregung, Weiterkommen".

Sie findet ihn rührend, ein netter Junge, ihr nicht gewachsen, aber sie hat nichts gegen ihn. Einmal eine kurze Trennung, er holt sie „weinend" zurück, „was mir großen Eindruck machte". Die Heirat kommt unvorbereitet, in Kiel, „was mir großen Spaß machte". „Die Ehe mit John Blaue schloss ich eigentlich nur, weil man dann in Kriegszeiten einfacher ein Doppelzimmer im Hotel bekam." Als der Krieg beginnt, stellt sie ein großes Hitlerhoroskop. Sie sieht alles voraus und „wusste plötzlich ganz klar, dass dieser Krieg verloren wird, dass Hitler wahnsinnig und sterben würde, das Entsetzliches geschehen müsste". Sie lehnt das „Dritte Reich" ab, sucht Verbindung zu Andersdenkenden, vielleicht zu Oppositionellen, weiß über KZ und Folterungen Bescheid, bindet sich aber nicht an diese Kreise. „Ich führte wieder ein Leben in zwei Richtungen."

Versetzung John Blaues nach Gotenhafen, sie geht mit. Wieder eine Geldgeschichte. Ein Bekannter will einen Handel mit Zementtüten aufziehen, sie soll das Geschäft offiziell betreiben, erhält Vorschüsse, das Geschäft zerschlägt sich, sie hat das Geld inzwischen verbraucht. „Ich war mehr wütend als verzweifelt." Die Sache wird intern geklärt. In Gotenhafen geht es ihr gut. Dort liebt sie Klaus („Das intime Verhältnis zu einem verheirateten Offizier hob mich geistig und störte meine Ehe nicht."), arbeitet nicht nur einfach bei den Deutschen Werken in der Bibliothek, sondern baut diese zur Fachbibliothek aus und leitet sie.

Tod des geliebten Bruders: Schwere Verwundung im Russlandfeldzug, als er einen fast gänzlich aufgeriebenen Stoßtrupp aus der Feuerlinie führen will, seinen toten Leutnant auf dem Rücken. So bricht er zusammen, beide findet man am nächsten Tag im Schnee, der Bruder besinnungslos. Aufopfernd pflegt sie ihn Tag und Nacht im Lazarett, die Mutter, die auch kommt, bricht zusammen. Sie hält durch. Aus Solidarität mit den leidenden Soldaten will sie jetzt Krankenschwester werden, macht Kurse, doch man rät ihr ab, sie nennt uns die Gründe nicht.

Sie verlässt Gotenhafen, geht nach Hamburg zurück, muss sich einer Unterleibsoperation unterziehen, um möglicherweise doch noch ihren Kinderwunsch realisieren zu können. Im Krankenhaus erlebt sie am Radio das Drama um Stalingrad mit. Jetzt will sie Solidarität leben. Mit der noch nicht verheilten Operationswunde meldet sie sich freiwillig zur Fliegerabwehr. Bei der Musterung gelingt es ihr, ihren Gesundheitszustand zu verheimlichen. Sie wird angenommen, später ist sie Scheinwerferführerin im Raum Bremen.

Der Dienst ist extrem hart, sie weiß, „dass ich für eine verlorene Sache stand, nichts von Hitler hielt und den SD-Terror in Gotenhafen … mit sehr offenen Augen gesehen habe", macht die Saufereien und Hurereien der anderen mit Offizieren, den Totentanz, nicht mit, einem aber schenkt sie ihre Liebe, weil sie weiß, „dass er fallen würde, sobald er nur einmal herausging". So kommt es. Ihn wählt sie aus, weil es „wert ist". Im zerbombten Hamburg hilft sie ihrer Schwiegermutter, mit der sie sich inzwischen wieder gut versteht, bei der Suche nach einer neuen Wohnung. Zuvor hat sie sie in einer „Hypothekensache" hintergangen, was sie selbst zugibt. „Eine prächtige Frau, viel mehr Stahl als ihre Söhne."

Als John ihr in einem Urlaub erzählt, dass er in Norwegen mit einer jungen Frau ein Kind hat, nimmt sie die Sache in die Hand, versucht zu einer Regelung zu kommen. Schwesterliche Solidarität mit der jungen Mutter oder Beherrschungswille bis hinein ins Unbeherrschbare. Der Krieg rast weiter seinem Ende entgegen:

> „Was mich an meinen Mann noch band und warum ich es für meine Pflicht hielt, jedem seiner Rufe zu folgen, auch wenn ich keinen Urlaub hatte und zerrissen von Vorwürfen über meine Fahnenflucht, war das Wissen, dass er mit mir rechnete, und ich hätte es nicht übers Herz

gebracht, ihn ohne eine gemeinsame kurze Stunde vielleicht in den Tod ziehen zu lassen.

Die ganze Einstellung änderte sich immer schlagartig, wenn ich ihn in Sicherheit und Ruhe wusste. Ich musste krankheitshalber mal ins Revier nach Bremen. Ein arger Angriff kam und alles, voraus der Stab, ging mit Hunden u. Damen und Wein in die Bunker, beste sicherste Unterkunft, die man sich vorstellen konnte. Gelangweilt gab der Telefonist die einzelnen Lagemeldungen durch: ‚Angriff auf Stellung X, Stellung Y ist ausgefallen‘ Und die Mädchen, frisch und geschminkt, lachten mit den Herren und krauten behaglich die Hunde. Ich fieberte. Meine Stellungen, meine Mädchen, müde, dreckig, tapfer, und die hier lachen.

Sofort habe ich mich zurückgemeldet. Es wurde ja immer schlimmer. Wir schliefen schon im Stehen. Kamen nicht mehr aus den Kleidern. Stromausfall, Kälte, Nässe, ungenügende Verpflegung. Und beinahe Tag für Tag Tiefliegerangriffe auf Scheinwerferstellungen. Ich war verantwortlich für meine Mädels und hatte selber so eine Todesangst. Es geschah, dass ich plötzlich im Dorf stand und in eine Dornenhecke fasste und nicht wusste, wie ich dahingekommen bin. Meine Mädels sagten später, ich sei nach dem Angriff ganz ruhig fortgegangen. Als ich zu kurzem Urlaub nach Hause fuhr und im Bremer Wartesaal die Abfahrtszeit erwartete, fand ich mich plötzlich ohne Mantel und Mütze vor dem Verschlag des Rolanddenkmals wieder, nicht wissend, wie und wann ich dort hingekommen bin.

Ich bekam einen furchtbaren Schreck und sprach mit einem Arzt, der zur Ruhe riet. Daran war gar nicht zu denken. Entsetzliche Angriffe gingen auf Bremen nieder. Wir waren mal die einzig Überlebenden im weiten Umkreis. Ich konnte nicht mehr. Ein Bremer Spezialist stellte ein Schilddrüsenleiden und zu wenig rote Blutkörperchen fest. Bettruhe und Ausspannung. Ich wollte mit aller Gewalt durch. Man schickte mich nach Hause. Bomben auf Hamburg. Unter Beschuss im Laufschritt über die Elbbrücken. Ich weiß heute noch nicht, wie ich eigentlich nach Elmshorn gekommen bin. Und weiter ging's dem Ende zu. Ich lebte nicht ganz wirklich. Alarm, Tiefangriffe, endlose Durchzüge von Soldaten, Hitlerjugend, Bomben. Aber so ging es ja allen. Und dann meine Angst vor der Besatzung. Ich war ja überzeugt, alle handelten so, wie ich es in Gotenhafen erlebt hatte. Jedenfalls sollte sich lieber die ganze Familie vorher umbringen. Alles ging vorbei und alles war gar nicht so schlimm."

Sie sucht im Chaos nach einer Richtung für ihr künftiges Leben. Viele sind um sie herum. Sie sorgt für alle, besorgt für ihren Mann „Zigaretten, Kuchen, Fleisch". Er ist da wohlversorgt in englischen Diensten: Schiffe bergen. Bald schon meldet sich ihr Mann aus Kiel, sie „fährt vergnügt hin und das Wiedersehen war herzlich".

Hoffnung und Scheitern:
Elmshorn, die mittelgroße Stadt in der Nähe Hamburgs, 1945/46 überfüllt mit versprengten Wehrmachtssoldaten, „displaced persons", Flüchtlingen, Strandgut des Krieges, hergespült, nicht Herr des eigenen Schicksals. Ruth Blaue ist in ihrem Element. Jetzt kann sie alles zeigen, ihre Überlegenheit, ihre Tatkraft, sie lässt sich nicht entmutigen, sie packt an; und nicht banal: nein, sie will in Elmshorn einen, d e n kulturellen Sammelpunkt schaffen: die „Blaue Stube". Niemand denkt in dieser ersten Zeit so engagiert an die Vermittlung von Kultur, ein scheinbar nebensächliches Gut, da es doch um Nahrung und Wohnung geht, und dennoch unendlich wichtig für die Selbstfindung der Menschen nach der geistigen Wüste der Diktatur und des Krieges. Ruth Blaue kann wichtig sein.

Sie erinnert sich, man – das waren vor allem ehemalige junge Soldaten – habe „nächtelang" über Vergangenheit und Zukunft diskutiert, mit der politischen Aufarbeitung begonnen, Pläne geschmiedet. Materiell wird die Bücherstube im Wesentlichen aus den Beständen der Bibliothek ihres Vaters bestückt, ein Maler gehört zu ihrem Kreis, es gibt die eine oder andere kleine Ausstellung. Wirtschaftlich trägt sich das Unternehmen kaum, der Vater steuert bei, Ruth Blaue jetzt auf Hamster- und Verkaufstour, alles ist Handelsobjekt. Das Geschäftliche interessiert sie nicht besonders, die Stube dümpelt finanziell so vor sich hin.

Es gibt Probleme mit den Behörden: Am 21. August 1945 beantragt sie die Genehmigung der Eröffnung einer Leihbücherei. Sie wird erteilt, die „Blaue Stube – Das gute Buch" nimmt ihre Arbeit auf. Am 3. Januar 1946 stellt sie den Antrag auf „Führung eines kunstgewerblichen Geschäftes", am selben Tag auf Errichtung einer kunstgewerblichen Werkstatt „Die schöne Heimkunst". Genehmigt, genau wie der von Horst Buchholz im Namen der „Blauen Stube" gestellte vom selben Tage auf „Errichtung einer Werkstatt für Gebrauchsgegenstände, Schuhwaren, Textilverarbeitung, Lederverarbeitung".

Mit Verfügungen vom 5./11. Juni 1946 wird Ruth Blaue ein Teil ihres Betriebes geschlossen. Begründet wird diese Maßnahme mit ihren Preistreibereien und Betrügereien gegenüber Kunden. Sie hat wissent-

lich gegen die noch gültige Verordnung über das Verbot von Preiser-
höhungen verstoßen; mit diesem Verbot soll verhindert werden, dass
die Bevölkerung beim Erwerb von Gegenständen des täglichen Be-
darfs wie Schuhen, Taschen u. ä. durch Wucherpreise benachteiligt
wird. Sie wird zu einer Geldstrafe von 500 RM verurteilt.
Ruth Blaue darf einstweilen die Leihbücherei weiterbetreiben, steht
aber unter ständiger Kontrolle der Ortspolizeibehörde, die Industrie-
und Handelskammer in Elmshorn und der dortige „Freie Wirtschafts-
verband" werden informiert. Ein wirklicher Faktor im Kulturleben
der Stadt wird sie nicht, tonangebende Kreise, das örtliche Bildungs-
bürgertum, orientiert sich nach Hamburg, nimmt sie nicht zur Kenntnis. Aber sie fühlt sich gut.
Nachdem Horst Buchholz erscheint:
Schnell erkennt sie wieder einen „Gleichwertigen", einen „Wertvollen". „In dem Jungen fand ich endlich den gleichen Klang. Seine Art
gefiel mir von Anfang an, sein Stolz und sein Kummer über den verlorenen Krieg. Der grübelte wie ich über das ‚Warum', mit dem konnte
man reden über die Sinnlosigkeit des Krieges, mit dem konnte man
tatsächlich endlich wieder diskutieren über alles, was einen bewegte.
Ich stand ihm vollkommen unbefangen gegenüber, war frei und vergnügt und zog ihn damit wohl an. Ich nahm ihn so ernst, wie er mich
nahm, und gab ihm bedenkenlos alles Vertrauen. Da war nichts von
Liebe und Intimitäten, da hatten sich ganz einfach zwei Geschwister
gefunden." Es wird mehr, viel mehr.
Die Rolle, die ihr Mann ihr zuweist, sieht sie einzig im Bett, als Hausfrau, als Ehefrau, er ist rücksichtslos, grob, nimmt sie in ihrer Wesen-
heit nicht zur Kenntnis. Großes Martyrium beginnt.
Herabgewürdigt wird sie, eingesperrt kommt sie sich vor. „Es war
furchtbar, dabei liebte er mich." Wie sehr John Blaue sie liebte, sagt sie
uns, bemerkten alle; und dadurch fühlt sie sich immer enger einge-
kreist. Neben der geistigen Wüste, die ihr Mann für sie verkörpert,
schildert sie drastisch ihr Leiden unter seinen primitiven sexuellen An-
sprüchen. Sie entzieht sich, so oft sie kann, wehrt sich. „Ich wurde bockig, ich wurde wild." Schützt wochenlanges Unwohlsein vor. Es ist
unerträglich.
Wie anders Horst Buchholz: so zart und mitempfindend. Auch diese
Beziehung bekommt eine sexuelle Komponente; die Begegnungen
sind nicht häufig, nicht von überragender Bedeutung. Sexuelle Befrie-

digung erlebt sie auch mit ihm nicht. Wenn wir ihr glauben dürfen, hat sie sie nie erlebt, auch nicht mit Trautmann. Aber das ist ihr nicht wichtig, immer ist es das Geistige, das Seelische, der Gleichklang. Bei Horst Buchholz ist sie angekommen. Er füllt sie ganz aus, ihn will sie behalten; erst Jahrzehnte später, nach dem Zuchthaus, versucht sie seine Rolle zu relativieren und die ihres Mannes und ihrer Ehe positiver zu deuten. Aber da ist sie mit dem Rechtfertigen ihres Lebens beschäftigt.

Wieder das Geld:

Ihr Mann organisiert die Mittel, die er zum Aufbau seiner neuen Existenz braucht, viel Geld; unsichere Zeiten, er versteckt es in einem Holzstapel, sie findet das Versteck, bedient sich:

„... aber ich brauchte mal etwas, um Bilder zu bezahlen." Es kommt zu einer großen Auseinandersetzung wegen dieses Diebstahls, es ist wenige Tage vor John Blaues Ende.

Für sie wird die Dreieckssituation immer unerträglicher; längst weiß Blaue Bescheid. Sie ringt um Auswege. Soll sie Buchholz fortschicken?

„Vernünftige Menschen sagen: Selbstverständlich. Ich weiß nicht mehr, ich kann nicht mehr entscheiden, ich sehe heute noch sein Gesicht vor mir, so ausweglos verzweifelt, er hatte doch keine Heimat, er war so ein junger, so ein lieber anständiger Mensch. Ich habe ihm etwas bedeutet, vielleicht war er bei mir ein wenig nach Hause gekommen."

„Ich fühlte mich wie am Totenbett meines Bruders, und es lag alles an mir."

Sie steht im Mittelpunkt des Geschehens, zwischen Aufopferung, mütterlichem Beschützen, aber auch als die, auf die alles ankommt: Sie hält den Schlüssel zur Lösung in der Hand.

Dann ihr Vorschlag zum gemeinsamen Selbstmord, geradezu erleichtert, freudig erscheint John Blaue, ohne zu zögern trinkt er das ihm zugedachte Glas mit dem Gift aus, sackt sofort bewusstlos in sich zusammen. Sie trinkt nicht.

„Es kam alles wie ein Zwang, ganz von allein, als ob ich eine fremde Szene hörte, so sah ich mir zu."

„Und er trank die Tabletten in wenigen Zügen, ohne mich aus den Augen zu lassen. Ich weiß, dass ich ihn küsste, es klingt vielleicht entsetzlich, ich konnte nicht anders. Ich liebte ihn in diesem Augenblick sehr. ... Es war alles so seltsam. ..."

Dann: Wortloses Erscheinen Buchholz' mit dem Beil; er schlägt auf den Sterbenden ein, so sie, zunächst.

„Wenn ich mich zurückerinnere, sehe ich ihn wie einen Automaten das Erforderliche tun. ... Ob das einer verstehen kann, dass ich todtraurig, aber nicht schaudernd daran zurückdenke. Ich weiß, dass wir uns damals sehr geliebt haben, sein Tod war ihm leicht. Bitte halten Sie dies nicht für unverantwortlich frivol. Darüber sprechen, ist etwas anderes, als es mit sich herumtragen und hüten, weil man es wert hält."

Der Tote kommt in die Kuhle.

„Es war alles furchtbar für uns. Und für Herrn Buchholz war ich nun auch verantwortlich. ... Wir wussten nur, dass wir jetzt zusammengehörten und beide eine Aufgabe hatten, jener Nacht gerecht zu werden. ... Natürlich war alles im letzten Wahnsinn und wir allesamt verrückt. Aber es war gelebt, es war gehandelt, es war geschehen. Nun, lieber Gott, richte Du. ... Wir hatten nie geglaubt, bzw. von mir kann ich das sagen, dass das, was geschah, im Bereich des Richtens und Verurteilens durch Menschen läge. Wir haben unsere eigenen Maße angelegt und es uns wahrhaftig nicht leicht gemacht. ... Heut ist es Mord und niedrige Motive. Lieber Gott, ich finde mich da nicht mehr durch. Ich habe nur noch den einen Wunsch, dass Herrn Buchholz' Leben nicht ganz zerstört werde, dass dieser begabte Junge durch dieses Feuer zum Ziel kommt. Er ist schuldlos. Er ist durch die gleiche Hölle gegangen. Er war noch so jung. Ich hätte damit fertig werden sollen. Es war meine Aufgabe. Ich trage die ganze Verantwortung für alles, was geschah. Ich hoffe sehr, dass die, die da richten, die damaligen Dinge nicht mit ihren heutigen vernünftigen Augen sehen und in diesem Sinne gerecht sind. Ich bin eine alte Frau, die nichts mehr zu verlieren hat, handeln Sie mit mir, wir Sie wollen, das ist nach allem gleich, aber Herrn Buchholz bitte ich Verständnis entgegenzubringen. Er verdient es. ... Das kann ich nicht tragen, ihn ins Unglück gebracht zu haben."

Der Leichnam wird beseitigt. Ruth Blaue hat eine klare Vorstellung, welches „Grab" für ihren Mann das richtige ist, die widerwärtige Szenerie überhöht sie ins Mythische:

„Erst wollte Horst meinen Mann eingraben. Das fand ich schrecklich, denn mein Mann war ja Seemann, und der – verrückt wie das dann ist

– da hatte er immer gesagt: „Also, du achtest darauf, ich will mein See-mannsgrab haben", und ich war dermaßen verstört, dass ich dachte – obwohl das ja Blödsinn ist – aber mir erschien eben der Teich im Mo-ment für meinen Mann – also, ich hab da mehr an meinen Mann ge-dacht als an alles andere – sinngemäßer, ja. Also das war mir – das war sozusagen das Letzte, was ich für ihn noch tun konnte – obwohl das Wahnsinn ist. Ja – hinterher, hinterher – da sehen Sie, wie blöd man denkt –, ich wusste, ich wusste genau, dass dieser Teich immer vor Weihnachten ausgelassen wird, um die Fische da rauszuholen. Glau-ben Sie, dass ich daran auch nur einen Moment gedacht habe? Denkt man nicht. Und in dem Jahr wurde er zufällig nicht ausgelassen. Und da – an dem Teich – es war ja November, der 14. November, und es regnete ganz wahnsinnig – es war ein trüber Tag, und dann dieser Teich – und da – und nun zog sich Horst aus, um den Sack da in die Mitte reinzutun – von dem Teich. Und ich stand am Uferrand und dachte so sehr an meinen toten Mann da – und dann dieses Bild von dem Jungen – diese helle Gestalt, die in den dunklen See hineinging – das war – das war so wie ein heidnisches Totenopfer. Das war so ein – also kein hässliches Bild, sondern es war so ein kultisches Bild."

Worum geht es bei diesem allen? Darum, dass ein wehrloser Mensch ein Beil in den Schädel bekommen hat. Solche Passagen sind es, die später im Prozess Veranlassung geben sollen, von Ruth Blaues „grau-enhaftem Hochmut" zu sprechen. Sie erhebt sich über alle und alles, im Gewande der Demut daherkommend.
Es sollen auch andere über sie sprechen.
Wolfgang Trautmann hat sie als junge Frau erlebt. Er hat sie erlitten, sie hat ihn erlitten. Das Urteil über ihn steht fest. Gutachter, auch die ersten in den dreißiger Jahren, haben akzeptiert, dass ein höriges Mäd-chen aus übergroßer Liebe für einen Lumpen straffällig geworden ist, immer wieder.
Was hat er wirklich gewusst? War es möglicherweise so, dass ein ar-beitsloser Arzt von seiner Geliebten und Frau, die aus gesicherten finanziellen Verhältnissen zu stammen vorgab, unterstützt wurde? Ist es möglich, dass die junge Ruth Blaue auch in dieser Verbindung wie-der auf einen schwachen Mann getroffen zu sein glaubte oder wirklich getroffen war und sie ihre Rolle als Handelnde einnehmen konnte? Fragen. Sein Urteil über sie steht auch fest.
Trautmann ist ein schlechter Zeuge. Er gibt sich verletzt, gekränkt. Vielleicht ist seine Stellungnahme zu ihr späte Rache. Aber, was er

schreibt, ist nicht unbeachtlich. Er sieht sich als ihr Opfer, weil es ihr über ihre familiären Beziehungen gelungen ist, ihn in Hamburger Justiz- und Medizinerkreisen unmöglich zu machen: Skrupelloser Verführer eines Mädchens, das sich ihm ausliefert. Vor dem Krieg fährt er als Schiffsarzt zur See, bald nach dem Krieg betreibt er seine Praxis am „Neuen Wall", Hamburgs teuerster Geschäftsgegend.

Er schildert sie als „für ihr Alter in intellektueller Hinsicht ungewöhnlich entwickelt und geradezu außerordentlich belesen, so dass sie einem Arzt, der eine wissenschaftliche Karriere wählen wollte, gut hätte zur Seite stehen können". Er registriert bei seiner Frau aber auch „Züge eines abwegigen Triebes und einer völlig charakterlosen Einstellung zur Wirklichkeit: „Wenn man etwas erreichen will, muss man so gemein wie möglich sein." Mit einer Hausangestellten der Eltern habe sie ein erotisches Erlebnis gehabt, wie auch mit einer Nachbarin, die ihn geradezu körperlich angegriffen habe. Zu grauenhaften Ereignissen habe es sie stark hingezogen. Immer wieder habe sie ihm Details eines Flugzeugunglücks in Halberstadt erzählt und über Grausamkeiten während der Oktoberrevolution, die sie einem Buch entnommen habe, das sie schon mit vierzehn Jahren gelesen habe. Er registriert, dass sie dem Vater Geld stiehlt: „Mein Vater merkt das nicht bei seinem vielen Geld. Das fällt überhaupt nicht auf."
Ihm entwendet sie eine Uhr, um einen Ausflug zu finanzieren, zu dem sie ihn einlädt. Er berichtet von ständigen kleineren Diebereien und Betrügereien. Das Gefängnis habe sie reuelos erlebt, ein „dort erworbener christlicher Anflug sei bald zerflattert". Er lässt wieder das homosexuelle Motiv, ein Verhältnis mit einer Mitgefangenen, anklingen. Sie spricht oft von Selbstmord, Emotionen zeigt sie selten. Nur wenn sie sich in bedrängter Lage weiß, reagiert sie mit unartikulierten Schreien und heftigen Schweißausbrüchen.
Er sieht es als seinen Fehler, dass er nach ihrer Liebesehe, die es von seiner Seite gewesen sei, nicht einen klaren Schlussstrich gezogen habe: Er habe die Beziehung langsam ausklingen lassen wollen, um Verletzungen bei der gestörten jungen Frau zu vermeiden. Er kann für ihre Straftaten keinen Grund erkennen: Irgendeine Notlage habe es nicht gegeben, das Herumtreiben und Stehlen sei ohne Grund geschehen: Immer habe sie zu ihren Eltern zurückkehren können, die sie ja auch tatsächlich wieder aufgenommen hätten.

Er nennt seine ehemalige Frau feige und ist besessen vom sexuellen Motiv. Wieder und wieder hebt er ihre Neigung zum eigenen Geschlecht hervor, betont, auch ein Psychiater habe ihm schon seinerzeit bestätigt, seine Frau könne bei einem Mann keine „Lustlösung" finden, wenn sie sich mit Männern einlasse, geschehe dieses nur aus „Geltungs-, Herrsch- und Erwerbszwecken".

Sie schreibt Märchen „völlig unerotischer Art, was ja geradezu dem Sinn des Märchens widerspricht. Bei Spontanzeichnungen wählt sie meist weibliche Objekte". Kurzum: Dr. Trautmann baut möglicherweise diese Kulisse auf, damit die Unfähigkeit dieses Paares, ein erfülltes Sexualleben zu führen, nicht auf ihn zurückfällt. Er nimmt eine medizinische Beurteilung vor:

„Frühreifes, rachitisches Kind mit schweren Störungen des Vitaminhaushaltes (Haut). Vorzeitig abwegig auf die Sexualsphäre hingelenkt. Dadurch wahrscheinlich früh in Vereinsamung geraten. Entwicklung des Bewusstseins und der eigenen Isoliertheit vorzeitig erkannt. Möglicherweise hieraus resultierend ein ungewöhnlicher Lesetrieb bei meist unverträglicher Literatur. Fremd im eigenen Elternhaus. Vater zu gutmütig und nicht ganz taktfest (Griff in die Kantinenkasse Munsterlager und danach dreitägiges Umhertreiben). Mutter litt an großen hysterischen Anfällen. Im Rahmen einer weltbekannten Firma aufgewachsen, ohne Sinn für Geld und Sparsamkeit. Völlige Bewusstheit der väterlichen Schwäche, auch der geschäftlichen. Erkenntnis der mütterlichen ohnmächtigen Güte. Entwicklungszustand mit 14 Jahren derjenige einer Zwanzigjährigen. Den Männern ihres Alters um mindestens 15 Jahre voraus. Völliger Wegfall aller moralischen Hemmungen, offenbar doch verursacht durch verdorbene Literatur. Frühzeitiger Wunsch nach Ehe, in der der Ehemann gewissermaßen als Aushängeschild für bessere persönliche Freiheit dienen sollte. Gefühlsbetonte weibliche Freundschaften. Männer nur als Mittel zum Zweck (außer dem erotischen). Eiskalte Berechnung Männern gegenüber mit allen Mitteln der weiblichen Taktik (‚Da ich Männer in Wirklichkeit nicht brauche, sind sie mir durch ihren Trieb untertan.'). Höchstwahrscheinlich ungewöhnlich suggestive hypnotische Begabung. Schilderte die Einschläferung ihrer Mutter. Intellekt übernormal, aber abwegig und hemmungslos (‚Man muss so gemein wie möglich sein.'). Amusement über Richter und Psychiater im Strafvollzug, weil sie angeblich gar zu entgegenkommend und unwissend gewesen seien. Raffiniertes Spiel mit der angeblichen weiblichen Schwäche, wenn erforderlich Tränen und christliche Überzeugung. Keine Zeichen von Psychose oder auch nur vorübergehender Bewusstseinsspaltung. Mir scheint eine schwere Hysterie vorzuliegen, und ich glaube an Selbstmordgefahr evtl. auch Verstumpfung."

Trautmann ist ein schlechter, selbstmitleidiger Zeuge, der seine Opferrolle verinnerlicht und zu einem tragenden Teil seiner Existenz gemacht zu haben scheint. Interessant ist er dort, wo seine Beobachtungen und Bewertungen sich mit denen anderer oder mit Ruth Blaues eigenen Schilderungen treffen. Auch so entstehen weitere Teile eines Bildes. Dass Gerichtsmediziner und Justiz sich seine Meinungen und Bewertungen in Teilen zueigen machen, ist kritisch zu sehen.

Horst Buchholz hat sich wenig über Art und Charakter Ruth Blaues geäußert. Doch das wenige verändert sich im Laufe der Zeit. Für den Anfang hebt er hervor, wie überaus freundlich er von Ruth Blaue und ihrer Familie in Elmshorn aufgenommen worden sei. Er fühlt sich „eigentlich zum ersten Mal nach dem Zusammenbruch wieder etwas zu Hause". Die ganze Familie gibt ihm neuen Halt, und sowohl im Verhältnis zu Ruth Blaue wie auch zu ihrer Schwester Gerda betont er das Kameradschaftliche, ja Geschwisterliche, das sie miteinander verbunden habe. Entgegenkommen und Herzlichkeit umgeben ihn. Zu Ruth Blaue fasst er schnell Vertrauen, er berichtet ihr von seinen Problemen, sie geht mit viel Verständnis auf ihn ein und „konnte in einer fast mütterlichen Art vielen Fragen die letzte Härte nehmen".

„Sie verfügt über ein ungewöhnliches Improvisationstalent, das aus den Nöten der damaligen Zeit Tugenden machen konnte. Die freiere, leichtere Lebensauffassung hat mich damals fasziniert. Ich will nicht verschweigen, dass aus der Tugend oft eine Not geworden ist. Ich habe damals eigene Lebensgewohnheiten geändert, die strenger waren und deshalb unbequemer. Unbewusst bin ich so in diesen neuen Lebenskreis hineingezogen worden, dessen Mittelpunkt Frau Blaue war. ... Oft war Frau Blaues Urteil richtig über Menschen und Dinge. Frau Blaue nahm auch von sich aus Anteil an meiner Berufsabsicht und beschaffte mir Bücher, Material usw. ... Sie half mir selbstlos. ... Sie riet mir auch, ein eigenes Gewerbe anzumelden, was ich auch getan habe. Sie war mir also beim Aufbau einer Existenz behilflich."

Bei kleineren Reibereien zwischen den Eheleuten stellt Horst Buchholz sich häufig auf die Seite von John Blaue; sie ist dadurch „tief enttäuscht. ... Sie tat mir dann natürlich leid."

„In dieser Zeit mahnte mich Frau Blaue öfter, mich nicht zu verzetteln mit kleinen Abenteuern mit Mädels, sondern meiner Arbeit intensiv nachzugehen. Ich habe das auch eingesehen; ich hatte nämlich Blaues von meinen Ausgängen erzählt. Besonders Frau Blaue fand meist schnell den wunden Punkt dieser oder jener Bekanntschaft heraus und kritisierte."

Sie sichert ihre Position ab.

Gelegentliche Hamsterfahrten bringen Erholung von den ehelichen Verhältnissen, die sich zum Schlechten entwickeln. „... gab sie sich so, wie ich sie kennengelernt hatte, lebhaft und froh. Sie tat mir leid und ihrem gelegentlichen Anlehnungsbedürfnis, das nach Trost suchte, habe ich mich sicher nicht widersetzt. Das anfangs kameradschaftliche Verhältnis wandelte sich nun doch in eine Zuneigung."

In seiner Gegenwart ist sie „ausgeglichener und fröhlicher, wieder so, wie ich sie kennengelernt hatte, ich hatte sie sehr gern".

Wenige Jahre später, sie sind nach Dithmarschen verzogen, regen Bekannte an, John Blaue für tot erklären zu lassen, dann könne er Ruth Blaue heiraten. Da antwortet er mit Verachtung: „So eine doch nicht."

Nachdem im Zuge der Vermissstenermittlungen den beiden der Schädel John Blaues gezeigt wird, kommt Ruth Blaue „ziemlich gefasst" von der Schau zurück. „Nee", sagt sie, „das ist er nicht gewesen, der hatte doch ein ganz anderes Gebiss." Buchholz ist „vollkommen erledigt".

Das ist Ruth Blaues neues Leben. Mühsam halten sie sich über Wasser; er geht „stempeln" und verkauft hin und wieder eine kleine Schnitzerei, sie setzt Bücher um und betätigt sich bei den rückständigen Landbewohnern als Wahrsagerin. Sie wirkt ein wenig unheimlich, fasziniert die Menschen aber stark. Im Schwarzwald später finden sie keine Freunde, sind aber wegen ihrer Freundlichkeit und besonderen Hilfsbereitschaft bei allen Nachbarn äußerst beliebt. Sie ist fleißig im Büro. Man hat Hochachtung vor ihrer Intelligenz, nennt sie später „sehr wendig, sehr themenreich – man hat über alles mit ihr reden können". Ruth Blaue imponiert wieder.

Dr. med. Günther Stedtfeld, Horst Buchholz' Staffelkapitän im Kriege, hat Ruth Blaue, während er versucht, sich um seinen Kameraden zu kümmern, sehr genau aus seiner Sicht bewertet: Er sieht seinen Freund trostlos, im menschlichen Niedergang. „Demgegenüber schien

Frau Ruth Blaue durchaus glücklich und von lebensbejahender Natur zu sein. Ich hatte den Eindruck, dass es sich bei ihr um eine äußerst suggestive Frau handelte, die den Mann völlig beherrschte." Sie spielt „die führende Rolle" und hat „den damals noch sehr jungen und unerfahrenen Mann völlig in ihrer Gewalt". Stedtfeld will ihn aus dieser Umgebung lösen, lädt ihn nach Hamburg ein, der lehnt ab, reagiert überhaupt nicht oder kommt in Begleitung von Ruth Blaue. Sie tut alles, Treffen zwischen den beiden zu verhindern, scheint Beeinflussung dahin zu fürchten, dass Buchholz sie verlassen solle. Zu Recht: Stedtfeld will ihn bewegen, in Hamburg ein Kunststudium an der Hochschule aufzunehmen. Ruth Blaue wehrt sich „mit allen Mitteln" dagegen: Sie kenne in Elmshorn einen Professor, der könne das genauso gut. Und vor allem könne auch sie genügend künstlerische Anregungen geben. Sie dominiert alle, „brilliert" mit Kenntnissen in der Astrologie, stellt den staunenden Kleinstädtern Horoskope und „versucht mit übersinnlichen Dingen Eindruck zu erwecken". Es gelingt ihr auch bei Horst Buchholz.

Den Grund für Ruth Blaues Wunsch, aus Elmshorn fortzuziehen, sieht Steldtfeld darin, dass sie Buchholz seinem Einfluss entziehen will. In dem armseligen Haus in Dithmarschen werden von ihr Sitzungen mit „Tischerücken" veranstaltet, es kommt zu „transzendentalen philosophischen" Gesprächen, die sie allein bestimmt. Sie entscheidet auch tatkräftig in den täglichen Dingen. Aus dem Vorhandensein einer „pornographischen" Bibliothek, u. a. mit den Werken de Sades, schließt Stedtfeld, dass Ruth Blaue Buchholz, der nach seiner Meinung unerfahren gewesen sei, „zunächst von der sexuellen Seite her und dann später ganz beherrscht" habe. Andere Kriegskameraden, die versuchen, zu Buchholz Kontakt herzustellen, sehen eine Frau, die „glücklich und mit ihrem Schicksal zufrieden war".

In den Jahren, in denen Ruth Blaue in Elmshorn lebt, von 1944 bis 1948, hat sie bei vielen widersprüchliche Eindrücke hinterlassen. Alle, aber auch unterschiedslos alle, die das Ehepaar Blaue kennen, registrieren nach Blaues Verschwinden fassungslos, mit welch absoluter Gleichgültigkeit seine Frau hierauf reagiert; sie erweckt bei allen den Eindruck, es berühre sie nicht im Geringsten, dass ihr Mann vielleicht in großem Elend oder tot ist. Sie strahlt Kälte aus, bleibt letztlich fremd in ihrer Umgebung, will es wohl auch so.

Die Verhöre durch die Kriminalpolizei erträgt sie meistens mit stoischer Ruhe, beklagt jedoch Jahre später den unmenschlichen Mechanismus dieser Prozeduren, während derer man nicht einfühlsam mit ihr umgegangen sei. Die Protokolle spiegeln indes nur höflichen Ton und stringente Sachlichkeit wider. Bei zwei Gelegenheiten verzeichnen die Niederschriften Emotionen: Im ersten Verhör, am 16. August 1954, weint sie wiederholt, schluchzt und „war sehr erschüttert". Zwei Tage später weint sie heftig, ringt die Hände, das Sprechen fällt ihr schwer. Andere Krisen während der gut einjährigen Vernehmungen werden nicht benannt.

Ihr Verteidiger Dr. Pickert lässt über sie ein graphologisches Gutachten erstellen:

„Graphologisches Gutachten von H. Stössel (Hamburger Abendblatt) über Ruth B l a u e

Die Schreiberin besitzt eine starke vitale Spannung und ein kräftiges Temperament, dem die notwendige Steuerung kein leichtes Problem ist. Sie ist impulsiv, leidenschaftlich, von intensiver Erlebniskraft und verweilt in ihren Bestimmungsgegenständen kaum im oberflächlichen Bereich. Die geistige Veranlagung kann als weit gespannt angesehen werden, wobei besonders eine auffällige tiefliegende Verwurzelung zu den Interessen gegeben ist. Was sie tut, tut sie immer ganz und gründlich, wobei allerdings das vibrierende Lebensgefühl durch ihre sexuelle Triebkraft in Verwirrung geraten kann. Sie kann durch ihre geistige Überlegenheit Einfluss ausüben, unterliegt jedoch im Bereich der Triebe dem Selbst- und Fremdeinfluss."

Die Kieler Gerichtsmediziner Hallermann und Gerchow haben Ruth Blaue monatelang beobachtet und in zahlreichen Gesprächen ihre Analyse entwickelt. Sie ist ihnen ein Rätsel geblieben. Letzten Endes ist ihr Fazit, dass man Ruth Blaue nichts glauben kann. „Man sollte Frau Blaue nur glauben, was durch Fakten belegt ist." Also letztlich gibt es keinen Raum für „glauben"; damit aber auch das Aussetzen eines der wesentlichen Elemente menschlichen Zusammenlebens: des Vertrauens. Ruth Blaue als Dissoziale. Die Untersuchungen sind für sie ein einziger Auftritt, den sie genießt und der große Selbstdarstellung ist, eine weitere in ihrem Leben.

Sie erhält Gelegenheit, sich ausführlich zu allem zu äußern, was ihr wichtig erscheint:

„Die diesbezüglich gebotenen Möglichkeiten schöpfte sie weit über die Grenze des Möglichen aus. Sie ‚ersparte‘ den Untersuchern nichts in ihren ausführlichen mündlichen und schriftlichen Darlegungen und schien eine kindlich-spielerische Freude an ihrer eigenen, der Situation nicht immer angemessenen Produktivität zu haben."

Bewusstseinsstörungen, Wahnerlebnisse oder Halluzinationen werden nicht verzeichnet. „Auffälligkeiten und Absonderlichkeiten" zeigt sie nicht in verstandesmäßigen, wohl aber in emotionalen und willensmäßigen Funktionen. Oberflächlich verhält sie sich unauffällig, ruhig und beherrscht bei lebhafter und ausdrucksvoller Mimik, wobei sie den Eindruck des „Wirkenwollens" hinterlässt. Ihr höflich-konventionelles Benehmen wirkt nicht devot. Ihre Ausstrahlung von Ruhe, Sicherheit und Bescheidenheit verschafft ihr auch das Wohlwollen des Gefängnispersonals.

„Dahinter verbargen sich jedoch auffällige Eigenarten und Absonderlichkeiten, die schnell und deutlich erkennen ließen, dass ‚der Schein nicht immer dem Sein‘ entsprach, dass es sich vielmehr um eine eigentümlich schillernde Persönlichkeit von hoher, suggestiv wirkender Ausdrucks- und Darstellungskraft handelt, deren scheinbar ‚imponierende‘ Gesten, deren lebhafte, temperamentvolle und ‚überzeugende‘ Berichterstattung und deren ‚gefühlvolles‘, anschmiegsames Gebaren mit äußerster Vorsicht zu bewerten sind."

Die Haftsituation scheint ihre Stimmung nicht negativ zu beeinflussen, keine Niedergeschlagenheit, keine Verzagtheit, keine Sorge ergreift sie. Sie lässt „gleichsam ein brillantes Feuerwerk" wechselvoll schillernder Nuancierungen in ihrem Verhalten erkennen. „Heitere Unbekümmertheit" selbst in den ernstesten Momenten, im nächsten Augenblick „schwärmerisch-enthusiastisch affektierte Überschwänglichkeit wie bei einem pubertierenden jungen Mädchen", fatalistische Ergebenheit mit theatralischem Opfersinn oder auch geradezu fanatisch idealisierende „Gläubigkeit", fraulich-weiche „Verinnerlichung" mit typisch weiblich-zweckgerichteten „Manieren", auch ehrgeiziger, unnachgiebiger Geltungsanspruch mit „männlicher Härte und Durchsetzungsfähigkeit" wechseln einander ständig ab. Glänzende Anpassungsfähigkeit, die noch jede Situation überlegen zu beherrschen meint, und in jeder Situation verblüffende Wendigkeit und subjektive

Überzeugungskraft, mit der sie ihre Stellung behauptet und Profit daraus zieht, kennzeichnen ihr Verhalten während der Untersuchungen. Sie lebt Eigendünkel und Selbstsucht voll aus, sie ist der Mittelpunkt, sie glänzt, sie versucht auch jetzt noch, das Geschehen zu formen. Auch wenn sie Selbstbelastungstendenzen erkennen lässt, dienen diese letztlich dazu, sie als Märtyrerin erscheinen zu lassen und eine Selbstüberhöhung herbeizuführen. Insgesamt ist das Streben nach Selbstwerterhöhung durchgehend, etwa, um wenige Beispiele zu nennen, wenn sie über Buchholz sagt: „Innerlich war er von mir abhängig." oder „Ich war so etwas wie eine Heimat für ihn." Und über ihren Mann: „Mich band das Gefühl, dass er mich brauchte." oder „Ich imponierte ihm auf Grund meiner Fähigkeiten."

Sie steht im Mittelpunkt schicksalhafter Verkettungen, wenn sie sich nicht sogar aufgerufen sieht, selbst „Schicksal spielen zu müssen", und sie fühlt sich aufgerufen, unausgesetzt.

Erfolg und Geltung, danach strebt sie in selbstgefälliger Ich-Erhöhung und undiskutierbarer Überlegenheit („Ich habe mich einfach für Trautmann verantwortlich gefühlt." – „John Blaue, ein einfacher unintelligenter Charakter, von Einstein wusste er nichts." – „Bohéme hielt er für eine Kapelle.").

„In ihrem infantilen, fast möchte man sagen, puberalen Geltungsdrang spielte jedoch auch eine überstarke Neigung zu gefühlsmäßiger, überschwänglicher Hingabe an die eigenen, wechselvoll schillernden Phantasieschöpfungen eine Rolle, letztlich ein Übergewicht der Phantasie im ganzen seelischen Erleben überhaupt. Mit spielerischer Freude, suggestiver und auch autosuggestiver Kraft entwickelte sie ‚Vorahnungen‘ und förderte aus dem Erlebnis eingetretener Prophezeiungen das Auftreten neuer, entsprechender Gesichte. Zukunftsweisende seelische Grundgefühle, ständig genährt von lebhaften, farbigen Träumen, erzeugten unter Sorgen, Befürchtungen und Hoffnungen geradezu phantastische Zukunftsvisionen als Spiegelung von Inhalten ihrer überschwänglichen Phantasietätigkeit bei einer starken eidetischen Veranlagung. (Eidetik: Die Fähigkeit, sich Objekte oder Situationen so vorzustellen, als ob sie real wären, auch vergangenheitsbezogen, d. Verf.)

Ihre stets regsame, bewegliche und ausschweifende Phantasie mobilisierte gleichsam ihren Geltungsanspruch, und dieser bediente sich andererseits der gesteigerten Einbildungskraft zu phantastischer – fast möchte man sagen dichterischer – Erhöhung und Ausschmückung des eigenen Ich. Beide Teilkräfte wurden zu entsprechender Außendarstellung der eigenen Person eingesetzt. Diese stellte andererseits nicht zu verkennende große Ansprüche an sich selbst, denn auch in ihrem Ehrgeiz und in den Beweisen der eigenen Kraft und des Könnens fanden sich die gleichen fanatisch anmutenden Übersteigerungen.

Diese überwiegende Tendenz, immer nur sich selbst im Mittelpunkt zu sehen, Schicksalslenker zu sein, ausschließlich vom eigenen Standpunkt Betrachtungen anzustellen, machte ihre Unfähigkeit, sich in andere hineinzufühlen, realgebunden mitzuerleben und mitzudenken, besonders deutlich. Sie gestattete aber auch kaum ein Vordringen an den Kern ihrer Persönlichkeit. Frau Blaue vermittelte in hohem Maße den Eindruck der Undurchsichtigkeit, die ihr zwar einen gewissen „Nimbus" verschaffte, andererseits aber unschwer erkennen ließ, dass sie mit unechten Mitteln etwas darzustellen versuchte, wo ihr selber die Voraussetzungen fehlten, und dass sie so wirken wollte, wie sie selber gern sein und anderen erscheinen möchte. Letztlich ergab sich hieraus ein unentwirrbares Gemisch von Lüge, Betrug und Selbsttäuschung."

Echte Beschämtheit und Reue kennt sie nicht, Kompromisse sind Schwäche. Auf ihre Halsstarrigkeit und ihren geradezu kindischen Trotz ist sie stolz. Als es um eine Trennung von John Blaue unter möglicher Aufgabe der Wohnung geht, nimmt sie diese Position ein: „Ich sah nicht ein, weshalb ich mein gutes Recht aufgeben sollte anstelle des anderen!" Eine menschlich geradezu defekte, peinliche Disproportionalität angesichts der furchtbaren Situation nach der Ermordung ihres Mannes zeigt ihre Äußerung: „Das war eine tolle Leistung, wie Horst den blöden Sack allein heruntergetragen hat!". Selbst die Gerichtsmediziner, denen kaum etwas Menschliches fremd ist, zeigen sich befremdet.

Ihre Intelligenz wird als überdurchschnittlich bewertet.

Hallermann/Gerchow stellen außerordentlich vielfältige Überlegungen zu ihrer Persönlichkeit an, die sie als komplex und kompliziert darstellen, „wenn man nicht von vornherein an eine absolut gefühlskalte, rücksichtslose Täterpersönlichkeit, Intrigantin oder Agitatorin glauben will". Ob sie dieser Wertung zuneigen, lassen sie zunächst offen, entscheiden sich jedoch letztendlich dagegen. Weshalb? Weil sie nicht an die Eindimensionalität der Persönlichkeit Ruth Blaues glauben, nicht an die Monokausalität ihrer Handlungen. Das entspricht nicht ihrem wissenschaftlichen Menschenbild.

In ihrer zusammenfassenden Bewertung der Persönlichkeit Ruth Blaues, auch in ihrer Konstellation zur Tat, sagen die Gutachter:

„I.

Bei der jetzt 40 Jahre alten Ruth Blaue handelt es sich um einen in intellektueller Hinsicht überdurchschnittlich begabten, temperamentmäßig eine schillernde Verhaltensskala von der steifen Pedanterie bis zur enthusiastischen ‚Überstiegenheit‘ aufweisenden, in charakterlicher Hinsicht ehrgeizigen, ungewöhnlich geltungsstarken, egozentrischen, energisch-durchsetzungsfähigen, fast fanatisch einseitigen, gefühlsmäßig und willensmäßig völlig unreifen Menschen mit einer gewissen eidetischen Begabung und betont phantastisch-pseudologistischen Zügen. Diese Strukturelemente und vielfältig schillernden Ausdrucksmöglichkeiten kennzeichnen Frau Bl. also als einen infantilpuerilistischen, unreifen, pseudologistisch-phantastischen, eidetisch begabten Menschen (Psychopathen) mit überdurchschnittlicher Intelligenz.
II.
Diese Persönlichkeitsanlage und Reagibilität machen den Hinweis erforderlich, dass hierin der bedeutendste Unsicherheitsfaktor des ganzen Prozesses zu erblicken sein dürfte. Hier ist nicht nur zwischen Wahrheit und Lüge zu unterscheiden, sondern es gibt weit mehr Möglichkeiten, die darüber hinaus – objektive Wahrheit oder Lüge – zu berücksichtigen haben, ob sie einem phantastischen Selbstbetrug unterliegt oder einem überschwänglichen, theatralischen Opfersinn folgt, fatalistisch resigniert, um Buchholz zu entlasten oder in zynischem Fanatismus die Anstrengungen um eine objektive Klärung belächelt.
III.
Die motivischen Zusammenhänge, die zur Tat geführt haben, wurden eingehend erörtert. Dabei wurde besonders darauf hingewiesen, dass sich das motivische Geschehen in erster Linie aus der Persönlichkeit der B. unter Berücksichtigung einer dieser Persönlichkeit nicht tragbar erscheinenden Konfliktsituation ableiten lässt. Die Möglichkeit einer Tötungshandlung ist bei dieser Persönlichkeit durchaus gegeben.

Die Frage, die nach dieser Bewertung in den Mittelpunkt rückt: „Wie wird ein Mensch so, weshalb ist er so?“, versuchen Hallermann/Gerchow zu beantworten, wobei sie betonen, dass jeder Mensch letztlich ein Geheimnis bleibt:

„Das ‚erbbiologische Milieu‘ bietet klare Hinweise für eine konstitutionelle psychopathisch-neuropathische Belastung. Dr. Trautmann berichtet, dass bei der Mutter ‚große hysterische Anfälle‘ vorgekommen

sein sollen. Die Mutter gilt als lebenslustig, lebhaft und temperament-voll und soll nach Angaben der Blaue wegen ‚nervöser Störungen‘ in einem Sanatorium gewesen sein. Den Vater bezeichnet Dr. Trautmann als ‚nicht ganz taktfest‘, wobei auf strafbare Handlungen hingewiesen wird. Frau B. betont die Weichheit, Gutmütigkeit und Großzügigkeit ihres Vaters, der auch bei schlechter Finanzlage ‚in großem Stil‘ gelebt haben soll. Die Cousinen des Vaters werden als ‚leichtfertig‘ bezeichnet. Die Geschwister seien ‚alle etwas mondsüchtig‘ gewesen. – Schon diese wenigen Angaben lassen die Annahme berechtigt erscheinen, dass gewisse erbbedingte konstitutionelle Besonderheiten vorliegen, die sich in der Blaue fortsetzten. Auch das häusliche Milieu als solches scheint sehr wesentlich zu ihrer eigenartigen charakterologischen Prägung beigetragen zu haben. Ihr wacher, überdurchschnittlich entwickelter Intellekt hat offenbar frühzeitig den Grundstein zu einer guten Beobachtungsgabe gelegt und ist mitverantwortlich dafür, dass sie ihre Chancen zu nutzen verstand und auf ständige Bestätigung einer gesellschaftlichen und begabungsmäßigen Sonderstellung reflektierte. So ist sie wohl das ‚Renommierstück‘ der Familie geworden und wurde von allen verhätschelt und verwöhnt. Ihre eidetische Begabung, einmal Gesehenes bildhaft zu reproduzieren und auch phantastische Traumgesichte subjektiven Ursprungs in ihre Erlebniswelt einbauen und gleichsam damit in die Zukunft sehen zu können, hat zudem in zunehmendem Maße ihre ‚Sonderstellung‘ begründen helfen und autosuggestiv auch die Überzeugung einer außergewöhnlichen Begabung in ihr selbst gefestigt. So ist es zu verstehen, dass ihrem Willen und ihrer Willensrichtung keine Widerstände entgegengesetzt wurden und sie es nicht frühzeitig gelernt hat, sich anzupassen und einzuordnen.
Die frühe intellektuelle Entwicklung und die dadurch bedingte Sonderstellung, aber auch die Bewusstheit der väterlichen Schwäche und mütterlichen Nachgiebigkeit, das Fehlen eines anerzogenen Sinnes für Geld und Sparsamkeit (‚Ich habe nie den Wert des Geldes begriffen.‘) sind als besonders auffällige Faktoren zu erwähnen, die für ihre frühzeitige Isolierung mitverantwortlich geworden sind. Die B. hat sich schon als Kind ihre eigene Welt geschaffen, und die Bewusstheit, im Mittelpunkt einer einmaligen schicksalhaften Verkettung zu stehen, nie verloren. Die Fähigkeit, lebhaft bunt träumen zu können, einmal Gesehenes jederzeit – selbst lange Zahlenreihen und ganze Seiten mit Vokabeln – reproduzieren zu können, hat zu einer immer stärkeren Überzeugung der eigenen Bevorzugtheit vom Schicksal, verbunden mit betontem Geltungsanspruch geführt. Sie hat sich aber auch in diese phantastische Welt der Vorahnungen – vom kindlichen Standpunkt gesehen des ‚Besserwissens‘ – eingesponnen und häufig das Gefühl für jegliche Realität verloren.

Will man ihre ‚seherische Gabe‘, aus der sie dem eigenen Geltungsanspruch entsprechend immer Profit zu ziehen wusste, näher erklären, wird man sich der Wirksamkeit der eidetischen Wesenskomponente bewusst sein müssen. Auf dieser Basis erklärt sich ihr „zweites Gesicht", das grundsätzlich subjektiven Ursprungs ist und als Spiegelung von Inhalten „der menschlichen Seele" aufgefasst werden muss. Insbesondere leiten seelische Grundgefühle wie Sorge, Befürchtungen und Hoffnungen als farbig-bunt im Wachtraum oder Halbschlaf erlebte phantastisch ausgeschmückte Visionen in die Zukunft hinüber. Der Glaube prägt das ‚Gesicht‘ und eine zufällige Bestätigung einer prophetischen Voraussage führt dazu, dass ‚das Gesicht‘ den Glauben induziert. Suggestion und Autosuggestion tun ein Übriges (‚Ich habe immer gern geglaubt, was ich mir vorgestellt habe.‘), um meist rückschließend an die Kraft der eigenen Sehergabe zu glauben, die durch das Bewusstsein, eine gläubige Gefolgschaft zu haben, noch verstärkt wird.

Die zweifellos vorhandene intellektuelle Frühreife mit dem dadurch bedingten äußerst bewussten Erleben hat auch dazu geführt, dass die B. zu einer Zeit in großem Umfange Bücher las, zu der das Gelesene noch nicht eigentlich verarbeitet und vom Gefühl durchdrungen werden konnte. So hat sie offenbar zunächst rein intellektuell gedacht und gefühlt und sich ganz von Zweckmäßigkeitsgesichtspunkten leiten lassen, deren Durchsetzung sie unter Umständen mit hysterischen Demonstrationen bewirkte.

Vor allem aber ist die Diskrepanz zwischen vorgeschrittener intellektueller Entwicklung und allgemein seelischer, wie offenbar auch psychosexueller Unreife am Ausgang der Pubertät offenbar dafür verantwortlich, dass die B. vollkommen verwahrloste. Ihr intellektuell fundierter Geltungsanspruch, verbunden mit einer unbekümmerten Sorglosigkeit, selbst bei schlechter Finanzlage (‚Zum Beefsteak gehören eben auch Spiegeleier und Krebsschwänze.‘) einerseits und eine pubertätsbedingte schwärmerische Überspanntheit andererseits kennzeichnen ihre innerseelische Situation zur Zeit des Verhältnisses mit Dr. Trautmann, aus der heraus sie sich aus kindlichem Trotz, Abhängigkeit und Auflehnung, Neugierde und gemütlicher Unreife nicht fangen konnte, sondern in die Verwahrlosung abglitt. Auch damals schon ist die B. offenbar von dem phantastischen, autosuggestiv verstärkten Gefühl – und es fiel ihr ja nicht schwer, an das zu glauben, was sie gern glauben wollte – erfüllt gewesen, ‚Schicksal‘ spielen zu können und eine wichtige Persönlichkeit in weitgespannten schicksalhaften Verkettungen zu sein. Sie hat als 17-jährige – und jetzt – nicht nur in der Überzeugung gelebt, eine große politische Rolle zu spielen und wichtige politische Fäden in der Hand zu halten, sondern sie hat sich auch ‚für Dr. Trautmann verantwortlich gefühlt‘ und ist offenbar nicht nur aus enthusiastisch-verstiegener Verkennung der Situation bzw. aus Hörigkeit, sondern ganz bewusst reflektierend, leichtfertig mit ihren Möglichkeiten spielend, vorübergehend der Prostitution verfallen. Schon diese wenigen ‚Schlaglichter‘ aus dem Entwicklungsgang der B., der sich im Übrigen kaum ganz entwirren lässt, vermögen zur Genüge auf das Persönlichkeitsbild hinzulenken, das wir im sog. Persönlichkeitsquerschnitt, dem jetzigen psychischen Zustandsbild, kennengelernt haben, und das in gleichem Maße die eigenartige Polarität der seelischen Teilkräfte hinsichtlich ihrer Wirksamkeit und Bedeutung, aber auch die gleiche Diskrepanz zwischen intellektueller Reife und allgemein seelischer Unreife zum Ausdruck kommen lässt. Diese Polarität in der Reagibilität auf alle Umwelteinflüsse, mit der auch die sich scheinbar widersprechenden Extreme ihrer charakterologischen und temperamentsbedingten Wesenszüge gemeint sind, hat sicherlich in dieser anlage- und milieubedingten Prägung eine mitbestimmte Ursache.

Wir haben im ‚Psychischen Befund‘ bereits ausgeführt, dass das Wesensbild der Ruth Blaue vorwiegend durch eine phantastisch-pseudologistische Neigung, verbunden mit eidetischer Begabung und einem gesteigerten Geltungsanspruch gekennzeichnet ist. Im Mittelpunkt ihrer schwindlerisch-renommistischen Außendarstellung steht ihre überstarke Neigung zu gefühlsmäßiger Hingabe an ihre eigenen wechselvollen Phantasieschöpfungen. Sie glaubt offensichtlich bis zu einem gewissen Grade an das, was sie glauben will – erklärbar aus der Vorstellung, eine wirklichkeitsbezogene Sehergabe zu besitzen, ohne sich allerdings ans ‚Imaginäre‘ zu verlieren. Die wirksamen seelischen Bestandteile werden allerdings erst in Verbindung mit einer gesteigerten Einbildungskraft zur typischen charakterologischen Prägung, wobei Frau B. wie immer auf Außenwirkung bedacht ist (Dr. Stedtfeld: … ‚versucht, mit übersinnlichen Dingen Eindruck zu erwecken‘; Buchholz: … ‚ja, sie muss eine Rolle spielen‘). Aber sie ist auch maßlos ehrgeizig und stellt in gleichem Maße oft mit fanatischer Energie an sich selbst große Anforderungen und Ansprüche, wenn es sich hierbei vielleicht auch nur um eine besondere Form der Selbstbestätigung und Selbstreflektion, also ein Mittel zum Zweck, handelt. – Hier mobilisiert und steigert auf der einen Seite die stets regsame bewegliche Phantasie den Größendrang zu intensiven intellektuellen Spekulationen und bedient sich auf der anderen umgekehrt der Geltungsanspruch der gesteigerten Einbildungskraft zu phantastisch-maßloser Erhöhung und Ausschmückung des eigenen Ichs. Beide Triebkräfte, in gleicher Weise zu entsprechender Außendarstellung der eigenen Person drängend, führen eine gewisse hochstaplerische Haltung und zum Teil wohl auch Lebensführung herbei. Letzten Endes sind es Phantasie, Unwahrheit, Selbstbetrug und auch Lüge, mit denen sie sich eine Welt aufgebaut hat, eine Welt des ‚mehr Schein als Sein‘, von der auch Dr. Trautmann andeutungsweise in offensichtlich richtiger Erkenntnis der Zusammenhänge spricht. Frau B. besitzt ein vorzügliches Rüstzeug, um gelten zu können und sich einen verblüffenden, imponierenden Erfolg zu sichern. Sie ist überdurchschnittlich begabt, hat eine gute Vorbildung und ein ausgezeichnetes Benehmen; sie ist glänzend anpassungs- und variationsfähig, temperamentvoll und aktiv, dabei erfüllt von einer leicht zynischen Menschenverachtung und zweckgebundenen Rücksichtslosigkeit. Diese Faktoren gehören zur hochstaplerischen Lebensdarstellung, weil sie die überzeugende Sicherheit im Auftreten und die Kraft des Ausdrucks und die Fähigkeit verleihen, die Mitmenschen mitleiderregende oder großsprecherische, phantastische Berichte als Realität empfinden zu lassen und auf der Gegenseite Gefühle zu erzeugen, wo ihr selber oft die Voraussetzungen fehlen. Eine ‚gefährliche Gabe‘ dieser Persönlichkeit ist außerdem die glänzende Fähigkeit, sich nicht festlegen und fixieren zu lassen, sondern überlegen-sicher und ruhig abwägend vom Speziellen sofort auf das Allgemeine ablenken zu können.

Nach dem Ergebnis der Ermittlungen bedarf es wohl kaum noch eines Beweises für die immense Täuschungskraft, die derartige Phantasten und Schwindler (Pseudologen) selbst auf kritische Persönlichkeiten auszuüben verstehen. Man denke nur an ihr Verhalten nach der Tat, mit welchem überzeugenden Eifer sie um Aufklärung bemüht war und es verstand, die Spur zu verwischen. Es ist immer wieder festzustellen, dass derartige ‚Begabungen‘, die oft frei erfundene Rolle nach außen mit ungemeiner Sicherheit und Gewandtheit spielen. Diese Tatsache ist sehr leicht verständlich zu machen. Zunächst steht ihnen bei ihrer Durchführung eben ihre große Phantasie stets hilfreich zur Seite (es fällt nicht schwer, anderen etwas zu erzählen und bis zu einem gewissen Grade selbst daran zu glauben), um mit Ausschmückungen und Ausgestaltungen die eigenen Angaben zu detaillieren und damit die eigene Rolle glaubwürdiger zu gestalten.

Dazu kommt nun noch, Hand in Hand damit gehend und im gleichen Sinne wirksam, eine gute, sehr bewegliche und anpassungsfähige Intelligenz, die etwa auftauchenden Einwänden, Zweifeln, Bedenken anderer gleich die Spitze abzubiegen versteht. Bei der B. findet sich zudem wirklich eine große Belesenheit, die im Zusammenhang mit einer gewissen formalen Sprachbegabung, verbunden auch mit starkem Hang zu wirksamer, voll und hoch tönender Phrase ihr immer wieder die ungewöhnlich überzeugende Vorspiegelung von ‚blauem Dunst‘

erleichtert. Dabei ist es besonders der Ausdruck, der den Erfolg sichert. Das liebenswürdige, anschmiegsame, ja bezaubernde Wesen, ihre gewandten Manieren bei selbstbewusster Sicherheit des Auftretens geben eine brillante, schillernde Fassade ab, hinter der kaum jemand vermutet, dass sie unter Umständen mit rücksichtsloser, sthenischer Härte gegen sich und andere, energisch und zielbewusst berechnend und voller Verachtung für jede ‚Mittelmäßigkeit' ihre Ziele durchzusetzen versucht.

Wenn man der Frage nähertritt, ob sich in ihrem ‚Hang zum Außerordentlichen' mehr Beziehungen zum reinen Phantasten oder zum eigentlichen Pseudologen finden lassen, so wird man keine eindeutige Antwort geben können. Während der Phantast den Wert der Umwelt für sich verfälscht, verfälscht der Pseudologe seinen Wert für die Umwelt. Ihm kommt es auf Außendarstellung an; dabei betrügt er die anderen, während der Phantast vorwiegend sich selbst betrügt. Beides trifft für Frau Blaue zu. Sie lügt offensichtlich, wenn es ihr passt, ohne dabei ‚ins Gedränge zu kommen', aber sie kann sich auch vollständig in ihre phantastische Scheinwelt verlieren und darin wie in der Realität leben. Aber sowohl bei der schwindelhaften wie bei der phantastischen Darstellung wird man in der Regel eine starke innerliche Überzeugtheit von der Wirklichkeit des erfundenen ‚Spiels' annehmen müssen, da sich diese auch dem äußeren Verhalten mitteilt und eben jene täuschende und überzeugende Unbefangenheit des Auftretens verleiht, wie bei allen Untersuchungen festzustellen ist.

Wenn dieses auch die wesentlichsten Eigentümlichkeiten im Wesensbild der B. sind, so spielen dennoch für das Verständnis der motivischen Zusammenhänge und für die Erklärung ihrer wechselnden Einlassungen noch andere seelische Teilkräfte eine Rolle, die die psychologische Situation aufzuhellen in der Lage sind.

Wir haben bereits im ‚Psychischen Befund' – und andeutungsweise auch in der ‚Beurteilung' – auf das infantil-puerilistische Verhalten und die allgemeine Unreife hingewiesen, die sich vorwiegend als eine affektive Retardierung darstellt. Das seelische Gesamtbild vermittelt den Eindruck einer disharmonischen Pubertätsentwicklung, die zu keinem harmonischen Zusammenklang geführt hat. Aus dem Überschwang aller Emotionen – wie bereits betont kann sie das Emotionale auch völlig ‚abschalten' –, der enthusiastisch-affektierten, schwärmerischen ‚Überstiegenheit', der bisweilen subjektiv zweifellos ehrlichen Opferbereitschaft, dem fanatischen Idealismus und altklug-kindlich wirkenden Puerilismen mit der ‚Verniedlichung' ernster Situationen (‚Eine tolle Leistung von Horst, wie er den blöden Sack allein heruntergeschafft hat.') gewinnt man den Eindruck einer lebhaften Pubertät. Hier ist sie offenbar stehengeblieben, ohne zur vollen sozialen und gemütli-

chen Reife und zur Entwicklung klarer Wertmaßstäbe, zu einem echten Mitempfindenkönnen und Einfühlungsvermögen gekommen zu sein. Auch ihre Geltungssucht mutet oft puberal an, wenn sie jede Selbstkritik vermissen lässt und schärfste Kritik an anderen übt. – Nicht zuletzt finden sich aber auch im psychosexuellen Bereich zahlreiche Infantilismen, und auch ihre relative Frigidität dürfte Ausdruck einer Unentwickeltheit sein. Herrschen und Beherrschenwollen bzw. auch eine Spekulation mit dem eigenen Unvermögen, vollwertig zu empfinden, geben auch ihrem sexuellen Verhalten das Gepräge. Wenn sie sagt: ‚Ich liebte stets hemmungslos und ausschließlich, das heißt ohne Rücksicht auf die gute oder schlechte Meinung anderer … der Geliebte konnte tun, was er wollte, mich belügen, betrügen, alles Schlechte der Welt, aber er durfte nicht stillos sein, nicht kleinlich, geizig, dumm …‘, so ist dies ein phantastischer, infantil-puerilistisch gefärbter Selbstbetrug. Ebenso schwärmerisch überspannt, wenn auch subjektiv ehrlich, vielleicht zweckhaft selbstbespiegelnd, klingen folgende Formulierungen: ‚Meine Dienstzeit war darum auch kein Tändeln mit Offizieren; nur einen einzigen, der wie ich ohne Hoffnung war, von dem ich wusste, dass er fiel, sobald er nur herauskam, den liebte ich‘.
Auch die Kompromisslosigkeit ihrer Anschauungen (‚Ich sehe einfach keine Mittelwege … immer nur ein Entweder/Oder.‘), die Impulsivität der Entscheidungen (‚Dummerweise handele ich immer ganz spontan.‘), ihr Trotz und ihr Eigensinn – worauf sie sogar kindlich stolz ist – gehören zu dem Bild der puberalen Unreife. Von diesem Aspekt sind auch die überzeugend anmutenden märtyrerhaften Selbstbezichtigungen und Glorifizierungen ihrer Geständnisse zur angeblichen Entlastung Buchholz’ zu betrachten. Aber hier beginnt schon die entscheidende Frage, ob es sich nicht um eine geschickt inszenierte Demonstration handelt, wobei sie kalt berechnend alle Fäden in der Hand hält, um letzten Endes sich selbst zu entlasten. Die Mittel zu einer derartigen Darstellungskraft und Ausdrucksfähigkeit besitzt sie ohne Zweifel. Es mangelt ihr auch nicht an gemütlicher Unempfindlichkeit, wenn sie energisch, sthenisch-hart ein gestecktes Ziel verfolgt.“
Soweit die Ärzte.

Träume:
Zu Ruth Blaues Selbstdarstellung gehört es, dass sie behauptet, Wahrträume zu haben, das zu haben, was man in Norddeutschland das „Zweite Gesicht“ nennt. Diese Fähigkeit habe sie selbst immer dann entsetzt, wenn sie traurige Schicksale von Verwandten und Bekannten

vorhergesehen habe; dann habe sie geschwiegen oder auf dem Umweg über Kartenlegen die Zukunft oder das Ende der Betroffenen nur angedeutet: „Das erschien mir unverfänglicher."

Ein großer, immer wiederkehrender Traum ist der, in dem ein Falke eine Taube tötet:

„Als ich 23 Jahre alt war, sah ich Folgendes: Ich stand auf einer unwirklichen grünen Wiese unter einem ebenso unecht und kulissenhaft wirkenden, tiefblauen Himmel. Plötzlich erschien vor mir gegen das Blau ein Falke mit einer schwarzen Taube in den Fängen, meiner Taube, der er den Kopf abgebissen hatte. Die hilflos verkrampften, roten Füßchen des toten Vogels taten mir so weh, dass ich die Hände emporstreckte, und an meinen Händen vorbei und zwischen den geöffneten Fingern tropfte das Blut, leuchtend sich gegen den Himmel abhebend, in das grüne Gras. Diesen Traum hatte ich, sich genau wiederholend, längere Zeit. Er bedrückte mich und ging mir sehr nahe."

Mit 24 hat sie dann den Traum plötzlich verstanden, ihr wird alles klar: Sie wird einen Seemann heiraten und dieser Seemann wird von einem Flieger getötet werden.

Der Schritt von der Taube zum Seemann wäre nur dann nachzuvollziehen, wenn man wüsste, dass die Taube im Hebräischen „iona" heißt und man dann die Verbindung zöge zu Jona, dem Reisenden im Walfisch, und dann bereit wäre, Jona aufgrund dieser Reise als Seemann anzuerkennen. Sie hat sich zu diesem Hintergrund nicht geäußert. Als Horst Buchholz ins Haus in Elmshorn kommt, weiß sie, dass die Stunde ihres Mannes geschlagen hat, unausweichlich, da ihre Träume sich stets erfüllen soweit sie reale Hintergründe betreffen.

Einen anderen Traum versteht sie bis zum Schluss nicht, über ihn zu berichten, ist ihr äußerst unangenehm, dennoch:

„Allein, an einem Schneehang, steige ich einen Berg hinan. Hinter mir und ringsherum plötzlich viele Menschen, kleiner als ich und alle blind. ‚Führe uns nach Hause', fordern sie und treiben mich einfach vorwärts, den Berg herauf, eine weite Strecke, vor ein Gebäude, dessen Betreten alle Schauer und Schrecken verheißt. Sie lesen es ja nicht und mich treiben sie in die Tür, vor ein Meer voller Ungeheuer. Ich muss da durch und als ich den ersten Schritt wage, öffnet sich eine Furt und mit den Ahnungslosen komme ich vollkommen unangefochten durch das Haus auf den weiteren Weg, der noch zwei dieser bösen Durchgänge bringt. Jetzt sind wir auf einer Hochebene, es ist Nacht und ein unsagbar schöner Sternenhimmel steht über uns. Da fordert man von mir, dass ich niederknie und bete, dass die Sterne vom Himmel fallen, so würden sie sehend und nach Hause kommen. Mein Sträuben und Beteuern, dass ich das nicht vermag, nützt nichts, man zerrt mich auf die Knie, ich bete, mit halbem Herzen erst und voller Zweifel, dann alles vergessen, und die Sterne schweben in leuchtenden Ketten herab. Nie sah und erlebte ich Schöneres. Hastig wurden sie aufgegriffen. Der leere Himmel zerriss wie ein mürbes schwarzes Tuch und die Sonne stürzte sich mit allen Farben über uns und zeigte ein Land, so beglückend und lieblich, dass die Menschen jubelnd die Arme hochwarfen und hüpfend und springend in das Tal hinabeilten. Ich blieb im tiefen Glück allein zurück."

Seit frühester Kindheit träumt sie immer wieder vom Gefängnis:

„Als ich fünf Jahre alt war, fing ich an, durch Wochen immer wiederkehrend, dann in längeren Intervallen bis zum 12. Jahr, immer den gleichen ängstlichen Traum zu erleben: Man zeigte mir ein Gefängnis. Den obersten Stock nur schnell und flüchtig, den darunterliegenden, Zelle für Zelle, und dann den Keller, drohend, dunkel voll lauernder Gefahren. Wilde Tiere hockten dort in den Ecken, angriffsbereit. Zitternd und weinend wachte ich davon auf und fürchtete mich, zu schlafen. Das Schlimmste aber war, dass es dann gleichsam in mir feststand: dreimal wirst du eingesperrt.
Es ist jetzt das dritte Mal: zuerst waren es einige Tage, dann sieben Monate, jetzt dieses."

Hier spielt sie auf ihren stationären Aufenthalt im Zusammenhang mit ihrer „Hugenberg-Affäre" an, dann auf ihre Verurteilung wegen der Straftaten, die sie während ihrer Zeit mit Trautmann begeht, und schließlich auf ihre jetzige Zuchthaussituation. Sie schildert diesen Traum Professor Hans Bender, der in Freiburg ein „Institut für Grenzgebiete der Psychologie und Psychohygiene" betreibt, ein privates Institut, keines der Universität. Sie bittet um eine Analyse. Die Justiz beendet den Kontakt, nachdem Bender die Prozessakten anfordert. Direkt nach John Blaues Ermordung, noch in der Tatnacht, träumt sie:

„Horst B. und ich standen am Hafen, da kam mein Mann mit seinem Schiff, trat zu uns und sagte: ‚Acht und acht und zweimal acht. Merkt euch das!' Er ging dann, winkte und rief noch einmal: „Achtundacht-

zig!', und wenn er wieder an Bord war, rief er Horst B. zu sich und
nahm ihn mit. ...
Dieser Traum kam nun zuerst in kürzeren, dann in langen Zeitab-
schnitten bis zu meiner Verhaftung 1954. Und ich wusste genau, dass
uns acht Jahre Zeit gegeben war, d. h., dass im 8. Jahr, im 8. Monat am
16. (2 x 8) von uns Rechenschaft gefordert werden sollte. Die Tat war
am 13. 11. 1946, verhaftet wurden wir am 16. 8. 1954."

Niemandem hat sie je von diesen Träumen berichtet, vor Verhaftung,
Prozess und Zuchthaus. Auch nicht von dem Traum, den sie bei
Kriegsausbruch hatte, der die Niederlage Deutschlands voraussah und
die Russen bei Kriegsende in Halberstadt.

Entspricht das ihrer verschlossenen Natur, die kein Vertrauen kennt
oder niemandem etwas mitzuteilen hat?

Das Gericht schließt sich dem Urteil der Mediziner an, nur in einem
Punkt ist es anderer Auffassung: Es sieht zu keinem Zeitpunkt bei
Ruth Blaue eine Selbstmordgefahr. Trautmann berichtet von Selbst-
mordgedanken bei ihr, sie berichtet uns von einem vereitelten Selbstmord. Die Einweisungsurkunde in die Strafanstalt Lübeck-Lauerhof
vermerkt, deutlich hervorgehoben: „Selbstmordgefahr". Sie selbst sagt
einmal, sie habe immer wieder an Selbsttötung gedacht, aber nicht das
Recht hierzu gehabt: der religiöse Bezug ihrer späteren Jahre. War sie
suizidgefährdet? Ich glaube es nicht. Dazu war sie sich ihrer selbst,
ihrer Bedeutung, ihrer besonderen Position im Leben viel zu sicher.
Dunkle Stunden mag es gegeben haben.

Was bleibt? Ratlosigkeit. Lose Enden halte ich in der Hand, es gelingt
nicht, sie zu etwas Ganzem zu schürzen. Ruth Blaue bleibt im Letzten
im Geheimnis verborgen. Doch in mir arbeitet es weiter.

Eines ist mir immer wieder aufgefallen: Wie stark sie ein „Augen-
blicksmensch" ist, der die Folgen seines Tuns nie bedenkt. Aber vor
allem der große, der dominierende Wesenszug: Die kompromisslose
Zielstrebigkeit ihres Bemühens um Bedeutung, um Anerkennung, um
die Erringung einer Position im Leben, die ihrer Vorstellung ihres angemessenes Ranges entspricht. Sie war die Prinzessin in Halberstadt,
eingebettet in die Privilegien des Reichtums und des Ansehens, durch
das Unglück des schwachen Vaters und die Umstände der Zeit war
diese Stellung dahin, schon als junges Mädchen war sie in der Mittelmäßigkeit, in bedrängten wirtschaftlichen Verhältnissen angekommen, in eine Welt geraten, die nicht zu ihr passte. Sie gilt es wieder zu

verlassen. Nach diesem Kompass richtet sie ihr Leben aus. Sie will agieren und sie muss agieren, denn von selbst ändern sich die Dinge nicht. Ihr Leben ist die Geschichte einer Rückgewinnung, einer Rückeroberung.

Auch die Gutachter heben immer wieder ihre extrem stringente Zielgerichtetheit hervor, etwa wenn sie sagen, dass „schlechthin alle Entäußerungen ihr unnachgiebiges, energisches Streben nach Erfolg und Geltung (wiederspiegelten) und bisweilen in selbstgefälliger Ich-Erhöhung und unantastbarer Überlegenheit (gipfelten)": „Ich habe mich einfach für Trautmann verantwortlich gefühlt." ... „John Blaue, ein einfacher unintelligenter Charakter, von Einstein wusste er nichts." Sie nennen ihren Geltungsdrang infantil und puberal. Man konstatiert, dass sie auch große Ansprüche an sich selbst stellt, „denn auch in ihrem Ehrgeiz und den Beweisen der eigenen Kraft und des Könnens fanden sich die gleichen fanatisch anmutenden Übersteigerungen. ... Diese überwiegende Tendenz, immer nur sich selbst im Mittelpunkt zu sehen, Schicksalslenker zu sein, ausschließlich vom eigenen Standpunkt Betrachtungen anzustellen, machte ihre Unfähigkeit, sich in andere hineinzufühlen, realgebunden mitzuerleben und mitzudenken, besonders deutlich." Das, was nicht passt, wird ausgeblendet. Ich-Standpunkt und subjektive Gewissheit bestimmen Weltbild und Handeln. Den Kompromiss kennt sie nicht, unnachgiebig verfolgt sie ihr Ziel: „Ich habe ja in meinem Leben nur nach meinem Kopf gelebt und glaubte, es musste nur immer nach meinem Kopf gehen." „Ich sah nicht ein, weshalb ich mein gutes Recht aufgeben sollte anstelle des anderen."

Sieht sie ihren Geltungsanspruch bedroht, versperrt sie sich hinter Trotz und Halsstarrigkeit.

Selbstbehauptung und Kampf um die innere Unabhängigkeit sowie das Erhaltenbleiben und Wiederherstellen ihrer Idealwelt sind die prägenden Komponenten ihrer Existenz.

Das letzte Mal, dass wir sie passiv erleben, ist, als sie nicht die höhere Schule besucht, um das Abitur abzulegen, was ihr spielend möglich gewesen wäre, nein, sie macht nur die Mittlere Reife, „weil meine Freundinnen auch die Schule verließen." Schneidern und Weißnähen erlernt sie, das kann nicht ihre Zukunft sein.

Als sie durch Beziehungen des Vaters eine Stellung im Universitätsklinikum Hamburg erhält, ist sie zwar nicht an wirtschaftlich potente

Kreise angeschlossen, wohl aber an hochangesehene akademische mit weitreichenden Verbindungen. Eine Tür könnte sich öffnen.

Ein vielversprechender junger Arzt mit wissenschaftlichem Ehrgeiz interessiert sich für sie, vielleicht weil er sie mag und bald liebt, vielleicht, weil er in Verkennung ihrer wirtschaftlichen Verhältnisse eine gute, einflussreiche Partie wittert. Sie geht auf ihn ein und sieht ihn bald durch kollegiale Intrigen bedroht; sie handelt. Sie muss ihn und ihren Aufstieg zur Gefährtin oder Frau eines bedeutenden Arztes absichern. Sie macht die Quelle der Gefährdung aus, einen Arzt, der der „neuen Richtung", den Nationalsozialisten, zuneigt und von dem sie glaubt, nein, weiß, dass er Ungeheuerliches plant. Sie unterschlägt seine Briefe, informiert den mächtigsten Pressemagnaten Deutschlands über die Dinge, sieht sich mit ihm in Verhandlungen, ist im Mittelpunkt eines Dramas, das sie bis in höchste Kreise nach Berlin führen soll. Sie muss ihren Geliebten schützen, sie muss den Beginn des Wiederaufstiegs absichern. Und sie trägt Verantwortung für das Leben des künftigen Mannes. Ihr karger materieller Hintergrund kränkt sie. Sie weiß, dass der Mann in ihr die Tochter aus vermögendem Hause sieht, und das ist sie ja auch, eigentlich.

Um zu verschleiern, besorgt sie Geld, führt geradezu hochstaplerische Rede, als ihr Mann bemerkt, dass sie dem Vater Geld stiehlt, das bekäme der bei seinem vielen Geld gar nicht mit, nach der Hochzeit die Geschichte mit dem vom Vater geschenkten Mercedes, als die Ehe schnell für nichtig erklärt wird, weil der Mann über ihre Betrügereien ehrlich entsetzt ist und dieses nicht verkraftet, oder weil er sich in seinen wirtschaftlichen Hoffnungen, die er sich durch eine Verbindung mit der Familie Heine gemacht hat, getäuscht sieht, beschafft sie weiter durch Betrügereien Geld, um ihn, Symbol des Wiederaufstiegs und Chiffre für ihre Beherrschung der Umstände, fortdauernd an sich zu binden. Sie verbeißt sich in diese Aufgabe, scheitert. Das, was sie sich vorgestellt hat, Ehefrau eines angesehenen Mediziners, ja, bedeutenden Wissenschaftlers, mit dem ganzen Flair und der gesellschaftlichen Position zu werden: Die Restitution der ihr zukommenden Lebensposition; sie ist nicht gelungen, noch nicht.

Sie ist nicht Prinzessin oder Königin geworden, sie ist eine vorbestrafte Betrügerin, sie hat das Gefängnis kennengelernt, vielleicht hat sie einen Bilanzselbstmord versucht. Aber sie fängt sich, lernt ihren zweiten Mann kennen, scheint vorerst existentiell gerettet. Andere Welt.

Kleinbürgerlich, bieder. Ruth Blaues Gegenwelt; aber sie gibt ihr erst einmal die Möglichkeit, dort die Besondere zu sein: fremd, faszinierend, nicht in Frage gestellt, Mittelpunkt. Sie genießt es; denn jetzt ist sie wieder die Prinzessin, zwar nicht in der „großen Welt", sondern sozusagen Etagen tiefer, auf dem Dorfe, mitten in der großen Stadt, eine Zeit lang genügt ihr das, aber nicht lange, sie erkennt schnell, dass die neuen Verhältnisse nicht zu ihr passen wollen und sie nicht zu den neuen Verhältnissen. Fehlgriff.

Die Anerkennung und Zuneigung, die sie hier und jetzt erfährt, genügen ihr nicht, sie kommen von den Falschen. Aus der Welt der Richtigen ist sie weg. Dorthin aber muss sie wieder. Der Krieg schafft Gelegenheiten. In Danzig und Bremen die Liebesbeziehungen zu dem Diplomaten und dem Offizier. Beide bestechen sie durch Klugheit, Bildung, Sensibilität: Da ist sie wieder bei den „Richtigen", wenn auch nur für kurze Zeit. Aber sie spürt wieder genau, wohin sie gehört. In eine andere Klasse.

Doch noch geht es zurück zu John Blaue, in seine Welt. Sieht sie ihren Lebensplan vom Wiederaufstieg in der Sackgasse? Hoffnung kann sie in dieser Beziehung nicht haben. Sie weicht aus und wird in Elmshorn Mittelpunkt eines kulturell interessierten Kreises, hauptsächlich von jungen Kriegsheimkehrern, denen sie mit ihrer Tatkraft, ihrem Ideenreichtum, ihrem Optimismus imponiert: Sie ist wer.

Und: Ein neuer Mann taucht auf: Horst Buchholz: Sohn eines angesehenen Architekten, dekorierter Offizier in einem Eliteverband, auf dem Wege zum Künstler, junger Bildhauer mit Ambitionen, gebildet, offen. Der geht auf sie ein, versteht sie, bedrängt sie nicht roh, es passt. Bietet das Leben ihr eine zweite Chance, doch noch, jetzt 31-jährig, mit diesem Mann den Anschluss an die richtige Welt, ihre Welt zu finden, zu der auch er gehört? Nach allem, was wir wissen und verstehen, muss es so gewesen sein. Sie scheint es zu spüren: Wenn es mit Horst Buchholz keine Zukunft gibt, wird es für sie keine Zukunft geben, die diesen Namen verdient, wird sie nie ihr Lebensziel erreichen, in der gehobenen Welt zu leben, in der Welt, die ihr adäquat ist, die sie und ihren Wert richtig einschätzt, in die sie gehört. Horst Buchholz ist ein Symbol. Ihn muss sie halten, um jeden Preis. Und sie tut es.

Die äußere Entwicklung soll ihr recht geben. Als die Zeiten sich in den 50er Jahren zu normalisieren beginnen, stellt sich bei Horst Buchholz der Erfolg ein, zwar nicht der künstlerische, wohl aber der wirtschaftliche. Er macht eine vielversprechende Erfindung, erhält ein Patent im Bereich der Kunststoffverarbeitung, erwirbt ganz bald schon ein Kraftfahrzeug, als das für fast alle noch ein ferner Traum ist, ist als Entwickler und begabter Techniker in Baden-Württemberg, einem der künftigen Zentren des Wirtschaftswunders, genau richtig angesiedelt. Er hat eine Zukunft vor sich. Fotos zeigen entspannt lachende Menschen, ein Paar, das mit sich im Reinen ist, zu sein scheint. Für sie gilt es wohl, wie alle bestätigen, die ihr in dieser Zeit begegnen. Sie lebt nicht vom Erinnern.

Seine künstlerische Arbeit, häufig zu religiösen Themen, spielt für die Existenzsicherung keine Rolle mehr; aber er arbeitet weiter, sie steht ihm Modell. Hin und wieder gibt es Ankäufe durch Privatleute oder die Kirche.

Der Weg führt vom Künstlertum in die Industrie, für Ruth Blaue ein Weg zurück.

Das Paar ist beliebt in seinem Kreis, hilfreich und zuvorkommend, einige Alte erinnern sich noch heute ungetrübt.

Ruth Blaue ist 40 Jahre alt, als ihre Festnahme erfolgt. Alles hätte für sie gut ausgehen können. Der unbeirrbare, eiserne Wille, gepaart mit ihrem freundlichen, ja sanften Daherkommen, hätten für den Rest ihres Lebens Früchte tragen können. Der Ehrgeiz, es allen zu zeigen, ihr Besonders-Sein deutlich zu machen, der ununterdrückbare Wunsch nach Anerkennung, der Wille, die vom Vater verspielte gesellschaftliche Position, ob mit Vermögen oder ohne, für sich im Bürgertum zu restituieren, das treibt sie an. Es geht ihr ums Ansehen, um die Fassade. Ihr Lebensthema verrät Oberflächlichkeit und Distanzlosigkeit. Sie hat über das Bürgertum nicht nachgedacht oder nicht nachdenken können. Ihre immer wieder durchklingende Verachtung für bürgerliche Formen und Rituale ist nicht ehrlich und existentiell, sondern opportunistisch der Verbindung mit ihrem ersten Mann geschuldet, der sich als Verächter des Bürgertums gab und den sie imitierte.

Nein, Ruth Blaue ist tief und unreflektiert der äußeren Lebensform des Bürgertums ergeben. Wieder dazuzugehören, ist ihr Ziel, für das sie alles zu tun bereit ist. Der Verlust der satten Bürgerlichkeit und ihrer Insignien nach dem Ersten Weltkrieg muss sie tief verstört haben, irreparabel. Sie hätte sonst nicht so radikal sein können, wie sie es wird. Ruth Blaue kann nach dem wirtschaftlichen Absturz des Vaters die Welt nicht so annehmen, wie sie sich ihr dann darbietet. Sie hat in sich nicht die Kraft, sich anzupassen und sich von dieser Ausgangslage aus etwas ganz Neues, Bescheidenes, doch Eigenes aufzubauen. Sie will fortsetzen und wieder anknüpfen. Sie ist mit der Prinzessin in sich nicht fertig geworden. Ein eiserner Wille zeichnet sie aus, aber es ist kein Wille, der etwas Angemessenes schaffen will, es ist ein Wille, der gerichtet ist auf das Herstellen einer Kopie, der Kopie vom großen guten Leben in Halberstadt. Prinzessin.

Ruth Blaue ist über Halberstadt nicht hinausgekommen, nicht hinweggekommen. Halberstadt hält sie besetzt, ihr Leben lang. Alles, was sie tut, soll sie nach Halberstadt zurückführen, in die sonnige, frohe Zeit, in der sie so besonders war. In der sie noch Ruth Heine war. Fast wäre es geglückt.

Als ich schreibe, dass Ruth Blaue mich ratlos macht, dass ich die losen Enden nicht zu einem Knoten schürzen kann, da habe ich mir noch keine Gedanken über die Motive ihres Willens gemacht. Ich habe diese Gedanken auf den letzten Seiten für mich entwickelt. Wenn ich jetzt eine Antwort auf Ruth Blaue versuche, erscheint sie mir nicht mehr so rätselhaft wie zuvor; jetzt kann ich sie besser verstehen: Ruth Blaue ist ihrem Lebensplan treu geblieben – bis zuletzt.

III. „Nun sind alle tot, die ich so liebte."

Wolfgang Trautmann, John Blaue, Horst Buchholz. Am 19. September 1962 notiert Ruth Blaue in ihrem Zuchthaustagebuch: „Sonnabend. Als ich eben die Zeitung aufschlage, sehe ich die Todesanzeige von Wolfgang. Am 9. September ist er gestorben, 58 Jahre alt. Es war wie ein Schlag. Ich kann es selbst nicht verstehen. So als wäre noch ein letztes Band gerissen. Nun sind alle tot, die ich so liebte." Nie ist sie von Wolfgang Trautmann losgekommen, nie über die Begegnung mit ihm hinweggekommen. Noch 1948 sucht sie ihn in seiner Praxis auf, um zu sehen, wie es dem Mann geht, mit dem sie so viel durchgemacht hat. Er weist sie ab, möchte mit der, die ihn ins Unglück gebracht hat, nichts mehr zu tun haben. Sie respektiert seinen Wunsch. Sie verschließt Wolfgang in sich.

Er ist der erste Mann in ihrem Leben, mit dem ihr die Wiederherstellung ihres großbürgerlichen Hintergrundes hätte gelingen können. Er ist ihr erster Schwarm, kritiklos himmelt sie ihn an, vielleicht ist es auf ihrer Seite etwas, das nach landläufiger Definition als Liebe bezeichnet wird. Dass es Liebe ist, und zwar die ganz große, ewige, erste und letzte, betont sie immer wieder. Aber es ist auch kein Zufall, dass ihre Wahl ihn trifft. Er kann der Aufstieg sein. Alles spricht für ihn: sein Beruf als Arzt, seine wissenschaftlichen Ambitionen, eine gewisse Intellektualität und Bildung, seine Nähe zur Professorenschaft, man wird schon zusammen eingeladen. Er kann das Medium sein und er wird von ihr als ebenbürtig erkannt. Dafür, dass er sich ihr verbindet und ihr bleibt, tut sie viel, sehr viel. Sie spürt, dass auch er eine Absicht verfolgt, wenn er sie als seine künftige Lebensgefährtin sieht: er vermutet glänzende materielle Verhältnisse, die ihm, der nicht ein Absteiger ist, sondern ein Mann im sozialen Aufstieg, von großem, ja, entscheidendem Nutzen in dieser materiell geprägten Stadt Hamburg sein können. Aber nicht nur der materielle Hintergrund ist es, der ihn anzieht. Er vermutet auch, dass die Familie Heine Mitglied eines Netzes dichter Verbindungen und Beziehungen ist, dem er als Schwiegersohn zugehörig wäre. „Do ut des", „Gib mir, damit ich Dir gebe." Die klassische Situation, zu beiderseitigem Nutzen. Ruth Blaue tut nichts, ihm seine Illusionen zu nehmen. Sie könnte ihn sonst verlieren. Und wo er später keine Notwendigkeit für ihre Straftaten zur Geldbeschaffung sieht, da ist für sie diese Notwendigkeit immer und immer wieder und bitter gegeben. Denn sie hat ihre Rolle für ihn erkannt, und diese Rolle kann ein armes Mädchen aus ruiniertem Elternhaus nicht ausfüllen. Sie muss großzügig sein, es darf nicht darauf ankommen, Trautmann darf nichts merken. Als er es merkt, reagiert er sofort. Eine, vielleicht psychopathische, Kleinkriminelle darf ihm kein Hindernis in der Karriere, kann nicht Ehefrau für ihn sein, in einem Milieu, in dem spitz registriert wird, wie denn die Frauen der jungen Herren so sind, ob sie passen, besonders auch durch die Gattinnen, die einflussreichen, der Honoratioren.

Die gerade geschlossene Ehe wird für nichtig erklärt, sie liefert ihm den Vorwand selbst.

Aber noch gibt sie nicht auf: Typisch für sie, als Schein und Realität bereits gegen sie sind, kein vernünftiger Zweifel mehr an ihrer desolaten finanziellen und gesellschaftlichen Situation bestehen kann: Sie spielt ihre Rolle weiter, will retten, was zu retten ist.

Sie kennt Trautmanns Schwächen, weiß, dass er sie betrügt und belügt, kann nicht von ihm lassen. Was macht seine Anziehungskraft aus? Er ist gebildet, scheint ihr überlegen, zeigt ihr, welche Welten es gibt. Ist es das? Nein, es ist etwas anderes: Trautmann ist Symbol, ist Chiffre, ist Verkörperung des Traums vom Wiederaufstieg, ist als Perspektive unersetzbar, unverzichtbar. Sie kämpft um diese Perspektive, unsinnig und ohne Aussicht auf Erfolg und bis zur Erschöpfung. Sie sieht nicht die Zeichen.

Ganz plötzlich resigniert sie. Erkennt, dass sie in der Sackgasse ist, dass ihre Zielgerichtetheit sie nicht weitergebracht hat. Abbruch der Bemühungen, emotional bleibt sie ihm verbunden, der vielleicht doch auch eine emotionale, menschliche Seite in ihr angesprochen hat. Aus welchen Gründen auch immer: Sie ist nie von Wolfgang Trautmann losgekommen, vielleicht, weil er das erste Versprechen auf ein besseres Leben war.

Sie zeigt, dass sie bei Aussichtslosigkeit das Ruder herumwerfen kann. Und sie tut es.

Sie gerät an John Blaue. Rückschauend wirkt er wie ein Intermezzo. Weshalb er? Er ist zum Aufstieg untauglich. Welch ein Missgriff, welch ein Augenblick der Schwäche bei dieser entschlossenen Frau.

Wer war John Blaue? Er selbst hat uns nichts über sich hinterlassen. Es gibt ein paar Fotos.

Die äußeren Daten: Geboren wird er am 17. April 1913 in Hamburg; das ist seine Stadt, der Hafen seine Welt, da nennen sie ihn „Johnnie"; er fährt zur See, wie Vater und Bruder, lernt seine spätere Frau Ruth Heine kennen, verliebt sich in sie, erwirbt ein Patent, ist „Seesteuermann auf Großer Fahrt", gibt in den späten 30er Jahren den Seemannsberuf auf, gründet in seiner Vaterstadt das kleine Fuhrunternehmen „Blaue-Blitz", mit dem er bescheidenen wirtschaftlichen Erfolg hat; langsam beginnt es, gut zu gehen. Ruth unterstützt ihn tatkräftig und geschäftlich umsichtig beim Aufbau seiner Existenz, die er schon früh als ihre gemeinsame ansieht. Zu Kriegsbeginn werden seine beiden Lastwagen konfisziert, er selbst zur Marine eingezogen, wo er bald Offizier und Kommandant eines Vorpostenbootes ist, eine typische Verwendung für seemännische Unteroffiziere und Schiffsoffiziere der Handelsmarine. Eingesetzt wird er in Wilhelmshaven und Danzig, in Dänemark und Norwegen, seine Flottille betreibt Küstensicherung und schützt Unterseeboote beim Ein- und Auslaufen. John Blaue trägt sehr große Verantwortung, der Dienst ist schwer. Die „Schlacht im Atlantik" tobt.

1940 heiratet sie ihn. Seinem Kommandeur vermittelt er den Eindruck, dass er seine Frau sehr liebt, wie stolz er darauf ist, dass sie ihn „genommen" hat, er möchte, dass der Kapitän sie kennenlernt. 1943, während seiner Zeit in Norwegen, unterhält er eine Beziehung zu einer jungen Marinehelferin. Aus dieser Begegnung geht ein Kind, ein Mädchen, hervor, das schon mit drei Monaten an Diphtherie stirbt. Nach der Kapitulation ist John noch eine Zeit lang von den Briten in Kiel in der Schiffsbergung verpflichtet. Im April 1946 endet sein Dienst, er geht nach Elmshorn, zu seiner Frau, die dort seit Sommer 1945 eine Leihbücherei und Kunstgewerbehandlung, die „Blaue Stube" führt; er hilft im Geschäftlichen, es gibt Meinungsverschiedenheiten, ab dem

Spätsommer betreibt er verstärkt die Neugründung seines Fuhrunternehmens, die sich nicht einfach gestaltet; es gilt Mittel zu beschaffen und ein geeignetes Fahrzeug zu finden. John Blaue will Normalität herstellen: Es scheint zu gelingen. Er lebt jetzt in der Dachgeschosswohnung, die seine Schwiegereltern in der Ollnstraße 153 für seine Frau haben ausbauen lassen. Die Verhältnisse sind beengt, provisorisch; das Haus ist überfüllt, wie so viele in dieser Zeit der Wohnungsnot. Bewohner wechseln. Und doch nimmt die Familie Heine, auch Ruth, noch zusätzliche Gäste auf, meistens sind es junge, heimatlose Soldaten, entwurzelte Menschen. Als er heimkehrt, lebt in der Wohnung außer seiner Frau ein ehemaliger Kampfflieger, der einundzwanzigjährige Horst Buchholz. Der versucht, seinen Lebensunterhalt als Schnitzer von Kasperleköpfen und Schachspielen zu sichern, später kommt für kurze Zeit der gleichfalls obdachlose ehemalige Wehrmachtsangehörige Heinz Weinhold hinzu.

John Blaue ist gut 1,80 m groß, hat dünnes, mittelblondes Haar, das an der Stirn schon stark zurückweicht; sein Gesicht wirkt nachdenklich und ernst auf einer der erhaltenen Fotografien, eine andere zeigt ihn lachend und kraftvoll. Er ist durchtrainierter Leistungsschwimmer in einem Hamburger Club, hält sich einen Foxterrier, der ihm viel Freude bereitet. Am kleinen Finger der linken Hand blitzt ein Brillantring. Eine wertvolle goldene Sprungdeckeluhr, Geschenk eines sagenhaften Onkels aus Südamerika, ist sein ganzer Stolz. „Johnnie" zeigt was her. Er stirbt in den frühen Morgenstunden des 15. November 1946 in der Wohnung im Alter von dreiunddreißig Jahren. Seinen Tod führen drei kraftvolle Beilhiebe in die linke Kopfseite herbei. Er ist das Opfer äußerster Gewalt.

Natürlich kennen viele John Blaue: Kindheits- und Jugendgefährten, Kriegskameraden, Geschäftspartner, die Mitglieder seines Schwimmvereins, seine Angehörigen, seine Mitbewohner, seine vielen Freunde. Wer ihm begegnet, mag ihn, auf Anhieb. Auch Horst Buchholz, der Mitbewohner. Er nennt ihn „das Bild eines Kapitäns", einen Mann, „der mit beiden Beinen auf dem Boden steht". Die Sympathie dauert bis zu Blaues Tod fort.

Immer wieder wird hervorgehoben, wie lebensfroh und lebensbejahend er ist, alle steckt er mit seiner positiven Stimmung an. Er wird uns geschildert als unsentimental, optimistisch; er scheint unkompliziert, ein offener, ehrlicher, ja, feiner Mensch, von ruhigem Wesen, ein Mann, der guten Eindruck hinterlässt. Kurz vor seinem Tode macht er sich Sorgen, ob mit dem Aufbau des Fuhrgeschäftes alles klappen wird; er ist aber nicht niedergedrückt, nein, auch in dieser Situation voller Zuversicht, Vorfreude: „Wenn ich erst den Wagen habe, geht das Leben richtig los". Eine Bekannte merkt an, er sei seiner Frau „geistig" nicht gewachsen, habe sich ihr gegenüber aber letztlich immer durchgesetzt.

Auch die Mutter seines Kindes sagt, dass sie ihn nur von seiner besten Seite kennengelernt habe, er habe nur gut über seine Frau gesprochen. Als sie das Kind erwartet habe, habe er ihr sofort Unterhalt angeboten, was sie jedoch abgelehnt habe. Dann sei sein Abschied von ihr kurz und schriftlich ausgefallen: Ihre Lage tue ihm leid, und er bitte darum, dass seine Frau nichts erfahre. Wenn es so war, zeigt John Blaue sich hier deutlich überfordert, vielleicht auch ängstlich. Zu dieser Zeit ist längst geklärt, dass seine Frau keine Kinder bekommen kann; möglicherweise will er ihr keine Kränkung zufügen. Er offenbart sich ihr dann aber sofort in seinem nächsten Urlaub, er mag nicht lügen; Ruth Blaue versucht, tatkräftig bis zur Selbstverleugnung unter Schmerzen, sich um Mutter und Kind zu kümmern, ihre Hilfe wird nicht angenommen.

Ab Frühherbst 1946 geht das Paar durch eine Ehekrise, auch ausgelöst durch das inzwischen bestehende intime Verhältnis zwischen Horst Buchholz und der Frau. Auch während dieser Phase behält John Blaue seine Grundhaltung bei. Er will die Dinge regeln. Zwar ist er belastet, aber fest glaubt er an eine baldige Besserung der Umstände, Optimist, der er ist und bleibt. Er soll sie nicht erleben.

Seine Frau hat ihn ausführlich geschildert. Sie tut es erstmalig kurz nach ihrer Verhaftung am 19. August 1954. In Variationen wiederholen sich ihre Angaben im Laufe des Ermittlungsverfahrens und während des Prozesses. Am Anfang mag sie ihn, später soll sie ihn verachten.

„Da lernte ich bei einem vergnügten Abend auf der Reeperbahn meinen Mann kennen. Er fuhr noch zur See und die beginnende Freundschaft war beiderseits herzlich, aber nicht weitergehend. Er lernte meine Eltern kennen, die ihn sehr lieb aufnahmen und ihm direkt ein zweites Elternhaus gaben. Als ich eines Tages mein Verwundern über seine schnellen abendlichen Abschiede zum Ausdruck brachte, sagte er, dass er schließlich ein Mann wäre und manches brauchte, und dass ich ihm dazu zu schade wäre. Ich war sprachlos, tat aber nichts, diesen mir irgendwie komisch erscheinenden Zustand zu ändern und war gespannt, wann und warum ich einmal nicht zu schade wäre. Ich habe diesen Vorgang nie vergessen, vielleicht kommt er auch mit zu allem hinzu. Der Tag, an dem wir dann wirklich zusammenkamen, war aber so unwichtig für mich, dass ich ihn nicht mehr weiß. Aber den Tag, an dem er sein Examen machen sollte, für das ich ihm die schriftlichen Arbeiten, auf die ich sehr stolz war, geliefert hatte, diesen Tag vergesse ich auch nicht. Da rief gegen Mittag seine Mutter, die ich nicht kannte, bei mir im Geschäft an und stellte mich empört und beschämend zur Rede, dass ich ihren Sohn verderbe. Er wäre nicht zum Examen gekommen usw.. Ich wusste nicht, was ich sagen sollte, früh genug hatten wir uns am Vorabend verabschiedet. Also setzte ich mich mit seinem Freund in Verbindung, wir nahmen ein Auto und fuhren auf St. Pauli Lokale und Freudenmädchen ab, bis wir ihn, ein bisschen verschlafen, schuldbewusst, aber vergnügt bei einer fanden. Ich glaube, er fiel dann durch das Examen und musste wiederholen. Jedenfalls blieb ich bei ihm, um ihn bei der Stange zu halten. Die Freundschaften auf St. Pauli hat er nie aufgegeben. Er fuhr weiter zur See, und sein Vater starb. Er blieb zu Hause, seine Mutter richtete ihm eine Wohnung ein und ich gab meine Stellung auf, zog auf seinen Wunsch und ohne Anerkennung durch seine Mutter zu ihm, und wir versuchten gemeinsam ein Fuhrgeschäft mit zwei Lastwagen auf die Beine zu bringen. Ein Jahr lang haben wir uns gemeinsam eingesetzt und tüchtig gearbeitet. Er war nicht eigentlich intelligent, aber er hatte gesunden Menschenverstand. Abgesehen von einigen Differenzen, einmal holte er mich weinend zurück, was mir großen Eindruck machte, kamen wir gut miteinander aus. Erst später merkte ich bewusst, dass ich durch die Verbindung mit ihm etwas aufgegeben hatte, auf das ich früher oder später zwangsläufig zurückkommen musste, Bücher, geistige Anregung, Weiterkommen. Er war ein netter Junge, vital und mit leicht verzeihlichem Leichtsinn begabt, eigentlich der Typ eines Seemannes. Das übrige mag seine Antwort erklären auf meine Frage, ob er schon „Bohème" gehört hätte, nein, meinte er damals, vollkommen ernsthaft, diese Kapelle kenne er nicht. Nun, so etwas war nicht lebensentscheidend, ich fand es irgendwie rührend damals und sprach nicht mehr über solche Dinge. Wir hatten nie von Heirat gesprochen. Da schickte er mir eines Tages, anlässlich einer Auseinandersetzung mit seiner Mutter meinerseits, den Durchschlag eines Schreibens an diese, in dem er die Tatsache einer bereits seit einem Jahr bestehenden Verlobung mit mir mitteilte. Mir war es gleich. Der Krieg kam bald. Das Verhältnis von mir zu seiner Mutter war wegen einer aus Geschäftsgründen wirklich notwendig verkauften Hypothek sehr schlecht, so dass ich dann eine gänzlich unvorbereitete Heirat, die Idee machte uns beiden Spaß, in Kiel begrüßte. Vorausschicken möchte ich nun noch, dass ich bei Kriegsausbruch ein bisschen zusammenbrach und alles Frühere wieder aufwachte."

Als sie das verheerende Hitler-Horoskop stellt, reagiert er vollkommen verständnislos:

„Ich sprach zu meinem Mann davon, ich erzählte es auch meiner Schwester und anderen – der lachte nur und mein stundenlanges Weinen fand er ärgerlich. Er ist Parteimitglied. Ich hatte Angst. ... Innerlich aber habe ich uns keine Zukunft mehr gegeben. Sein Horoskop hatte auch kein gutes Ende, aber ich wusste nicht so sicher, ob ich richtig gerechnet und die Uhrzeit seiner Geburt stimmte. Jedenfalls wollte ich jetzt so viel es ging mit ihm zusammen sein."

Als ihr Bruder nach schwerer Verwundung im Sterben liegt, hat er den Wunsch, John Blaue zu sehen:

„... Und diese Nächte allein im Lazarett, das voll war von lauter Jungens, die alle ihr Leben gegeben für eine Idee und z. T. ganz, ganz entsetzlich von dem Winterkrieg zugerichtet waren, haben mich gegen meinen Mann sehr zornig gemacht. Ungerecht, sicher, er konnte ja nichts dafür und sah es auch nicht. Ein Telegramm nach dem anderen habe ich an ihn, seinen Kommandanten geschickt und um sein Kommen gebeten zu meinem Bruder. Der wollte ihn so gerne sehen, warum weiß ich nicht. Dauernd fragte er – und die schmerzliche Enttäuschung in seinen Augen habe ich meinem Manne sehr übelgenommen. Ich wusste doch, dass er z. Zt. nicht im Einsatz war, er hätte kommen können. Er kam nicht. Der Trostbrief meines Mannes war leer. Na, es war Krieg, er ging seinen Weg und ich den meinen. Jetzt war ich unruhig geworden. Der Krieg war mir persönlich nahegekommen."

In dieser Zeit hätte sie gern ein Kind gehabt, er will es jetzt und später nicht. Dann die Einberufung zur Flak, John Blaue hat sie nicht gesagt, dass sie sich melden will. Als sie den Einberufungsbefehl erhält und ihm davon berichtet, dass sie jetzt zur Ausbildung geht, ist er entsetzt und entrüstet. „Als ich nachher in höhere Chargen rückte und sozusagen mitredete bei seinen Kameraden und Vorgesetzten, war er stolz." Als sie ihrem Mann über das Wohlleben berichtet, dem sich viele Offiziere und ihre Kameradinnen ergeben, reagiert er falsch: „Habe einen empörten Brief an meinen Mann geschrieben und bekam einen so lächerlichen Wisch zurück, dass ich ihm nie mehr von meinem Krieg erzählte."

Sein Kind in Norwegen:

„Er setzte mein selbstverständliches Verständnis voraus und wollte von mir die briefliche Regelung mit dem Mädel. Ich tat alles. Natürlich weinte ich erst und neidete der anderen das Kind – aber was nützte jetzt jede Aufregung, es war Krieg. Wie lange würden wir noch leben. Versuchen nett zu sein miteinander, so lange es ging. Es war ja auch mein stiller Kummer, dass ich zu meinem Bruder lange nicht genug nett und gut gewesen war. Es kann alles so schnell zu spät sein. Ich fand das Verhalten meines Mannes nur nicht kameradschaftlich gegen mich, ich wurde immer einsamer. So machte ich mir auch nicht den geringsten Vorwurf, mich, wie umseitig erwähnt, einem Menschen zu geben, den ich wert hielt.

Was mich an meinen Mann noch band und warum ich es für meine Pflicht hielt, jedem seiner Rufe zu folgen, auch wenn ich keinen Urlaub hatte und zerrissen von Vorwürfen über meine Fahnenflucht, war das Wissen, dass er mit mir rechnete, und ich hätte es nicht übers Herz gebracht, ihn ohne eine gemeinsame kurze Stunde, vielleicht in den Tod ziehen zu lassen."

Kriegsende: „Von meinem Mann hatte ich lange nichts gehört. Zuletzt war er in Pillau. Hatte er es überstanden? Ich brachte nicht die rechte Sorge auf. Es hatte etwas aufgehört und nichts war dafür gekommen."
So erlebt Ruth Blaue ihren Mann, so sieht sie ihre Ehe, so schildert sie die beginnende Entfremdung, recht eigentlich den frühen Anfang vom Ende. Sie hat – aus Leichtsinn, aus Gleichgültigkeit, aus Unernst – ihr Schicksal mit dem eines Mannes verschränkt, der ihr wenig gibt: Es passt nicht. Er kann ihr – wie sie es empfindet, und darum geht es nur – nicht gerecht werden.

„Man muss noch verstehen, dass mein Mann mich als sein selbstverständliches Eigentum ansah, das er nun lange genug hatte und darum rundherum zu kennen glaubte. Da gab es keine Gespräche über Gott und Krieg, allenfalls über den armen verkannten Hitler, dass ich rasend wurde. Nun gut, der hat auch vielleicht schwer gelitten und gebüßt, vielleicht auch was Gutes gewollt. Aber er hat doch versagt. Na, egal, das ist vorbei. Aber in der Hauptsache war ich für meinen Mann fürs Bett, Hausfrau, Ehefrau, das hieß für meinen Mann, einzig für ihn sorgen und dauernd zur Verfügung stehen. Bei den Besuchen habe ich ja alles mitgemacht, aber dann zu Hause, ging es nicht mehr. Ich hatte doch wirklich nicht die ganze Zeit zu Hause gesessen und gestrickt. Lieber Gott, mein Leben inzwischen war doch weitergegangen. Das musste er doch einsehen. Ich hatte ja Verständnis für den ersten Taumel, aber ich war doch ein Mensch für mich. Nichts ließ er von mir zu Worte kommen, nichts schloss er auf. Er war da, war mein Ehemann, hatte seine Rechte, fertig. Ich war verzweifelt, ich wurde unglücklich, zerrissen. Ich fand mich so herabgewürdigt, so eingesperrt. Es war furchtbar. Dabei liebte er mich. Ich konnte daran nicht vorbei. Bei jeder herzlichen Bitte um Schonung, um Geduld, kam ein Angriff, auf andere Männer, das Geschäft, Horst Buchholz. Was sollte ich nur machen. Er liebte mich und alles rings um mich bemerkte diese Liebe mit höchster Befriedigung und kreiste mich dadurch immer enger ein. Horst Buchholz war da meine Rettung. Wenn er nicht gewesen wäre, ich glaube, ich wäre fortgelaufen. Da das Geschäft meinem Mann zuviel von mir nahm, griff er auch dort ein und fand in Herrn Buchholz und dem immer noch mit mir arbeitenden Maler willige Helfer, weil keiner was von meiner Geschäftsführung hielt. Da wurde auch das mir ganz egal.

Ich sah ruhig zu, wie er mehr verdarb, als gutzumachen war, bis er keine Lust mehr hatte. Immerhin hatte er es fertiggebracht, meinem unkonventionellen Laden, der eigentlich nichts als eine große Interessengemeinschaft war, eine andere Atmosphäre zu geben, die ihn mir entfremdete. Dabei war mein Mann nett, charmant, ein Allerweltskerl, beliebt. Ich hätte keinen besseren haben können und hatte Angst vor jeder Stunde Alleinsein mit ihm. Dazu kam, dass es mir körperlich nicht gut ging. Mein Mann war ein wilder Liebhaber und ich musste jedes Zusammensein mit stundenlangen quälenden Schmerzen bezahlen. ‚Das gibt sich‘, meinte mein Mann, ‚Du bist nur nichts mehr gewöhnt‘. Und dann ging es nicht mehr, ich machte nicht mehr mit. Er gab mir böse Worte, ich wurde bockig, ich wurde wild. Er zwang mich und da war es erstmal aus. Ich schützte langes Unwohlsein vor, ich verschanzte mich hinter Herrn Buchholz, ich hatte jeden Weg zu meinem Mann verloren. … Es gab natürlich Stunden, wo alles wieder guten Weg ging, ich versuchte aus redlichem Herzen einen Ausgleich zu schaffen. Aber ich zitterte vor jedem Abend. Nun fand ich immer neue Finten, ihm aus dem Wege zu gehen. Da gab er dann teilweise insofern nach, als er auch anderweitig Befriedigung suchte. Er fing an, ausgedehnter nach Hamburg zu fahren. Zu Hause ertappte ich ihn ab und zu sehr nah bei meiner Hausgehilfin, ein hübsches Ding, das für andere Nöte sicher Verständnis hatte. Mir war es eigentlich egal, sagte ihm aber, dass ich nicht blind wäre. Er ging alleine tanzen, er ging stundenlang zu Frau Belz – mich sah er dann blass und vorwurfsvoll an, und ich wusste nicht aus noch ein. Er tat mir dann wieder sehr leid, es war doch so dumm, sich gegenseitig so zu quälen, er war doch kein schlechter Mensch. Warum ließ er nicht mit sich reden, warum setzte er sich nicht einmal abends ruhig hin, nahm ein gutes Buch zur Hand. Ich kann das heute nicht mehr ganz verstehen, meine panische Angst vor jeder seiner Umarmungen. Damals dachte ich nur noch im Kreise. Kaum war er aus dem Haus, lebte ich auf, um restlos zu verfallen, wenn er da war. ... Er quälte sich ja genauso und fand keinen Ausweg. Mir wurde es immer schrecklicher, wenn ich an all das Volk dachte, dass er umarmt hatte. Hin und her ging es." ...

Immer wieder betont sie, dass er sie geliebt habe, immer wieder beklagt sie seine rohe, rücksichtslose, überbordende Sexualität:

„Mein Mann war nicht schlecht, er war auch nicht böse. Er konnte aber sich vergessen, wie ein Tier, und mich wie ein Tier behandeln."

Nach ihrer Darstellung eskalieren die Verhältnisse kurz vor seinem Tode: Er beginnt maßlos zu trinken, es kommt zu einer weiteren Vergewaltigung, er beschimpft sie hemmungslos, auch vor Dritten, demütigt sie, ist „ganz gemein zu mir", wie sie Horst Buchholz anvertraut.

Über die Entwicklung ihrer Ehe und die scheinbare Ausweglosigkeit ihrer Situation ist sie so verzweifelt, dass sie in den frühen Morgenstunden des 15. November 1946 John Blaue den gemeinsamen Selbstmord vorschlägt. Er geht hierauf ein, da auch er tief deprimiert ist und keine Hoffnung mehr für eine gemeinsame Zukunft hat. Er trinkt das Glas mit dem tödlichen Schlafmittel, heiter und zufrieden darüber, dass das Leid ein Ende hat.

So stellt Ruth Blaue das Ende ihrer Ehe dar. Kein anderer – auch Horst Buchholz nicht – hat John Blaue so erlebt, wie sie ihn uns vermittelt. Alle, die ihn in dieser Zeit, auch unmittelbar vor der Nacht seines Todes, sehen, schildern einen tatkräftigen, unveränderten, der Zukunft zugewandten Mann, der davon überzeugt ist, dass der 15. November 1946 der Tag ist, an dem er sein berufliches Glück machen wird.

Er hat zu Vertrauten über den Zustand seiner Ehe gesprochen, in Andeutungen und immer zurückhaltend, er hat ihm Sorge bereitet und an seinem Selbstwertgefühl genagt; aber alle, mit denen er spricht, bestätigen, dass er hierin ein lösbares Problem sieht, das er angehen wird, und dann mit seiner vollen Kraft, wenn erst die Existenzgründung gelungen ist: von Suizidgefährdung keine Spur, nicht aufgrund seines Wesens und schon gar nicht wegen des Problems. Sein bester Freund sagt sogar: „So, wie ich ihn kannte, hätte er sie gehen lassen, wenn sie es gewollt hätte." Das Schwurgericht in Itzehoe hat versucht, sich der Person John Blaues anzunähern und betont im Urteil, dass es eine eigene Auffassung nicht habe entwickeln können; so übernimmt es die Bestandteile eines Bildes, das Ruth Blaue, Horst Buchholz und Freunde, Bekannte und Kameraden von ihm entworfen haben: Er sei ein fröhlich und sorglos lebender einfacher Mann gewesen. Den Nationalsozialismus habe er gut und in Ordnung gefunden (nur seine Frau berichtet dieses). Seine späteren ehelichen Probleme habe er nicht tragisch gesehen und sich mit anderen Frauen, auch in Bordellen, getröstet (so wiederum nur sie). Mit der schwierigen ehelichen Situation habe er sich zunächst abgefunden, seine Passivität habe auch darauf beruht, dass er noch von seiner Frau wirtschaftlich abhängig gewesen sei. Er habe auch einmal eine traurige Stunde gehabt, nie aber habe eine solche vorübergehende Verstimmung seine Heiterkeit, seine Fröhlichkeit wirklich zu beeinträchtigen vermocht, das habe schon seine leichte Veranlagung verhindert. Kein Gedanke an Selbstmord. Die angebliche Rücksichtslosigkeit bei der Durchsetzung seiner sexuellen Wünsche sieht das Gericht als von Ruth Blaue als übertrieben dargestellt an, resultierend auch aus ihrem Hingezogensein zu ihrem Geliebten.

Wer war John Blaue? Sicher nicht das schlichte Gemüt, als das ihn seine Frau immer wieder hinstellt („Er war ein einfacher, eher unintelligenter Charakter".): Er war ein Mensch mit vielen Facetten, ein ernsthafter Mensch, der sich darum bemühte, es im Leben zu etwas zu bringen. Ein Mensch, der lieben konnte. Ein Mann mit viel Licht und wenig Schatten, ihm fehlte das „Dämonische", das „Interessante", das Ruth Blaue an ihrem ersten Mann so angezogen hatte. John war aber nicht nur Individuum, er war auch Typus: Alle, die ihn kannten, mochten ihn: „Johnnie, lach' noch 'mal!", Hamburger, keiner von den Feinen, keiner von den Nachgemachten – echt. Hamburg war seine Stadt.

Aber er war auch einer, dem nichts einfach so zufiel. Er musste sich alles hart erarbeiten, manches scheiterte auch, letztlich sein ganzes Leben. Dafür konnte er aber nichts.

So, wie die Umstände sich nach 1945 in Elmshorn entwickelt hatten, musste er zugrunde gehen – an seiner Frau, Ruth Blaue. Die Falschen waren aufeinander getroffen.

Man hätte John Blaue gern gekannt. Er ist der erste Tote in diesem Drama.

Horst Buchholz, der Geliebte, ist der zweite.

Vom Alter her fast noch ein Kind, ein Jugendlicher, als er 1945 nach Elmshorn kommt; aber als Jagdflieger der deutschen Luftwaffe hat er im Krieg acht feindliche Maschinen abgeschossen, Menschen in den Tod geschickt. Nichts kann er, außer ein bisschen schnitzen; doch maschinell zu töten, das hat man ihm beigebracht. Dieser Mensch kehrt von der Front zurück und lebt ein Jahr im Hause der Familie Heine mit dem Ehepaar Blaue in Elmshorn. Wenige Monate genügen, sein Leben zu zerstören und ihn, 31-Jährig, in seinen grausamen, selbstzugefügten Tod zu treiben. Er ist der andere Mann, der die Begegnung mit Ruth Blaue nicht überlebt. Von dem Strudel, in den er geraten soll, wird er nichts begreifen.

Denn er ist am Anfang eben doch noch fast ein Kind. Alles, was er bis dahin gelebt und getan hat, nützt ihm nichts.

Am 8. November 1924 wird er als Sohn eines Architekten in Sonneberg in Thüringen geboren; intakte Familie; zur Mutter besteht ein besonders inniges Verhältnis; 1936 wird der Bruder Wolfgang geboren; während des Krieges ist der Vater Leiter des städtischen Bauamtes und des Amtes für Technik des Kreises. Horst begeistert sich schnell für die Hitlerjugend, in die er 1934 aufgenommen wird, dort bringt er es zum Fähnleinführer, früh trägt er Verantwortung. Während der Schulzeit beginnt er sich fürs Modellieren, Schnitzen, Zeichnen zu interessieren, besucht Kurse, hat einen Privatlehrer. Ansonsten sind Mathematik, Physik, Musik und Sport seine Fächer.

1942, nach dem Kriegsabitur, will er dabei sein – für Deutschland – jetzt richtig. Er meldet sich zur Luftwaffe, wird in Breslau und Frankreich zum Flugzeugführer ausgebildet, Fähnrich, Leutnant. Beim Jagdgeschwader „Mölders" erzielt er über Ungarn seinen ersten Abschuss, wird selbst abgeschossen. Nach dem Lazarettaufenthalt geht er zurück zu seiner Staffel, erzielt bis Kriegsende sieben weitere Abschüsse, wird mehrfach wegen Tapferkeit ausgezeichnet.

Kurz geht er in amerikanische Gefangenschaft, kehrt dann nach Sonneberg zurück, sucht den Vater – die Mutter ist 1944 verstorben, ohne dass der Sohn sie noch einmal gesehen hat –, erfährt, dass der interniert ist. Er bleibt bis zum Einrücken der Russen, geht danach in die amerikanische Zone, sucht weiter nach dem Vater, findet ihn nicht, landet schließlich in Elmshorn, wo ein Bekannter Quartier genommen hat. Da ist er ist zwanzig.

Dort lernt er schnell Ruth Blaue kennen. Er wird für sie als Angestellter tätig, schnitzt Kleinplastiken, Kasperleköpfe, Schachfiguren. Als sie erfährt, dass er in einer Notunterkunft lebt, bietet sie ihm Raum in ihrer Wohnung im elterlichen Hause an. Er zieht ein. Sie verstehen sich, sie mögen sich – mehr und mehr. Ihre Zuneigung füreinander wird stärker, geht auch in eine sexuelle Beziehung über. Mit seiner Arbeit hat er einigen Erfolg, verkauft gut, besonders in Hamburg, macht sich selbständig.

John Blaue kommt zurück.

Nach dem Mord hält es das Paar nicht mehr in Elmshorn, „weil die Tat dahinterstand", wie er es später ausdrückt. Sie ziehen nach Buchholz bei Burg/Dithmarschen, wo er eine Kate erwirbt, die aber bald – heruntergekommen und verwahrlost – wieder verkauft wird. Sie halten sich über Wasser, Ruth Blaue mit Wahrsagen und dem Verkauf von Büchern, er mit dem Erlös aus seinen Schnitzereien. Bis zur Währungsreform 1948 geht sein Geschäft, danach bricht es zusammen. Umzug nach Schafstedt, Retuscheur in einer Keramikwerkstatt, die jedoch bald in Konkurs geht. „Schweren Herzens" bezieht er Arbeitslosenunterstützung. Auf der Suche nach einer Existenz sehen sie sich in Süddeutschland um, verziehen nach dort, er wird Schnitzer in einer Uhrenfirma, stellt Applikationen für Kuckucksuhren her, sie wird in dem Unternehmen Büroangestellte. Sie leben zurückgezogen in Gremmelsbach im Schwarzwald. Nachdem er ein neues Verfahren zur Kunststoffverarbeitung entwickelt hat, für das er schnell Kunden gewinnt, macht er sich im Mai 1953 selbständig, mit Aussicht auf dauerhaften Erfolg. Sie erwerben einen Volkswagen. Nebenher schnitzt er weiter, oft zu religiösen Themen, häufig Madonnen, die das Gesicht Ruth Blaues tragen. Eine künstlerische Entwicklung nimmt er nicht mehr.

Sie werden aufgrund Haftbefehls des Amtsgerichts Elmshorn vom 27. Juli 1954 wegen des Verdachts, John Blaue ermordet zu haben, am 16. August 1954 festgenommen.

In der Haft unternimmt er mehrere, von der Gefängnisverwaltung als „nicht ernsthaft" eingestufte Suizidversuche; dann gelingt es: Kurz vor Prozessbeginn, am 9. November 1955 gegen 4.00 Uhr früh, endet Horst Buchholz' Leben: In einer großen Blutlache liegend findet ihn das Bewachungspersonal der Justizvollzugsanstalt Neumünster in seiner Zelle. Mit einem kleinen Stück einer zerbrochenen Rasierklinge, das er an seinem Körper verborgen hatte, hat er sich die rechte Halsschlagader aufgeschnitten, ist in wenigen Minuten verblutet. Er ist 31 Jahre alt geworden. Er hat diese Welt ohne Abschied und Erklärung verlassen.

Horst Buchholz hat über sich berichtet, in seinen Geständnissen und in seinem im Gefängnis, noch in Villingen, geschriebenen „Lebenslauf".

In einem seiner vielen Geständnisse, einem, in dem er behauptet, John Blaue getötet zu haben, nennt er sich „jähzornig und schnell erregbar". Seine Wesensart charakterisiert er als eine Mischung aus den Eigenschaften der Eltern: vom Vater habe er das Interesse an Technik, von der Mutter sein fröhliches Wesen. Als kleines Kind sieht er sich „schüchtern".

Politisch bricht für ihn 1945 eine Welt zusammen, seine Idealvorstellungen gelten nichts mehr. Ruth Blaue hat sich ihm als „Nazigegnerin" zu erkennen gegeben, sie haben viel über die politische Lage diskutiert. Mit ihr gemeinsam tritt er Anfang 1946 in die Elmshorner SPD ein. Seine Kontakte zu Frauen sind bis zur Begegnung mit Ruth Blaue sporadisch und oberflächlich. Durch diese Verbindung ist ihm der „Weg zum Ideal", der Aufbau einer anderweitigen normalen Beziehung, abgeschnitten; auch führt dieses Verhältnis dazu, dass er sich völlig von seinen Kameraden aus der Luftwaffe, an denen ihm viel gelegen habe, isoliert. So spricht Horst Buchholz über sich.

Die Beziehung zu Ruth Blaue verschlechtert das Verhältnis zum Vater, der aus den Nachkriegswirren aufgetaucht ist und jetzt auch in Elmshorn lebt.

Eine Seltsamkeit in der Beurteilung seiner Persönlichkeit:

Dr. Pickert, der Verteidiger Ruth Blaues, reicht vor dem Prozess das „Gutachten" eines Hamburger Grafologen zu den Akten, der ihn so interpretiert:

„Der Erlebnisraum des Schreibers ist von einem gesteigerten Geltungswillen erfüllt, der durch eine triebhafte Aggressivität gesteuert wird. Durch eine schnell störbare Gleichgewichtslage und geringe Selbstdisziplin verliert er sich in Handlungen, die von Ehrgeizaffekten und geringer Verantwortlichkeit getragen sind. Eine innere seelische Zerrissenheit ist unverkennbar. Der Schreiber vermag seine Vorstellungen nicht in genügender Weise zu konkretisieren. Die Denkungsprozesse werden stark von der Phantasie durchzogen, so dass das Ergebnis der Anschaulichkeit, aber nicht immer sachbezogener Inhalte hervorgerufen werden. Die Verarbeitung der Eindrücke ist durch eine kräftige Emotionalität etwas verschoben, wodurch die jeweiligen Reize nicht unter genügende Kontrolle kommen. Er hat leicht psychopathische Züge."

Für Ruth Blaue ist Horst Buchholz eine Rettung, eine Rettung vor ihrem Mann, den sie längst verachtet, auch wenn sie später – nach der Aufdeckung der Tat – immer wieder betont, dass ihre Beziehung zu Horst Buchholz schon wegen seiner Jugend auf Dauer keine Perspektive gehabt habe. Wie auch immer, jetzt ist er die Rettung, auch vor dem Kleinstadtmilieu, das nicht das ihre ist, es nicht sein kann. Zunächst sind ihre Gefühle eher mütterlich, fürsorglich, sie bleiben es vielleicht auch, als das Verhältnis eine sexuelle Komponente gewinnt, sie nennt ihn „den Jungen", sie will ihm Heimat sein, Wärme und Geborgenheit geben und – er soll ihr gehören, ihr ganz allein.

„Er war lieb und zart zu mir, da konnte ich sein, wie ich war, der verlangte nichts von mir, bedrückte mich nicht. … Da war ich frei und froh. … Meine Freundin und er sahen meine Not, halfen mir durch ihr Dasein und Verständnis. … Er gefiel mir von Anfang an, sein Stolz, sein Kummer über den verlorenen Krieg. … In dem Jungen fand ich endlich den gleichen Klang. … Der grübelte wie ich um das ‚Warum' … reden über die Sinnlosigkeit des Krieges … über alles diskutieren … gaben uns bedenkenlos alles Vertrauen … da hatten sich ganz einfach zwei Geschwister getroffen. … Dieser junge, liebe anständige Mensch, bei mir hatte er seine Heimat gefunden."

Sie besetzt Horst Buchholz; er übt für sie eine Funktion aus, eine wichtige, die wichtigste: Er ist einer, den sie ohne „Wenn" und „Aber" akzeptieren kann, er könnte ein Weg sein.
Er ist der Gegenwurf zu John Blaue. Nicht nur als Mensch und Mann spricht er sie an, er bedient auch ihre mütterliche Seite, die sie wegen

ihrer Kinderlosigkeit nicht hat ausleben können: Sie kann wieder sorgen! Für ihn, den „Wertvollen".

Als er sich von ihr und den Verhältnissen zu emanzipieren versucht, im Spätherbst 1946, verteidigt sie ihren Besitz entschlossen und mit aller Härte, derer sie fähig ist. Sie sieht seine Fehler: seinen unbeherrschbaren Zorn, seine bis an die Grenze der Gewalttätigkeit gehende Impulsivität. Aber er ist richtig. Liebt sie ihn? Kurz vor ihrem Tode, 1972, berichtet sie, Buchholz habe sich später verändert: „Schon im letzten Jahr unseres Zusammenseins erlebte ich häufig mit steigendem Entsetzen, wie er Tatsachen verdrehte, oft gar nicht Gewesenes behauptete, dies und das völlig vergaß, was er kurz zuvor gesagt hatte." Da ist er dreißig.

Dieser Aussage Ruth Blaues über Buchholz' Zustand vor der Aufdeckung liegt eine besondere Absicht zugrunde, macht sie sie doch im Zusammenhang mit Buchholz' wechselnden Geständnissen in den Jahren 1954/1955. Sie muss seine Glaubwürdigkeit auch jetzt noch in Frage stellen, denn letztendlich hat er sie immer wieder mit der Tat belastet.

Es gibt eine andere Quelle, eine besonders glaubwürdige und verständnisvolle, die uns Horst Buchholz bis 1950 nahebringt und seine Entwicklung, seinen Niedergang dokumentiert.

Dr. med. Günther Stedtfeld, 1954 33 Jahre alt, ist bis 1945 Berufsoffizier der Luftwaffe, ist Horst Buchholz' Staffelkapitän und damit dessen unmittelbarer Vorgesetzter. Während seines Studiums trifft er im Winter 1946 am Dammtor-Bahnhof in Hamburg seinen ehemaligen Kameraden „in Begleitung einer Dame, die mir als Frau Blaue vorgestellt wird". In der Folge besucht Stedtfeld ihn an fast jedem Wochenende bis zum Herbst 1948 in Elmshorn, danach auch in Dithmarschen, 1950 sieht er ihn noch ein letztes Mal im Schwarzwald. Er kennt die Verhältnisse genau.

Nachdem er, der jetzt in den Vereinigten Staaten lebt, in einer deutschen Zeitung über den „Mordfall Ruth Blaue" gelesen hat, wendet er sich nach einem ersten fernmündlichen Kontakt schriftlich an die Staatsanwaltschaft in Itzehoe, macht dann eine Aussage vor Paukstadt. Stedtfeld will helfen, trägt zur Persönlichkeit seines früheren Leutnants und Freundes bei. Er schildert den Verfall eines Menschen, nicht mehr, nicht weniger.

7. September 1954 (Schreiben Dr. Stedtfeld)
„Ich wiederhole nochmals, dass ich vom Zeitpunkt kurz nach der fraglichen Tatzeit für mehrere Jahre in unmittelbarster und engster Verbindung sowohl mit Herrn Buchholz wie auch mit Frau Blaue gestanden habe. Ich kann genaueste persönliche Eindrücke über die berufliche und eigentümliche Charakterentwicklung vom blutjungen Ober-
fähnrich über Jahre hinaus bis zum deprimiert und fast schrullig wirkenden, verschrobenen und zurückgezogen lebenden Bildhauer Buchholz vermitteln und möchte ganz besonders das eigentümliche Verhältnis beleuchten, in dem Frau Blaue und Herr Buchholz gerade in
der fraglichen Zeit gestanden haben, und das ich ständig als vertrauter
Freund und ehem. Vorgesetzter von Herrn Buchholz aus nächster
Nähe verfolgen konnte. Diese Dinge lassen mir heute, trotz des ersten
Schocks über die furchtbare Zeitungsmeldung, manche seltsamen Zusammenhänge der damaligen Zeit erklärlich erscheinen."

4. Oktober 1954 (Aussage vor Kriminaloberkommissar Paukstadt)
„Zur Person des Buchholz möchte ich sagen, dass ich ihn vom Kriege
her als einen jungen und aufgeweckten Mann in Erinnerung hatte. Ich
fand ihn nun völlig verändert wieder. Er war ganz verschlossen, schien
mir äußerst zurückgezogen zu leben und machte einen sehr bedrück-
ten Eindruck. … Es war aus dem gesamten Verhalten, das zu beobach-
ten ich während meiner häufigen Besuche ausreichend Gelegenheit
hatte, zu erkennen, dass sie die führende Rolle spielte. Sie hatte den damals noch sehr jungen und unerfahrenen Mann völlig in ihrer Gewalt.
… Während der gemeinsamen Unterhaltungen konnte ich feststellen,
dass Buchholz der Frau geistig keineswegs gewachsen war. … Der
Einfluss der Frau war auch in den von ihm geschaffenen Werken deutlich zu erkennen. Buchholz fertigte in vielen Fällen symbolhafte Figu-
ren an, die teilweise mir persönlich nicht besonders zusagten, die er
jedoch in Hamburg gut verkaufen konnte. Während der Unterhaltung
war Buchholz in der Regel schweigsam und verschlossen und überließ
der Frau den führenden Teil. Während er früher immer auf meine Rat-
schläge gehört hatte, stieß ich nunmehr in allen Dingen auf taube Oh-
ren, wenn ich versuchte, ihn in ein anderes Milieu zu bringen.
Wenn auch die beiden Personen Zimmer für sich hatten, so war es
doch klar, dass sie auch geschlechtliche Beziehungen unterhielten.
Dieses dürften auch die Eltern der Frau gewusst haben. Sie sagten mir,
dass sie Herrn Buchholz ganz gern hätten, dass sie es nur nicht gerne
sähen, dass er ein derartiges Verhältnis mit ihrer Tochter in ihrem Hause unterhielt.
Als Frau Blaue in der Folgezeit merkte, dass ich bestrebt war, Herrn
Buchholz fortzubringen, brachte sie es zu Wege, mit ihm fortzuzie-

hen. Sie erwarben eine kleine Fischerhütte, die mit öffentlichen Verkehrsmitteln nur unter großen Schwierigkeiten zu erreichen war und im übrigen völlig isoliert, mehrere Kilometer von der nächsten Ansiedlung entfernt gelegen war. In dieser Hütte, zu der auch ein kleines Atelier für Buchholz gehörte, hatte Frau Blaue ihre Bibliothek eingerichtet. Hier in dieser Einsamkeit arbeiteten und lebten beide zusammen. Sie verdiente Geld durch die Erstellung von Horoskopen bei den Bewohnern benachbarter Orte und er verdiente durch seine bildhauerische Tätigkeit m. W. recht gut. Mir war es ungewöhnlich, dass ein junger Mann von 24 Jahren von einer solchen Natur, wie ich sie in früheren Jahren bei ihm beobachtet hatte, sich in eine derartige Einsamkeit zurückzog. Zu diesem Zeitpunkt waren die geschlechtlichen Beziehungen zwischen beiden ganz offensichtlich. Sie lebten dort zusammen wie Eheleute. …

In diesem ganzen Milieu und unter all diesen Umständen, wie ich sie hier beobachtete und schilderte, trat die Suggestibilität des B. zutage. Ich habe auch gelegentlich meiner Besuche in dieser Wohnung versucht, Buchholz zu einem Fortgang zu bereden, hatte jedoch auch zu diesem Zeitpunkt keinen Erfolg.

Wie schon aus der Tatsache, dass man auf ihr Betreiben hin in diese Einsamkeit zog, ersichtlich ist, legte es Frau Blaue bewusst darauf an, jeglichen Verkehr und jegliche Bekanntschaften zu vermeiden. So kann ich mich nicht erinnern, dass Herr Buchholz irgendwelche Freundschaften gehabt oder sonstigen geselligen Verkehr gepflogen hätte.

Wie bereits erwähnt, stand Buchholz ganz unter dem Einfluss dieser auch an Jahren älteren Frau, die auch über alle alltäglichen Dinge einfach entschied. Er machte auf mich stets einen stark deprimierten Eindruck, was mir besonders dort in der Einsamkeit auffiel.

Mir ist weiter in Erinnerung, dass der Vater von Buchholz, den er früher sehr geschätzt hatte, aus der Ostzone herüber kam und ebenfalls versuchte, seinen Sohn aus dieser Umgebung herauszubringen. Buchholz hörte jedoch nicht mehr darauf und es kam aus diesem Grunde zu einem Zerwürfnis mit seinem Vater. Wo dieser verblieben ist, kann ich nicht sagen.

Es muss im Sommer 1949 gewesen sein, als Buchholz mit Frau Blaue in den Schwarzwald zog, wo er bei einer Uhrenfabrik eine Stellung bekommen hatte. Sie hatten auch hier ein eigenes Heim und lebten in der Folgezeit ganz offen wie Eheleute. Ich hatte den Eindruck, dass es beiden finanziell ganz gut ging, als ich sie in dieser Umgebung einmal zusammen mit drei gemeinsamen Kriegskameraden aufsuchte. Buchholz gab schon rein äußerlich zu erkennen, dass er sich gegenüber früher völlig geändert hatte. Er legte ein fahriges Wesen an den Tag und war nachlässig gekleidet. Demgegenüber hatten wir von der Frau Blaue den Eindruck, dass sie durchaus glücklich und mit ihrem Schicksal zufrieden war, dass sie das erreicht hatte, was sie angestrebt hatte. Dieses war nicht nur mein persönlicher Eindruck, sondern auch der unserer gemeinsamen Kriegskameraden. Jeder stellte fest, dass Buchholz in keiner Weise mehr der alte war. Es war ganz offensichtlich, dass er völlig unter dem Einfluss der Frau stand. Wir fühlten uns verpflichtet, zumindest zu versuchen, ihn aus dem Einflussbereich dieser Frau fortzubringen und haben ihm wirtschaftliche Hilfe angeboten. Buchholz hat dies jedoch alles ausgeschlagen.

Besonders erwähnen möchte ich noch, dass im Frühjahr 1953 unweit von dem Wohnort des Buchholz das erste Traditionstreffen des Jagdgeschwaders Mölders stattfand. Buchholz hätte durchaus die Möglichkeit gehabt, ohne größeren Aufwand an Kosten und Zeit dieses Treffen zu besuchen, um seine früheren Kameraden, mit denen er früher in gutem Einvernehmen gestanden hatte, wiederzusehen. Die Einladung zu diesem Treffen, das auch in den Tageszeitungen wiederholt genannt wurde, ist ihm zugegangen. An dem betreffenden Tage musste ich jedoch feststellen, dass Buchholz der einzige war, der der Einladung nicht nachgekommen war.

Zu der Tat selbst kann ich keine Angaben machen. Ich habe von ihr durch eine Pressenotiz Kenntnis bekommen. Wie bereits eingangs erwähnt, muss die den Gegenstand der Untersuchung bildende Tat bereits wenige Tage oder Wochen vor meinem ersten Zusammentreffen mit Buchholz in Hamburg ausgeführt worden sein.

Da ich weiß, dass ich der einzige bin, der in den genannten Jahren mit Buchholz und Frau Blaue häufig und in näherer Weise zusammengekommen ist, dass ich also der einzige bin, der, abgesehen von den Eltern der Frau, Kenntnis von dem ganzen Milieu, dem Verhältnis der beiden zueinander und der Gemütsverfassung und körperlichen Verfassung des Buchholz Kenntnis hat, fühlte ich mich verpflichtet, diese meine Kenntnis, die evtl. für eine Beurteilung des Geschehens von Bedeutung sein kann, dem Gericht zur Kenntnis zu bringen. ..."

Ein Schlüsseldokument, ein erschütterndes Dokument, die tiefe Sorge, ja, Verzweiflung eines fast gleichaltrigen Freundes, der doch nichts mehr bewirken kann. Im Leben von Horst Buchholz ist in der Nacht vom 14. auf den 15. November 1946 eine Tür zugefallen, die sich nie wieder öffnen soll. Er ist verloren.

Wilhelm Hallermann, seinerzeit einer der führenden deutschen Gerichtsmediziner, Ordinarius an der Kieler Universität, ist aufgefordert zur Schuldfähigkeit der beiden Tatverdächtigen zur Tatzeit ein Gutachten zu erstellen. Gemeinsam mit seinem Oberarzt Gerchow, später Lehrstuhlinhaber in Frankfurt, nimmt er, weit über den engeren Auftrag hinaus, zu beiden Persönlichkeiten Stellung. Zu Horst Buchholz heißt es im Kern:

„Psychischer Befund.

Der jetzt 30 Jahre alte Horst Buchholz wurde ebenso wie die Beschuldigte Ruth Blaue längere Zeit im hiesigen Untersuchungsgefängnis beobachtet und untersucht. Diese Beobachtungen ließen niemals gröbere Auffälligkeiten im seelisch-geistigen Bereiche erkennen. B. war immer höflich und bescheiden, ohne devot zu wirken. Seine Schilderungen machte er in knapper, übersichtlicher Form, und wenn er einmal ausführlicher wurde – ohne allerdings dabei den Faden zu verlieren –, bat er jeweils ausdrücklich um Erlaubnis dazu. Seine Mimik war gezügelt und straff. Sie spiegelte eine stärker gedrückte Stimmungslage wider, ohne dass allerdings der Eindruck des wehleidigen, passiv-sentimentalen Mitleiderregenwollens entstand. Die Gestik wirkte sparsam und war der Situation durchaus angemessen, wie auch die Affekte sehr beherrscht waren und in einem adäquaten Verhältnis zur Situation standen. Dieses äußere Erscheinungsbild, das offensichtlich auf jede theatralische Szenerie verzichtete, wechselte kaum einmal während der langen Untersuchungszeit. Sein Verhalten ermöglichte sofort einen guten zwischenmenschlichen Kontakt, aber dennoch drängte sich der Eindruck auf, dass B. innerlich unfrei, unsicher, verkrampft und gespannt war. Vor allem bei der Besprechung der Tatsituation wich er immer wieder elastisch aus in eine gewisse ‚Kompromisslösung‘ und führte jeden Gedanken sorgfältig abwägend und ständig sichernd zu Ende, bevor er sich festlegte. Erst zum Schluss, nach dem letzten ‚Geständnis‘, schien B. innerlich etwas gelöster und freier zu sein, als wenn er etwas Quälendes und Belastendes abgeworfen hätte. Er sparte aber dennoch – oder gerade deshalb – nicht mit Selbstvorwürfen, weil er durch seine Aussagen Frau Bl. belastet hatte (‚Es bleibt immer bei mir hängen, die Sache zu klären. Ich habe die ganze Nacht kein Auge zugemacht. Das war gestern ein Dammbruch. Ich hätte es doch nicht sagen sollen‘). Ohne jede Effekthascherei schilderte B. in knappen, nüchternen Worten seinen Lebensweg. Während er anfangs, besonders bei der Darstellung seiner Militärzeit, öfter in einen burschikosen „militärischen Jargon“ verfiel, wofür er jedoch wiederholt um Entschuldigung bat, spiegelten seine Ausführungen über seine späteren Erlebnisse mit der Bl. eine reife, sittlich-ethische Grundhaltung wider. Ganz im Vordergrund stand die Betonung verneinender Selbstwertgefühle und bejahender Fremdwertgefühle, die offensichtlich eine tiefe Resonanz in der Gesamtpersönlichkeit gefunden hatten. Ohne sich mit versteckter oder offener Selbstwertsteigerung herauszustellen, schilderte B. seine Situation zwischen den Eheleuten Blaue, seine Vermittlerrolle und erwähnte auch, dass sein Gerechtigkeitsgefühl oft der Auffassung und Haltung des Ehemannes Bl. zustimmen musste. Besonders starke affektive Resonanz löste jedoch die Aktivierung der Spannungen mit seinem Vater aus (‚Innerlich gab ich ihm ja recht, aber ich konnte ihm doch nicht sagen, warum ich zu Frau Bl. hielt‘). Aber auch die nach seiner Meinung notwendig gewordene innere Sperrung und Absonderung von seinen ehemaligen Kriegskameraden, die sich um sein Fortkommen bemüht hatten, fand in seinen Ausführungen einen starken gemütlichen Widerhall. Dabei war nicht zu verkennen, dass er den Zusammenbruch seiner von starkem Gerechtigkeitsgefühl und fest fundierten sittlichen Werten getragenen Idealwelt geradezu forcieren musste, um seiner ‚Verantwortung‘ an dem gemeinsamen Schicksal mit der Bl. gerecht zu werden (‚Ich hätte mich wohl längst der Polizei gestellt, wenn Frau Bl. nicht gewesen wäre‘).

Dass dieser im Grunde rechtlich-sittlich denkende, sehr fein nuanciert empfindende Mensch durch die schicksalhafte Bindung mit der Bl. innerlich unfrei, gespannt und verkrampft wurde, in eine seiner mitfühlenden, einfühlungsfähigen und verantwortungsbereiten Grundhaltung entgegengesetzte Entwicklung ‚gedrängt‘ wurde, war seinen Einlassungen wiederholt zu entnehmen. B. sprach zwar nicht mit pathetischem Wortschwall von seiner aus dem Andersseinmüssen seinen Kameraden und seinem Vater gegenüber erwachsenen innerseelischen ideellen Not, aber man konnte ihm anmerken, dass sein Verhalten letzten Endes Ausdruck eines jahrelangen qualvollen Bereuens und Sühnens war, wenn er alle Beziehungen zu seiner von Gerechtigkeitssinn und innerlich entwickelten sittlich-ethischen Werten getragenen Ideal- und Wunschwelt abgebrochen hatte. Mit einer gewissen echten Freude schilderte er die Versöhnung mit seinem Vater (‚Ich war saubere, anständige Verhältnisse gewohnt und habe mich immer darum bemüht.‘), ohne dabei verbergen zu können, dass er auch weiterhin bedrückt und unfrei war, weil er sich nicht restlos auf- und anschließen konnte.

Seine fast weiche Empfindsamkeit und leicht ansprechbare gemütliche Rapportfähigkeit vermochten auch dabei anzuklingen, wenn er von der geradezu unbekümmert sorglosen Aktivität und Durchsetzungsfähigkeit der Bl. sprach. Nur zögernd (‚Denn was mich entlastet, belastet zwangsläufig Frau Bl.‘) offenbarte er seine Enttäuschung darüber, dass sie oft ihre eigenen Wege ging und damit nach seiner Meinung ihr mangelhaftes Vertrauen bekundete. Sogar ein gewisses Ressentiment wurde deutlich, wenn er durchblicken ließ, dass er glaubte, bei der Bl. gewissermaßen ‚eine Heimat gefunden‘, ihr letzten Endes seine Zukunft und alle Beziehungen zu Freunden und Bekannten geopfert zu haben, auf der anderen Seite jedoch nicht die gleiche verbindende Sühnebereitschaft, sondern eher eine extrovertierte, keineswegs selbstlose, hingegen auf Geltung bedachte Aktivität feststellen zu können.

Auch aus den Bemühungen um seinen jüngeren Bruder, diesem nämlich eine sichere Zukunft zu schaffen, sprach die eigene selbstlose Opfer- und Resignationsbereitschaft bei hohem Verantwortungsbewusstsein und sittlich-ethischem Wollen im Rahmen seiner sozialen Aufgabe. In seinem differenzierten Gefühl für Ehre und Anstand, für Zuverlässigkeit und Loyalität empfand B. selbst ein zufälliges, gelegentliches Verhältnis zu einem ihm seelisch-geistig gleichgültigen Mädchen als Mangel an Gewissenhaftigkeit; wobei er gleichzeitig erkennen ließ, dass sein anspruchsvolles, nicht zuletzt auch künstlerisch geschultes ästhetisches Empfinden keineswegs über derartige Erlebnisse und Eindrücke gleichgültig hinwegging, sondern sich voller Skrupel bis zur Selbstverurteilung damit auseinandersetzte. Seine bejahende Haltung gegenüber inneren Werten im Verhältnis zu materiellem Erfolg wurde nicht zuletzt in seiner Einstellung zu seinem Beruf widergespiegelt, wenn er etwas scheu und verlegen die Notwendigkeit des Geldverdienenmüssens betonte und im Grunde fast mehr unausgesprochen bedauerte, sich nicht frei in Richtung seiner künstlerischen Neigungen entfalten zu können.

Der Verlust der ‚inneren Freiheit‘ einschließlich aller familiären Bindungen und frei gewählten persönlichen Beziehungen schien überhaupt den nachhaltigsten affektbetonten Widerhall gefunden zu haben, ohne dass B. allerdings jemals mit seiner innerseelischen Not und Unfreiheit auf Mitleid spekulierte. Vielmehr verbarg er geradezu jungenhaft-schamvoll jede Gemütserregung nach außen, obwohl er offensichtlich Schwierigkeiten hatte, lebhafte Gefühlsströmungen zu beherrschen und ein echtes innerlich befreiendes Aussprachebedürfnis zu unterdrücken.

Im intellektuellen Bereiche ergaben sich durchschnittliche bis überdurchschnittliche Verhältnisse. Das Lebens- und Allgemeinwissen entsprachen seiner Ausbildung und Lebensstellung. Störungen der Merkfähigkeit und des Gedächtnisses ließen sich nicht feststellen. B. hatte sogar ein gutes Gedächtnis für Einzelheiten und bemühte sich ständig im besonderen Maße, selbstkritisch zu sein. Der Gedankenablauf war übersichtlich und geordnet.“

In ihrer ungewöhnlich eingehenden „Beurteilung" der Persönlichkeit Horst Buchholz' lassen Hallermann/Gerchow immer wieder anklingen, dass eine Tötung Blaues durch ihn nicht in sein Persönlichkeitsprofil passt. Sie äußern sich aber nicht abschließend dazu, ob sie Buchholz für Täter oder Mittäter halten. Ihr gesamtes Gutachten durchzieht jedoch der „Unglaube" an seine Täterschaft. Für sie ist er nicht der Mann, der mordet. Für den Fall jedoch, dass Buchholz doch der Täter sein sollte, suchen sie nach Erklärungsmustern, doch strecken sie dann letztlich die Waffen ihres Fachs. Aber: „Aufgrund seiner Persönlichkeitsstruktur k a n n Buchholz nicht der Mörder sein.", konnten sie naturgemäß nicht sagen. Zu viel nicht Berechenbares, Unvorhersehbares, nicht Begreifliches tut der Mensch. Dennoch: Sie haben ihn nicht für den Mörder gehalten.

„Beurteilung
… Man wird seine Tat, seinen Tatanteil oder sein Verhalten überhaupt motivisch nicht verständlich machen können, ohne eine enge psychologische Verknüpfung mit der inneren und äußeren Situation der Bl. anzunehmen. Im Gegensatz zu der Bl. könnte B. jedoch der tragende Sicherheitsfaktor des ganzen Prozesses werden, nicht nur weil man bei ihm einen realbezogenen Gerechtigkeitssinn, ein echtes Gefühl für Verantwortung und Sühnebereitschaft voraussetzen kann, sondern vor allem seiner Persönlichkeit das Schillernde und Zwielichtige der Bl. völlig fehlt.
Die Beurteilung des Buchholz hat jedoch – auch im Gegensatz zu der Bl. – mit ganz anderen Schwierigkeiten zu rechnen, denn hier wirkt sich die Tatsache entscheidend aus, dass seit dem Tatvorfall fast neun Jahre vergangen sind und der damals 21 Jahre alte B. in der Zwischenzeit erheblich gereift sein dürfte. Wir stehen also vor der Notwendigkeit, aus dem jetzt festgestellten Persönlichkeitsbild Rückschlüsse auf einen Entwicklungszustand zu ziehen, der möglicherweise noch keineswegs eine harmonische Durchentwicklung und seelisch-geistige Reife insbesondere unter Berücksichtigung der situativen Verhältnisse erreicht hatte. … Geht man von den Ermittlungsergebnissen und den im ‚Psychischen Befund' angedeuteten eigenen Feststellungen aus, so klafft offensichtlich eine erhebliche Diskrepanz zwischen den belastenden Vorwürfen und der Gesamtpersönlichkeit des Beschuldigten, bei der man sich kaum vorstellen kann, dass in diesem Menschen überhaupt der klare Wille zur Tötung eines anderen entstehen konnte, denn B. ist alles andere als ein kalt berechnender ‚Intelligenzverbrecher' oder als der Typ des Affektverbrechers. (…)

Zusammenfassung

I.

Bei dem jetzt 30 Jahre alten – seinerzeit 21 Jahre (!) alten – Horst Buchholz handelt es sich um einen gut begabten, temperamentsmäßig ruhigen, aber zäh-beharrlichen und situativ unter Umständen impulsiven, charakterlich höher differenzierten, gerecht und verantwortungsbewusst empfindenden, gemütlich aufgeschlossenen, selbstlos-uneigennützigen, sittlich-ethisch vollwertigen, ästhetisch empfindsamen Menschen mit klaren Gewissensforderungen und Wertvorstellungen.

II.

Nach dem Tatgeschehen hat eine reaktive, introvertiert-depressive Entwicklung eingesetzt, die die Gesamtpersönlichkeit maßgeblich geprägt hat.

Vor der ‚Tat‘ sind zweifellos noch in einem Maße puberal-unreife Züge wirksam gewesen, ...

III.

... Es ist nach ärztlicher Auffassung unwahrscheinlich, dass überwiegend materielle Gesichtspunkte (Beiseiteschaffung des ihm unbequemen Ehemannes Blaue) eine Rolle gespielt haben. Es hat auch kein sexuelles oder innerseelisches Hörigkeitsverhältnis – im eigentlichen Sinne des Wortes – gegenüber der Bl. vorgelegen. Eher ist eine ‚Hörigkeit‘ sich selbst gegenüber, nämlich seinem empfindsamen Gerechtigkeitssinn, seinem damals noch rein gefühlsbetonten Empfinden für Ehre und Schande, seiner selbstlosen ‚Kameradschaftlichkeit‘ und uneigennützigen Opferbereitschaft gegenüber, anzunehmen.

IV.

Buchholz hat sich in einer stark affektgespannten inneren Konfliktsituation befunden, die motivisch entscheidende Bedeutung gehabt haben dürfte. Die Vorstellung, dass diese im Grunde ‚anständige‘, charakterlich positiv zu beurteilende Persönlichkeit den Plan einer Tötung gefasst und gegebenenfalls durchgeführt haben kann, ist ärztlich-psychologisch überhaupt nur aus diesen komplexen innerseelischen Zusammenhängen zu begründen.“

Nach alledem sehe ich Horst Buchholz deutlicher vor mir. Ich habe Einblick gewonnen in seine Kindheit und Jugend, in seine Zeit im Kriege, in seine Zeit nach der Tat, vor allem aber auch den Versuch vermittelt bekommen, eine Ahnung davon zu empfinden, wie es um Horst Buchholz in der Krise des Herbstes 1946 gestanden haben mag. Drei Männer, sieht man von ihrem Vater ab, haben in Ruth Blaues Leben eine Rolle gespielt, drei Männer haben letztlich über ihr Leben bestimmt, bestimmt über sie, die sie doch alles daransetzte, selbst die Bestimmende, die Lenkerin zu sein.

Wolfgang Trautmann und Horst Buchholz tragen das Versprechen des Wiederaufstiegs in sich. Jeder dieser beiden hätte es sein können, der ideale Partner für die ehrgeizige, verletzte Frau.

Trautmann hat sie nicht halten können. Er lässt sie fallen, als er erkennt, mit wem er sich eingelassen hat, nicht mit dem Mädchen aus reicher Familie mit einflussreichen Beziehungen zur Beförderung der Karriere, sondern mit einer armen Person, mit deren Vater das Fabrikantenhaus Heine nichts mehr zu tun haben will.

John Blaue ist der unbedeutendste ihrer Männer, ein Missgriff, eine Peinlichkeit. Aber er wird der mächtigste, er wird ihr Schicksal. Er bringt sie ins Zuchthaus. Seine Existenz hat sie wirklich im Bürgerlichen vernichtet, langfristig.

Horst Buchholz, ihn kann sie halten. Eigentlich will auch er sie verlassen. Er hält alles nicht mehr aus. Eigentlich hat sie ihn verloren. Das kann sie nicht zulassen. Er ist ihre letzte Chance für die Restitution ihrer Position in der bürgerlichen Gesellschaft. Nach ihm wird es keine weitere mehr geben, eine Existenz für Jahrzehnte im verabscheuten Kleinbürgermilieu droht. Da handelt sie. Sie kennt Horst Buchholz. Jetzt kann er nicht mehr weg. Die Zukunft kann beginnen. Alles kann gut werden. Nichts mehr soll sie jetzt aufhalten.

Doch: Der Tote, der einmal John Blaue war.

IV. Verschwunden

Ein Toter taucht auf. Warmer Frühsommer 1947, Abend des 25. Juni. Gerd und Günther, Tischlerlehrling einer, Schüler der andere, wollen noch eine Abkühlung in der alten Kiesgrube von Klein-Nordende in der Nähe Elmshorns genießen. Dazu kommen sie nicht: In der Mitte des Gewässers sehen sie einen größeren Gegenstand treiben, der ihre Neugierde weckt. Sie schwimmen auf ihn zu, erblicken etwas, das wie ein verschnürtes Textilpaket aussieht, und sehen – eine menschliche Schädeldecke, Teile der Verpackung haben sich gelöst. Die Jungen finden gerade noch die Kraft, das Paket an Land zu zerren, dann rennen sie, um Hilfe schreiend, ins Dorf, von dort wird telefoniert, schnell ist die Polizei zur Stelle: Ein Verbrechen ist in der Welt.

Denn Polizeimeister Benning vermerkt im Diensttagebuch:

„Nachdem ich dort erschienen war, stellte ich an der Leiche fest, dass ein Verbrechen vorlag, weil die Leiche in einem Seesack mit Draht und einem Strick verschnürt war."

Die Polizei beginnt mit ihrer Arbeit.

„Die Leiche wurde nunmehr vollkommen an Land genommen. Hierbei wurde festgestellt, dass das Paket (Seesack) mit einem Mauerstein und einem Eisendrahtbündel beschwert war. Die verpackte Leiche wurde alsdann fotografiert. Nachdem mehrere Aufnahmen gemacht waren, wurde das Paket von uns geöffnet. Die äußere Hülle war ein Seesack, welcher schon sehr morsch war, darunter eine Art Wolldecke, um den Körper ein weißes Leinentuch. Die Leiche war vollkommen zusammengepresst, die Beine befanden sich hochgezogen zum Rumpf und die Arme über Kreuz gelegt. Der Kopf befand sich in Höhe der angezogenen Knie. Nach der erfolgten Öffnung des Paketes wurde festgestellt, dass die Leiche am Kopf zwei Verletzungen hatte, die allem Anschein durch Beilhiebe verursacht worden sind."

Ein Routinevorgang wird bearbeitet; nicht wenig wird gemordet in dieser Zeit, einer Zeit der Unordnung und Abrechnung.

Pol. Posten 29
Pol. Abteilung
Uetersen/Pbg.
Tgb.-Nr. 125/47
K. Tgb.-Nr. 136,
späteres Aktenzeichen 3 Js 4728/47:
„Nachdem einige fotografische Aufnahmen gemacht worden waren, wurde die Umhüllung gänzlich entfernt. Diese war infolge langer Liegezeit im Wasser morsch geworden und zerriss schon bei der geringsten Berührung. Es handelt sich um eine männliche Leiche. Diese war gänzlich unbekleidet. Der Schädel zeigte weitgehende Zertrümmerungen auf. Die Beine waren hochgezogen und mit einem Strick, der um den Hals verlief, an den Leib geschnürt. Dadurch waren die Knie bis ungefähr in Brusthöhe gezogen. Zwischen diese war der Kopf gepresst worden. Hierdurch war der Körper in eine Hockerstellung gekommen. In dieser Stellung war die Leiche in einen halben Gummiumhang gewickelt und in einen Seesack gesteckt. Dieser war mit einem schwarzen Band zugebunden. Um diesen Seesack war nochmals eine Wolldecke und um diese wiederum ein Stück einer Persenning gelegt und mit dünnem Draht mehrmals umwickelt und verschnürt. An diesem Draht sind dann Mauersteine befestigt gewesen und ein Bündel dünner Metallstäbe, wie sie zum elektrischen Schweißen benutzt werden. In diesem Zustand muss dann die Leiche ins Wasser geworfen worden sein. Der Tote ist völlig unbekannt. Nach dem Zustand der Leiche und vor allem nach dem Zustande der Umhüllungen zu urteilen, muss die Leiche schon recht lange im Wasser gelegen haben. Es ließ sich bisher nicht ermitteln, wie die Leiche an den Fundort gekommen ist. Der Fundort ist nicht der Tatort. Der Mann muss, nachdem er erschlagen worden ist, so verpackt und an den Fundort gebracht worden sein. Anhaltspunkte zur Identifizierung des Toten sind bisher nicht vorhanden."

Die Leichenöffnung wird vorgenommen; der Tote bekommt ein Profil, einen Namen hat er noch nicht: Er ist 1,82 m groß, hat dunkelblondes Haar. Im rechten Oberkiefer befindet sich ein Goldzahn. Er hat schmale kleine Hände: „Er dürfte demnach nicht dem Arbeiterstand angehören", wie ein Vermerk festhält. In ihrer ersten Bewertung der Tat stellt die Polizei fest: „Es liegt … einwandfrei Mord vor. … Es ist den Umständen nach anzunehmen, dass Raubmord vorliegt." Sie geht

am 30. Juni an die Öffentlichkeit: „Eine Ausschreibung und Bekanntgabe durch Radiosendung ist veranlasst."
Genau diagnostiziert der Obduktionsbericht vom 27. Juni die Todesursache:

„Im Bereich der linken Scheitelhinterhauptgegend zeigen sich große Knochendefekte. So findet sich vom linken äußeren Augenbrauenwulst bis fast zur Vereinigung in der Pfeilnaht in die Lambdanaht ein 18 cm langer, fast 2 cm klaffender Knochendefekt. Der obere Knochenwundrand ist vollkommen scharf und zeigt drei zueinander im stumpfen Winkel gestellte glattrandige Begrenzungen, die hinterste 4 ½ cm, die mittlere 5 cm und die vorderste etwa 8 cm lang. Der untere Knochenwundrand ist dagegen unregelmäßig zackig ausgebrochen. Etwa 1 cm unterhalb des hinteren Drittel der unteren Knochenrandbegrenzung ist in einem etwa markstückgroßen Bereich die äußere Knochentafel bis zur schwammigen Knochenschicht hinein völlig glattrandig abgekappt.
Von der Mitte des mittleren Drittel zieht sich vom unteren Knochenwundrand ein Sprung durch die linke Schläfenbeinschuppe gegen die mittlere Schläfengrube.
Vom linken Stirnhöker aus verläuft eine weitere völlig scharfrandige Knochendurchtrennung auf einer Länge von fast 10 cm nach rückwärts, annähernd parallel mit dem früher beschriebenen großen Knochenausbruch und von diesem 3 ½ cm entfernt. Durch diese scharfrandige Einwirkung, die am unteren Wundrand völlig gradlinig ist, ist eine große Knochenplatte von der früher beschriebenen Länge von einer Breite von 5 cm ein wenig abgehoben, etwa ½ cm hoch. Die noch vorhandene Kopfschwarte lässt sich im Gesamten ganz leicht vom Knochen ablösen. Die weitere Besichtigung zeigt vorerst keine weitere Gewaltanwendung."

Wenige Zeilen später stellt Professor Fritz vom Gerichtsmedizinischen Institut der Universität Hamburg dann aber doch fest:

„Am rechten Unterarm zeigt sich an der Außenseite etwa 3 fingerbreit oberhalb des Handgelenks ein querstehender 3 cm langer oberflächlicher gradliniger Hautkratzer, mit ziemlich scharfen Rändern. Gegen die Daumenseite zu verbreitert und verbiegt er sich. Diese Hautstelle hat die Wundränder völlig scharfrandig, die Wundwinkel laufen spitz aus. Über dem Ellenköpfchen rechts ein quergestellter etwa 2 cm langer, kaum 1 mm breiter geradliniger dunkelbraun vertrockneter Hautstreifen."

Er fasst zusammen:

„I. An der linken Scheitelgegend fanden sich mehrere, mindestens
5 scharfe Hiebverletzungen mit ausgedehnter Schädeldachzer-
trümmerung.

II. An der hochgradig faulen Leiche war zwar eine Todesursache nicht
festzustellen, doch ist nicht dran zu zweifeln, dass die ausgedehnten Hiebverletzungen durch Hirnzertrümmerung den Tod herbeigeführt haben müssen.

III. Das Alter des unbekannten Mannes ist auf etwa 40 Jahre zu schät-
zen.

IV. Nach dem hochgradigen Fäulnis-Zustand der Leiche dürfte dieselbe einige Monate im Wasser gelegen haben."

Viele werden in dieser Zeit, kurz nach dem Kriege, vermisst. Manche
bleiben verschwunden, andere tauchen wieder auf, manche sind tot,
mancher Tote bleibt unbekannt und findet sein anonymes Grab, andere werden identifiziert, der Fall zu den Akten gelegt, Unfälle, Selbst-
morde. Oder es ist ein gewaltsamer Tod von fremder Hand zu verzeichnen; dann beginnt, auch in dieser aus den Fugen geratenen Zeit,
die unaufgeregte Arbeit der Polizei, Routine eben.

Einer aus dem großen Heer der Vermissten ist amtlich seit dem 10.
März 1948 der Spediteur John Blaue. An diesem Tage erscheint bei der
Kriminalpolizei in Elmshorn seine hier wohnhafte Frau Ruth und
zeigt an, dass ihr Ehemann seit dem 16. November 1946 vermisst wird.
Der Polizeibericht gibt als „mutmaßlichen Grund des Verschwin-
dens" an: „Wollte legal über die Zonengrenze und ist seitdem nicht
mehr zurückgekehrt." Sie gibt eine Personenbeschreibung, die keine
besonderen Kennzeichen nennt, ihr Mann sei etwa 1,80 m groß gewesen, 1913 geboren, von schlanker, breitschultriger Gestalt.

Es ist viel zu tun bei der Kriminalpolizei in Hamburgs Nachbarschaft, es
gibt Rückstände in der Bearbeitung. Im April 1949 verweist das Landes-
kriminalamt Schleswig-Holstein für den Fall, dass der vermisste John
Blaue noch nicht wiederaufgetaucht ist, auf den unbekannten Ermordeten aus dem Wasserloch in Klein-Nordende. Der Zusammenhang ist
hergestellt. Die Suche hat ein Ziel gefunden: Ist dieser Tote John Blaue?
1948, später im Jahr, ist Ruth Blaue von Elmshorn nach Buchholz im
Kreis Süderdithmarschen verzogen. Hier wird sie am 15. Juni 1949 das
erste Mal angehört; zur Wahrheit ermahnt, sagt sie aus:

„Am 3. Mai 1940 habe ich mich in Kiel mit dem Matrosen John Blaue verheiratet. 3 Tage nach meiner Hochzeit bin ich dann nach Elmshorn, Ollnstr. 153, umgesiedelt. Ich muss mich berichtigen: ich habe bereits vor meiner Verheiratung in Elmshorn gewohnt, nur unsere Hochzeit fand in Kiel statt. Mein Mann war von Beruf Seemann, hat aber später den Seemannsberuf aufgegeben und in Hamburg einen Fuhrbetrieb übernommen. Ausgang des Jahres 1939 wurde mein Mann zum Heeresdienst bei der Kriegsmarine nach Wilhelmshaven einberufen und nach der Kapitulation entlassen. Seit dem Jahre 1946 war mein Mann mit kurzen Unterbrechungen bei mir in Elmshorn wohnhaft. Es ist richtig, dass mein Mann vor seinem Weggange in Elmshorn Berufskollegen bzw. andere Männer an der Hand hatte, mit denen er kleinere Geschäfte machte. Mein Mann hatte die Absicht, mal später ein Fuhrunternehmen zu gründen, und hatte daher das Bestreben, sich eine größere Summe Geldes zum Ankauf eines Lastwagens zu beschaffen. Mir ist nur bekannt, dass ein jüngerer Mann, Name nicht bekannt, nach meiner Auffassung ein Hamburger, meinem Mann geraten hat, nach der russ. Zone zu gehen, um daselbst einen Lastkraftwagen für billiges Geld zu beschaffen. Ich weiß weiter, dass mehrere Männer diese Sache machen wollten, doch einen Namen bzw. Vornamen oder Wohnsitz der Männer kann ich nicht angeben, da mein Mann mir diese Angelegenheiten nicht bekanntgemacht hat. Am 16.11.1946 ist mein Mann nach Hamburg gefahren und hat sich daselbst 3–4 Tage aufgehalten. Dieses weiß ich, weil mein Mann mich zweimal fernmündlich aus Hamburg angerufen hat. Doch vermag ich nicht anzugeben, bei wem er sich diese paar Tage in Hamburg aufgehalten haben könnte. Beim letzten Telefongespräch aus Hamburg teilte mein Mann mir mit, dass er sein Vorhaben, d. h. Beschaffung eines Kraftwagens, durchführen werde, und ich bräuchte mich nicht zu sorgen, er käme bald zurück. Da mein Mann dann aber längere Zeit ausblieb, habe ich in Hamburg Ermittlungen eingezogen und festgestellt, dass er während seines dreitägigen Aufenthaltes weder bei seiner Mutter, seinem Bruder oder seinem Freunde vorgesprochen hat. Auch hierüber habe ich mir keine größeren Gedanken gemacht, da mein Mann ja in Hamburg einen größeren Bekanntenkreis besaß. Seit dem 16.11.1946 habe ich bis zum heutigen Tage kein Lebenszeichen von meinem Manne erhalten. Ich muss nun noch ergänzend hinzufügen, dass mein Mann einen Geldbetrag von ca. 16.000 RM bei sich hatte. Weiter war er im Besitze einer größeren Menge Zigaretten. Außerdem hatte mein Mann eine braune lederne Aktentasche und, wenn ich mich nicht täusche, einen graugrünen selbstangefertigten Rucksack bei sich.

Die Personenbeschreibung der unbekannten männlichen Person ist mir bekanntgegeben worden, und ich muss ergänzend hinzufügen: Mein Mann war 1,80 bis 1,82 m groß, breitschultrig, hatte dunkelblondes Haar und eine Blinddarmoperationsnarbe, die aber kaum sichtbar war. Mir ist nicht bekannt, dass mein vermisster Mann im rechten Oberkiefer einen Goldzahn gehabt hat. Ebenso ist mir nicht bekannt, dass weitere Zähne gefehlt haben. Ich weiß nur, dass er ein sehr gutes Gebiss hatte und nur einmal beim Zahnarzt gewesen war, und dieses ist während seiner Dienstzeit bei der Marine gewesen. Nach meinem Dafürhalten hatte mein Mann schöne kräftige Hände, ausgesprochene feste Seemannshände, jedoch nicht abgearbeitet. Die in der Akte angegebenen Sachen, Seesack, Gummiumhang, Wolldecke usw. sind mir nicht bekannt, da mein Mann solche Sachen nicht mitgenommen hat. … Als mein Mann am 16.11.1946 mich in Elmshorn verließ, hatte er die Absicht, schwarz nach der russ. Zone zu gehen, um daselbst wie bereits gesagt, einen Lkw zu kaufen und nach der britischen Zone zu schaffen. …

Über die Beschaffenheit seiner Zähne kann ich nur sagen, dass er ein gutes Gebiss hatte und weder in Elmshorn noch in Hamburg einen Zahnarzt aufgesucht hat. …

Ich möchte nicht unerwähnt lassen, dass mein Mann am rechten Oberschenkel, außen, eine Tätowierung (Anker mit umwickelten Tau) hatte. Diese Tätowierung war infolge der schlechten Farbe fast gänzlich verwischt. Die Tätowierung selbst war etwa 3–4 cm groß.

Weitere Angaben kann ich nicht machen, und ich nehme stark an, dass mein vermisster Mann mit der aufgefundenen Leiche in Norderende nicht identisch ist.

Bemerken möchte ich noch, dass sich mein Mann während der Ehe keinen Goldzahn hat machen lassen. Es besteht aber die Möglichkeit, dass er einen Goldzahn hatte, den er sich vor der Ehe hat einsetzen lassen. Dieser dürfte aber dann ganz hinten im Gebiss gesteckt haben.

Geschlossen:	v. g. u.
Gez. Kauschus	gez. Ruth Blaue
Krim.-Pol.Meister"	

Seiner Ehefrau ist ein Goldzahn „nicht bekannt"; wenn es ihn gibt, hat sie ihn nicht bemerkt, da sie nicht lange verheiratet war und ihr Mann während der längsten Zeit der Ehe bei der Kriegsmarine stationiert gewesen sei. Doch Übereinstimmungen gibt es zwischen John Blaue und dem unbekannten Toten, Allerweltsdinge: ungefähr 1,80 m groß, Blinddarmnarbe, breitschultrig sind beide, dunkelblondes Haar haben sie. Aber in prägnanten Merkmalen stimmen sie nicht überein. Der

Tote hat schmale kleine Hände. Ruth Blaue spricht dagegen von „kräftigen Händen, ausgesprochen festen Seemannshänden", jedoch nicht „abgearbeitet". Sie gibt an, ihr Mann sei Matrose, also Handarbeiter, gewesen, John Blaue war Schiffs-, dann Marineoffizier. Der Leichnam zeigt keine Tätowierung. Legt Ruth Blaue eine Spur? So scheint es. Doch ihre Angaben, ein Goldzahn sei ihr „nicht bekannt" gewesen oder sie habe einen solchen Zahn „nicht bemerkt", da er möglicherweise „ganz hinten im Gebiss" gesessen habe, lassen Kauschus keine Ruhe. Er hakt nach, und sie schreibt ihm, ihre Eltern, besonders ihre Mutter, versicherten „auf das Bestimmteste", dass ihr Mann keinen Goldzahn gehabt habe. Zugleich schreibt sie, ihr Mann habe „große, breite, ausgearbeitete" Hände.

So meldet die Kripo in Meldorf am 23. Juni 1949 an die Inspektion Pinneberg: „Nach diesem Schreiben dürfte der als vermisst gemeldete John Blaue mit der dort aufgefundenen unbekannten männlichen Leiche nicht identisch sein." Im September bestätigt die Inspektion das Ermittlungsergebnis. Fall ad acta. Ein weiteres ungeklärtes Verbrechen aus der wirren Nachkriegszeit. Ad acta? Noch nicht. John Blaues Bruder Oskar, Schiffsoffizier bei der Hapag, bittet darum, die Ermittlungen in Richtung seines Bruders weiterzubetreiben: Es sei immerhin möglich, dass seine Schwiegereltern, trotz der Bestimmtheit ihrer Aussage, sich irren könnten und sein Bruder doch einen Goldzahn gehabt habe. Es gibt keinen Verdacht, aber die Polizei folgt der Bitte. Die merkwürdig vagen Angaben Ruth Blaues als Ehefrau in diesem Punkt scheinen unterschwellig zu wirken, obgleich sie behilflich ist, nicht ausschließt, John Blaue habe „möglicherweise bei der Marine einen Goldzahn eingesetzt bekommen".

Kriminaloberkommissar Otto Paukstadt aus Itzehoe nimmt seinen Beruf ernst. Ungeklärte Fälle lassen ihm keine Ruhe, auch nicht nach Jahren. Im November 1953 lässt er sich auch die ungeklärte Mordsache aus Klein-Nordende wieder vorlegen und ordnet an, jetzt aber auch alle Möglichkeiten auszuschöpfen, das immer noch unbekannte Opfer endlich zu identifizieren. Paukstadt ist ungehalten und ungeduldig. Er nimmt die Sache selbst in die Hand, fängt ganz von vorn an, geht noch einmal einer Spur nach, die schon vor Jahren verfolgt wurde, schließt den damals Verdächtigen jetzt endgültig aus.

Er kommt auf Ruth Blaue zurück. Inzwischen, es ist Januar 1954, ist sie in den Schwarzwald verzogen, nach Gremmelsbach im Kreise Vil-

lingen. Paukstadt bittet seine Kollegen um Amtshilfe. Sein detaillierter Fragenkatalog wird Ruth Blaue vorgelegt, wobei ihr verschwiegen werden soll, dass in einer Mordsache ermittelt wird; sie soll weiterhin nur zur Vermisstensache ihres Mannes befragt werden.
Sie soll zu folgenden Fragen etwas sagen:

1. Hat sie in der Zwischenzeit Nachricht von dem Vermissten erhalten oder sonst etwas über seinen Verbleib erfahren?
2. Blaue wollte angeblich legal in die Ostzone reisen. Zweck und Ziel der Fahrt (möglichst mit genauer Anschrift)?
3. Führte der Vermisste größere Barmittel, Wertsachen pp. mit?
4. Welches Gepäck trug er bei sich (evtl. Seesack, Rucksack pp.)?
5. Wann beabsichtigte er nach Elmshorn zurückzukehren? Wollte er auf der Hin- oder Rückfahrt in den Westzonen noch jemanden besuchen?
6. Waren Gründe vorhanden, die ein freiwilliges Verschwinden des Vermissten vermuten lassen? Widrige Eheverhältnisse, wirtschaftliche Schwierigkeiten, strafrechtliche Verfehlungen?
7. In welchen Kreisen verkehrte der Vermisste vor seinem Verschwinden? Es wird gebeten, diese Frage besonders eingehend mit der Zeugin durchzusprechen. Blaue soll angeblich Schwarzhändler gewesen sein. Wer waren seine Bekannten – Geschäftspartner pp.? Bei Unbekannten genaue Personenbeschreibung.
8. Kann die Zeugin ein Lichtbild ihres Mannes kurzfristig zum Vorgang geben?
9. Warum wird die Vermisstenanzeige erst 1½ Jahre nach dem Verschwinden erstattet?
10. Mit der Zeugin ist nochmals eine alle Einzelheiten berücksichtigende Personenbeschreibung des Vermissten zu erstellen. Dabei ist auf das Zahnschema besonders Wert zu legen."

Zwischenzeitlich gleicht Paukstadt sämtliche weiteren Vermisstenfälle ab, die noch ungeklärt sind: Nur John Blaue hatte eine Blinddarmnarbe. Doch noch bleibt Paukstadt zurückhaltend: Zwar stimmt das Signalement des unbekannten Toten in den wesentlichen Punkten mit der Beschreibung John Blaues überein; aber es bleibt ein Rest: der Tote trägt einen Goldzahn. Zwar hat seine Frau angegeben, ihr Mann habe keinen Goldzahn; diese Aussage kann jedoch nicht ausreichen, um Blaue völlig auszuschließen. Paukstadt: „Es ist durchaus möglich, dass die Ehefrau gar nicht weiß, ob Blaue sich während des Krieges einen

Goldzahn hat anfertigen lassen." Noch kein Verdacht gegen Ruth Blaue.

In Triberg nimmt sie im Januar 1954 Stellung zu Paukstadts Fragen, Befragte in einer Vermisstensache:

„Am 3. Mai 1940 habe ich mich mit John Blaue verheiratet. Damals war mein Mann bei der Kriegsmarine in Kiel, jedoch ist mir die Einheit nicht mehr bekannt. Im Oktober 1943 wurde ich als Flakhelferin nach Hagenow-Land bei Berlin eingezogen. Beim Zusammenbruch des Krieges wurde ich entlassen und begab mich nach Elmshorn. Dort habe ich, nachdem sich die allgemeine Lage etwas gebessert hatte, eine Leihbücherei eröffnet, damit ich meinen Lebensunterhalt bestreiten konnte. Bis September 1945 hatte ich von meinem Mann keine Nachricht und wusste auch nicht, wo er sich befand, als ich dann aus Dänemark von ihm Nachricht bekam, dass er sich bei einem engl. Marinebergungskommando befinde. Da er keine Adresse beischrieb, konnten wir nicht in briefliche Verbindung treten. Im Sommer 1946 wurde mein Mann entlassen und kehrte zu mir nach Elmshorn zurück. Er versuchte nun in Elmshorn eine Spedition zu gründen, und zu diesem Zweck musste er einen Lastkraftwagen haben. Nun ging er auf die Suche nach einem solchen und fuhr in der ganzen Gegend herum und kam unter anderem auch viel nach Hamburg. Mit was für Leuten er dort zusammentraf, kann ich nicht sagen, denn mein Mann hat mir darüber nie etwas erzählt, und wenn ich ihn fragte, gab er mir zur Antwort, dass mich dies nichts anginge. Ich wusste nur, dass er in St. Pauli viel verkehrte. Zu damaliger Zeit befand sich in Elmshorn ein Polenlager, wo mein Mann auch oft hinkam. Was er dort gemacht hat, habe ich nie erfahren, nehme aber an, dass er Schwarzhandelsgeschäfte getätigt hat, zumal er über ziemliche Geldsummen und Wertgegenstände verfügte, die er zum Kaufe eines Lkw benötigte. Was er an Geld und Wertsachen hatte, weiß ich nicht. Am 14. November 1946 fuhr er nach Hamburg, und wie er mir sagte, habe er einen Lastkraftwagen in Aussicht. Beim Fortgehen sagte er, dass er wohl einige Tage unterwegs sein werde. Etwa drei oder vier Tage später hat er mich von Hamburg aus angerufen, dass er voraussichtlich noch einige Tage unterwegs sein werde. Von wo aus er mich angerufen hat, kann ich nicht sagen, da er mir dies nicht mitteilte. Mein Mann war sehr verschlossen, und somit habe ich über sein Gebaren nichts erfahren, obwohl unsere Ehe gut verträglich war. Nachdem ich in den kommenden acht Tagen keine Nachricht von meinem Mann bekam und er auch nicht zurückgekommen ist, habe ich meinen Schwager, Bob Siewert, der als techn. Kaufmann bei der Firma Humboldt-Deutz in Hamburg angestellt war, fernmündlich angerufen, ob er etwas von meinem Mann wisse. Siewert sagte mir, dass er vor etwa vier Tagen bei ihm gewesen sei und dass er sich geäußert habe, dass er in der Ostzone etwas in Aussicht habe und dass er illegal hinter Lübeck über die Grenze gehen wolle. Mehr konnte mein Schwager auch nicht sagen. Ich wartete noch einige Tage zu, und als sich kein Lebenszeichen von ihm erhielt, bin ich dann zur Kriminalpolizei in Elmshorn gegangen und habe eine Vermisstenanzeige aufgegeben. Dies war meines Wissens etwa um den 28. November 1946. Es stimmt also nicht, dass ich erst nach 1 ½ Jahren eine Vermisstenanzeige über meinen Mann erstattet habe. Der betr. Kriminalbeamte hat alles aufgenommen: Größe, Kleidung und eine genaue Beschreibung meines Mannes, und er sagte dann, dass ein Ausschreiben erlassen würde. Wie der betr. Beamte geheißen hat, kann ich nicht mehr sagen. Ich habe anschließend beim Roten Kreuz auch eine Suchmeldung mit Lichtbild von meinem Mann aufgegeben, aber bis heute nichts mehr erfahren.

Mein Mann war 178 bis 189 cm groß, schlank, vollzähliges Gebiss und mir ist nichts bekannt, dass er plombierte Zähne hatte. Als besonderes Merkmal hatte er eine Blinddarmoperationsnarbe. Was er s. Zt. an Kleidern getragen hat, kann ich heute nicht mehr sagen, mir ist nur noch in Erinnerung, dass er eine schwarze Lederjacke getragen hat und eine braune Aktentasche bei sich trug. Dass mein Mann nicht mehr am Leben sein soll, glaube ich nicht. Ich vermute eher, dass er in der Ostzone von den Russen geschnappt worden ist und sich evt. im Gefängnis befindet oder in das innere Russland abtransportiert wurde. Wie schon gesagt, war ich über seine Geschäfte in keiner Weise unterrichtet und kann auch keine Personen namhaft machen, mit denen er verkehrt hat.

Zur Ergänzung gebe ich ein Lichtbild meines Mannes bei und ich bitte höflichst, mir dasselbe wieder zukommen lassen zu wollen, da dies das einzige ist, was ich von ihm im Besitz habe."

Otto Paukstadt, der erfahrene Kriminalist, beschränkt sich längst nicht mehr nur auf den Goldzahn eines Verschwundenen, schon längst gehen für ihn der unaufgeklärte Mord und diese Vermisstensache ineinander über: In Wahrheit ist er bereits auf der Suche nach dem Täter. Er ermittelt jetzt umfassend. Mit dem Nachweis, dass John Blaue einen Goldzahn trug, will er dann nur den Schlussstein setzen, um aus der Vermisstensache John Blaue formell die Mordsache John Blaue machen zu können.

Deshalb auch beginnt er, sich systematisch über dessen familiäre Umstände zu informieren. Es entsteht das Bild eines Lebens in gespannten

Verhältnissen. Er erfährt, man habe 1946 in der Ollnstraße in Elmshorn, in der die Blaues gewohnt haben, allgemein angenommen, dass Ruth Blaue mit dem in ihrer Wohnung lebenden Bildhauer Horst Buchholz ein Verhältnis habe. Blaue habe einen Goldzahn gehabt, bekundet einer, der ihn als Sohn einer Nachbarsfamilie gut gekannt hat; er sei als Marineangehöriger im Besitz eines Seesacks gewesen, weiß ein anderer mit Sicherheit; nach dem Verschwinden Blaues hätten seine Frau und Buchholz ihr Verhältnis kaum noch kaschiert.

Ruth Blaues Vater gibt an, nichts von einem Verhältnis seiner Tochter zu wissen. Sie habe ihm etwa ein Jahr nach Blaues Verschwinden erzählt, eine ihr fremde Frau habe sie aufgesucht und dabei zufällig ein Bild ihres Mannes gesehen. Die habe ihr dann berichtet, sie sei mit Blaue zusammen in der Ostzone verhaftet worden, er sei in das KZ Oranienburg eingeliefert worden, dort habe sie ihn zuletzt noch einmal getroffen.

Der Schwiegervater kann sich an einen Goldzahn nicht erinnern. Niemand hat bei John Blaue je eine Tätowierung gesehen, selbst die besten Freunde nicht, ja, er habe eine starke Abneigung gegen diese Art von Körperschmuck gehabt. Andere Zeugen berichten, er habe unter den Verhältnissen seiner Ehe gelitten, habe eine Lösung herbeiführen wollen, sobald er sich eine neue Existenz aufgebaut hätte. Eine ihm eng befreundete Familie weiß, dass er sich in Hamburg einen Lastwagen zum Aufbau eines Fuhrgeschäftes habe kaufen wollen. Davon, dass er dieses in der Ostzone habe tun wollen, sei nie die Rede gewesen. Nach November 1946 hat sich John Blaue nicht wieder bei ihnen allen gemeldet. Viele erinnern sich daran, dass seine Frau kurz nach seinem Verschwinden begonnen habe, die Wohnung umzuarrangieren und immer offener mit Buchholz zusammengelebt habe. Schnell habe sie Kleidungsstücke und Wertsachen aus dem Besitz ihres Mannes versetzt.

Als Paukstadt dann noch erfährt, dass Buchholz als Holzbildhauer mit dem Beil arbeitet und bestimmte, sehr seltene Drähte verwendet, wenn er Tonplastiken herstellt, ist er sich sicher: Der Tote bekommt einen Namen, für ihn ist er jetzt John Blaue, und seine Mörder sind seine Frau und deren Geliebter. Vorsichtig noch formuliert er es für die Akten, aber für ihn steht fest: Er arbeitet jetzt an der Aufklärung des Mordfalles John Blaue, sie wird nicht mehr lange auf sich warten lassen.

Es beginnt die Zeit der akribischen Kleinarbeit. Er braucht den lückenlosen Sachbeweis; auf Geständnisse will er sich nicht verlassen. Er konzentriert sich zunächst auf Verpackung und Verschnürung des Leichnams; und er will sich wegen des Goldzahns nicht auf nur eine Erinnerung stützen. Er lässt nicht locker, er hat Erfolg auf ganzer Linie: Ruth Blaue und Horst Buchholz werden ihm nicht mehr entkommen.

Sie ahnen nichts.

Jahre später soll Ruth Blaue sagen, sie habe immer gewusst, dass sie als Täter entdeckt werden würden, sie habe sogar präzise den Tag der Verhaftung geträumt.

Paukstadt erfährt jetzt von mehreren Zeugen mit Bestimmtheit, dass John Blaue einen Seesack aus dem Kriege mitgebracht hat, er erfährt von einer Persenning, von imprägnierter Leinenbettwäsche, erfährt, dass Ruth Blaue eine Regenhaut aus Gummi besaß, von heller Farbe und durchsichtig. All die Teile, die am Toten waren. Und er ermittelt den Maschinenbauer Gustav Kröger, der oft in Horst Buchholz' Werkstatt war. Der sagt:

„In der Werkstatt des Buchholz bin ich sehr oft gewesen. Es war dort viel Gerümpel und sonstiges Zeug vorhanden. Was im Einzelnen da war, kann ich nicht sagen. Genau weiß ich aber, dass Buchholz ein, vielleicht auch mehrere Bündel Schweißdraht hatte. Es war dies Messinglötdraht von etwa 1 m Länge, vielleicht in 50 oder auch 100 Stück zusammengebündelt, von etwa 5 mm Stärke. Ich hatte Interesse an diesem Draht für meine berufliche Tätigkeit, und Buchholz hat mir vielleicht 30 Stäbe davon gegeben. Ich habe in meinem Schuppen nachgesehen und fand von diesem Draht noch ein Stück, dass ich auf Verlangen hiermit zur Akte gebe. Den anderen Draht habe ich wohl verarbeitet. Dass Buchholz diese Drahtbündel hatte, weiß ich mit Sicherheit."

Bei dem Stück Lötdraht, das Kröger zum Vorgang gibt, handelt es sich um Draht, 498 mm lang, 5 mm im Durchmesser, mit dem eingeprägten Markenstempel „Amavit". Es findet sich der Zeuge Mascher, der John Blaue Ende 1945 drei große Bündel dieser Drähte überlassen hat; er selbst hat sie von Bord der „Admiral Scheer" mit zu sich nach Hause in Kiel genommen.

Der Beerdigungsunternehmer Westphal, der die Leiche ins Krankenhaus Elmshorn geschafft hat, erinnert sich genau an die etwa 50

Schweißdrähte von ca. 1 m Länge, die zum Beschweren der Leiche gedient hatten. Er erkennt die Probe von Kröger wieder und sagt, er habe sich schon damals Gedanken gemacht, da solche Drähte überhaupt nicht zu beziehen gewesen seien. Das Bundeskriminalamt bestätigt die Identität der Materialprobe Krögers mit dem des Beschwermaterials an der unbekannten Leiche.

Ein an ihr gefundener Stoffteil trägt neben dem Luftwaffenadler als Stempel die Buchstaben „Fl.U.V.". Ruth Blaue hat als Flakhelferin bei der Luftwaffe gedient. Ihr Hausmädchen sagt aus, es sei Bettwäsche mit einer solchen Stempelung im Hause vorhanden gewesen. Und dann schließlich: Eine von Paukstadt befragte junge Frau aus Blaues früherem Schwimmclub in Hamburg: „Immer, wenn wir John necken wollten, sagten wir: Johnnie, lach noch mal! Dann können wir deinen Goldzahn so schön sehen."

Der Beweis ist lückenlos geführt: Der Tote hat einen Namen: Er war einmal John Blaue. Und alles weist darauf hin, dass Ruth Blaue und Horst Buchholz ihn getötet und seinen Körper in die Kiesgrube von Klein-Nordende versenkt haben.

Otto Paukstadt triumphiert nicht, er ist Kriminalbeamter. Aber er ist zufrieden. Ein Verbrechen wird gesühnt werden. Ein Fall ist gelöst, fürs Erste.

V. Geständnisse

Ruth Blaue und Horst Buchholz werden beschuldigt, „in Elmshorn im November 1946 gemeinschaftlich aus niederen Beweggründen einen Menschen getötet zu haben, indem sie dem Ehemann der Beschuldigten, …, mit einem scharfkantigen Werkzeug eine Reihe schwerer Schädelhiebe beibrachten, ihm auf diese Weise schwere Schädelzertrümmerungen zufügten und so seinen Tod verursachten, um ihn als Hindernis ihrer ehewidrigen Beziehung aus dem Wege zu räumen – Verbrechen nach §§ 47, 211 StGB." So lautet der Haftbefehl. Die Vernehmungen beginnen am 16. August 1954. Horst Buchholz gesteht am 17. August, John Blaue in der Nacht vom 14. auf den 15. November 1946 allein und ohne vorherige Planung mit mehreren Beilhieben getötet zu haben. Wenige Tage später bekräftigt er diese Version. In ihrer Aussage am 16. August führt Ruth Blaue aus, sie habe erst bei ihrer Festnahme vom Tode ihres Mannes erfahren, für sie sei er weiter vermisst gewesen; am 19. August bezichtigt sie Horst Buchholz, ihrem Mann mit einer Axt den Schädel eingeschlagen zu haben. Letztmalig äußert sich Horst Buchholz am 11. und 18. Juni 1955 zur Tat, Ruth Blaue am 22. Juni, dann erst wieder im Prozess im November des Jahres. Sie sind voneinander isoliert, werden nur ansatzweise über die Aussagen des anderen informiert. Ein Bild vom Tathergang, wie der andere ihn schildert, kann so nicht entstehen.

Was die Ermittler zunächst nicht glauben wollen: Sie haben in all den Jahren nach der Tat keine Legende entwickelt, auf die sie sich für den Fall der Festnahme und Isolation geeinigt hätten. Sie gestehen – sozusagen – auf eigene Faust. In 37 Variationen.

Buchholz' erste Versionen scheinen einfach und schlüssig, wenn man die Örtlichkeit im Tathaus in der Ollnstraße 153 nicht kennt: Man lebt zu dritt in einer angespannten Situation, in der es gelegentlich auch zu

Unstimmigkeiten untereinander kommt. Eines Nachts, er hat vielleicht getrunken, wacht er auf, hört aus seiner Kammer eine Auseinandersetzung des Ehepaares mit an; worum es geht, kann er nicht verstehen. Ruth Blaue verlässt den Raum des Streits, geht ins Badezimmer. Jetzt „schimpft" Blaue auf ihn. Er, ein jähzorniger Mensch, gerät in rasende Wut, will Blaue zur Rede stellen, geht aus seiner Kammer durch Flur, Treppenflur, einen weiteren Flur in die Notküche, wo er sich ein Beil nimmt, betritt den Bodenraum, in dem Blaue auf dem Sofa liegt. Dieser erhebt sich, wortlos erschlägt Buchholz den sich aufrappelnden Mann.

John Blaue muss sehr laut geworden sein, als er über Horst Buchholz „schimpft". Der Bodenraum ist weit entfernt von Buchholz' Kammer. Der im selben Zimmer ruhende Heinz Weinhold bekommt von dem Gebrüll nichts mit, das schlafende Haus, wo man eng zusammenwohnt, auch nicht. Der herumschreiende Blaue muss seine Tötung dann still über sich ergehen lassen haben. Die Schläge auf den Schädel treffen links, drei Schläge in dieselbe Kerbe. Sie haben keinen sich erhebenden Mann getroffen, wie Buchholz es behauptet, sondern einen ruhenden, dessen Kopf unbewegt auf einer festen Unterlage lag, dem stabilen Seitenteil seines Schlafsofas.

Seine Geständnisse sind falsch. Die Leiche will er allein beseitigt haben.

Ruth Blaue bezichtigt sofort Horst Buchholz: Die Spannungen ihrer Ehe streben einem Höhepunkt zu; Buchholz, der den Zustand nicht mehr aushält, will Elmshorn verlassen, mit ihr oder ohne sie. In der Tatnacht findet wieder eine der Auseinandersetzungen mit ihrem Mann statt. Sie sagt ihm, sie könne nicht mehr mit ihm leben, sei aber bereit, mit ihm gemeinsam zu sterben. John Blaue, der schon seit Tagen bedrückt ist, stimmt sofort zu. Sie holt vierzig Evipan- und Veronaltabletten, löst jeweils zwanzig in zwei Gläsern mit Wasser auf. Er trinkt zügig, sie nicht. Er sinkt sofort bewusstlos nach hinten. Sie küsst ihn noch, fühlt, wie sehr sie ihn liebt, hält ihn für tot, geht in die Küche, spült die Gläser aus. Überraschend für sie taucht da Buchholz aus dem Zimmer ihres Mannes auf und teilt ihr mit, dass er ihn mit einer Axt erschlagen habe. In der Nacht noch einigt man sich darauf, die Version zu verbreiten, Blaue sei am frühen Morgen nach Hamburg gefahren und habe seither nicht mehr von sich hören lassen.

Auch dieses Geständnis ist falsch.

Evipan- und Veronaltabletten wirken – auch in der behaupteten Menge – nicht so, dass auf der Stelle – geradezu blitzartig – Bewusstlosigkeit eintritt. Der Angriffspunkt der Mittel liegt im Zentralnervensystem, nur auf dem Wege über die Blutbahn können sie dorthin gelangen. Das bedeutet aber, dass – ähnlich wie bei der Alkoholaufnahme – zunächst eine Resorption im Magen stattgefunden haben muss. In einem ihrer vielen weiteren Geständnisse behauptet sie, ihr Mann habe nach der Einnahme des tödlichen Mittels von ihr noch einen letzten Geschlechtsverkehr verlangt.

John Blaue ist kein Selbstmordkandidat, schon gar nicht wegen einer Frau, die ihm gerade erklärt hat, dass sie ihn nicht mehr ausstehen könne und ganz und gar mit ihm fertig sei. Er ist auch in den Tagen vor seinem Tode keineswegs depressiv. Gerade zu diesem Punkt hat die Polizei viele Zeugen gehört. Im Gegenteil: Er ist lebensfroh und besonders optimistisch, weiß seine Existenzgründung unmittelbar vor dem Erfolg. Er vibriert vor Aktivität.

Und die Rolle des schweigend zuschlagenden, nicht weiter nachfragenden, wie ein deus ex machina auftauchenden Buchholz ist an Unglaubwürdigkeit kaum zu überbieten.

Bei Beibehaltung der „Rahmenhandlung Selbstmord" variiert sie wenige Tage später ihre Angaben und entlastet Buchholz von der Täterschaft: Nach dem Suizid ihres Mannes trifft sie Buchholz auf dem Flur, geht mit ihm in den Raum, in dem der tote Blaue liegt, nimmt vorher noch eine herumstehende Axt und schlägt auf den Schädel des Toten ein. Sie tut es, weil sie meint, ihren Mann unkenntlich machen zu müssen, durch Schläge, die das Gesicht vollkommen unbeschädigt lassen („Es musste so sein."). Während des gesamten Vorgangs wird kein Wort gesprochen, auch danach nicht, kein Wort, von keinem.

Am 1. September 1954 ändert Horst Buchholz seine Angaben: Er wacht auf, wodurch, weiß er nicht, trifft auf dem Gang zur Toilette Ruth Blaue, die ihm mitteilt, sie habe gerade ihren Mann getötet. Sie gehen in den Raum, Blaue liegt unbekleidet auf dem Sofa, den Kopf mit einer Decke umhüllt. Blut. Auf dem Fußboden ein Beil. Sie beseitigen den Toten. Einen Grund für die Tötung kann er nicht erkennen. Auch nach dieser Version vereinbaren sie zu sagen, Blaue sei „in aller Frühe mit dem ersten Zug nach Hamburg gefahren".

Buchholz sagt weiter aus, ihm sei nicht bekannt, weshalb Frau Blaue ihren Mann erschlagen habe, er habe am Tattage und auch am Tage davor keinen Streit zwischen den beiden mit angehört. Er bekräftigt dieses am nächsten Tag und bleibt auch in allen späteren Geständnissen, in denen er Ruth Blaue als Täterin benennt, dabei, nicht gewusst zu haben, weshalb John Blaue gerade in dieser Nacht habe sterben müssen.

Von nun an wechseln die Angaben über die Vorbereitungen zur Tat und zur direkten Täterschaft noch einige Male. Buchholz, befragt, warum er nach seinen ersten Geständnissen plötzlich Ruth Blaue der Täterschaft bezichtigt, erklärt, er habe während einer Begegnung mit ihr auf dem Gang des Gefängnisses ein Zeichen erhalten: sie habe intensiv mit einer Hand auf sich gewiesen, daraus habe er geschlossen, sie wolle jetzt alles auf sich nehmen. Er sei dieser Aufforderung gefolgt und habe sich gedacht, wenn Frau Blaue als Mörderin verurteilt würde, bekäme er nur eine kürzere Strafe und könne danach für beide bis zu ihrer Entlassung schon einmal eine Existenz aufbauen.

Einmal behauptet Ruth Blaue auch, sie habe ihren Mann zum Selbstmord gedrängt, um ihn vor der Ermordung durch Buchholz zu schützen, ein andermal, sie habe ihn getötet, da sie den Eindruck gewonnen hätte, sie müsse Buchholz vor der Ermordung durch John Blaue schützen.

Unklar bleibt während aller Vernehmungen bis zum Schluss auch, ob es eine Absprache oder einen Plan zur Tötung Blaues zwischen den beiden gegeben hat. Die Variationsbreite reicht vom Reden „Man müsste ihn umbringen, um die Situation zu lösen" bis zu „Ja, heute muss es sein" und „Wir machen es jetzt gemeinsam" bis zu Buchholz' „Ich war überzeugt davon, dass Ruth Blaue von ihrer Tötungsabsicht am Vortage der Tat Abstand genommen hatte". Aber auch die Variante, dass einer von beiden ohne jede Absprache die Tat allein und nicht mit Vorlauf geplant, sondern spontan und ohne Mitwisserschaft des anderen durchgeführt habe, ist immer wieder aktuell.

Am 22. Juni 1955 macht Ruth Blaue ihre letzte Aussage vor Prozessbeginn:

„Meine letzte Aussage abändernd, bestätige ich die von Herrn Buchholz mehrfach gemachten Darstellungen, dass ich auch die Schläge mit der Axt ausführte – ich war damals kräftig genug dazu – und ihn dann erst weckte, dass er mir bei der Fortschaffung der Leiche half, wie vielfach angegeben. Auch die vielfach angegebene Vorgeschichte bleibt von dieser Richtigstellung unberührt, mein Mann nahm die Schlaftabletten freiwillig in selbstmörderischer Absicht. Ebenso behaupte ich weiter, dass diesem Geschehen keine Absprache zwischen Herrn Buchholz und mir zugrunde lag. Wie hätte er sonst schlafen können! Auch waren weder Heimtücke noch Niedrigkeit Beweggründe zu allem. So konnten wir gar nicht denken."

Schon zuvor, viel früher, am 10. September 1954, sagt sie aus, sie habe die Schläge ausgeführt und allein am Tage der Tat entschieden, dass diese jetzt geschehen müsse. Das sei der Tag gewesen, an dem Buchholz ihr eröffnet habe, dass er gehen werde.

Am 11. Juni 1955, wenige Monate vor seinem Tode, äußert sich Horst Buchholz zum vorletzten Mal über das Geschehen. Im Kern sagt er: Eine Absprache zur Tötung John Blaues gab es nicht für diese Nacht, alle Gedankenspiele diesbezüglich waren aus seiner Sicht „auf Null gestellt". Er hat die innerliche Trennung von allem vollzogen; er macht sich nur noch Gedanken „wie ich die Lösung von Blaues praktisch durchführen könnte". Horst Buchholz kann sich, glücklich oder tiefunglücklich, auf alle Fälle aber erleichtert, schlafen legen: Er hat es geschafft, er ist dem Teufelskreis entronnen: „Sonst wäre ich doch nicht mit solcher Bierruhe ins Bett gegangen."

Hier seine Darstellung:

„Ich bin heute bereit, meine letzte und endgültige Darstellung über den Tatverlauf zu geben.

Die Tat ist geschehen in der Nacht von Donnerstag auf Freitag. Ich erinnere mich an diesen Zeitpunkt deswegen, weil wir, d. h. Frau Sievert, Weinhold und ich, am Mittwochabend eine Tanzveranstaltung besucht haben. Es war in einem Tanzlokal in der Straße, die vom Lokal ‚Südpol' in die Stadt führt, und zwar wenn man in die Stadt geht linker Hand.

Meines Wissens ist dort jetzt kein Tanzlokal mehr, sondern ein Kino.

In der Nacht von Mittwoch auf Donnerstag habe ich eine Aussprache mit Frau Blaue gehabt. In dieser Aussprache kam die Rede darauf, dass der Ehemann Blaue beseitigt werden sollte. Dem Inhalt nach kamen wir zu folgenden Gedanken der Lösung. Schon am Dienstag hatte Frau Blaue mir geklagt, es sei unerträglich geworden mit ihrem Mann, er habe aus Köln Schnaps mitgebracht, und wenn er sich daran betrunken habe, werde er gemein zu ihr. Im Anschluss an dieses Gespräch übrigens hat Frau Blaue auch mir eine Flasche Schnaps gegeben. Im Laufe des Mittwochvormittag hatte ich beim Eintritt in den Bodenraum der Blaue'schen Wohnung den Ehemann Blaue dabei überrascht,

wie er die Hausangestellte Waltraud umarmt hatte. Ich habe, ohne etwas dazu zu äußern, den Bodenraum wieder verlassen. Im Laufe des Nachmittag habe ich das Frau Blaue erzählt. Frau Blaue äußerte auch nicht allzu viel dazu. Bevor ich mit Frau Sievert und Weinhold an dem Abend zum Tanzen ging, aßen wir gemeinsam zu Abend. Dabei bemerkte ich, dass der Ehemann Blaue sehr kribbelig und nervös war. Nach Rückkehr vom Tanzen gingen Weinhold und ich in unserem gemeinsamen Schlafraum zu Bett. Ich habe noch etwas von dem Alkohol getrunken. Danach bin ich eingeschlafen. Einige Zeit danach erwachte ich von einem Türgeräusch und hatte die Empfindung, dass Frau Blaue anscheinend allein in das nebenliegende Zimmer gekommen war. Ich hörte sie weinen. Weinhold schlief. Als das Weinen nicht aufhörte, habe ich Frau Blaue gefragt, was los sei. Als Frau Blaue merkte, dass ich munter war, fragte sie, ob ich nicht einmal herüberkommen könnte. Daraufhin kam es zu einer Aussprache zwischen Frau Blaue und mir, und im Laufe dieses Gesprächs kamen wir überein, Blaue umzubringen. Wir fassten folgenden Plan: Wir wollten uns am nächsten Abend treffen. Frau Blaue brachte dann den Plan vor, ihn zu erschlagen. Näheres über die Tatausführung hat sie nicht angedeutet, nur eben, dass wir ihn erschlagen wollen. Blaue sollte erschlagen werden, wenn er eingeschlafen wäre. Ich hatte ihr zunächst entgegengehalten, die Auseinandersetzung mit Blaue müsste ich von Mann zu Mann führen. Ich habe dabei nicht von mir aus geäußert, dass das zu einer Gewaltlösung durch seinen Tod führen müsste. Frau Blaue sagte mir darauf, wenn ihr Mann betrunken sei, verfüge er über unglaubliche Kräfte, sie habe schon manches derart mit ihm erlebt. Deswegen sei die einzig mögliche Lösung, ihn im Schlaf zu erschlagen. Ich hatte zunächst noch entgegengehalten, ich wollte dann mit ihm reden, wenn er nüchtern wäre. Das aber lehnte Frau Blaue ab und meinte, dann würde alles nur noch schlimmer werden. Frau Blaue äußerte bei der Gelegenheit, sie wollte ‚das alles‘ allein mit ihrem Mann abmachen.
Ich möchte hierzu noch ergänzend sagen, insofern ist über Einzelheiten der Tat gesprochen worden, als Frau Blaue sagte, wir wollten den Ehemann nach seinem Tode in den Seesack stecken und ihn dann irgendwo in den Lieth bringen. Ich hielt ihr vor, das sei nach meiner Ansicht eine Unmöglichkeit, und daraus entwickelte sich der Plan, ihn im Boden der Werkstatt zu vergraben.
Anschließend bin ich in mein Zimmer zurückgegangen, habe mich zu Bett gelegt. Ich war sehr aufgeregt und habe noch kräftig dem Alkohol zugesprochen.
Am Donnerstagmorgen war ich infolge des mit Frau Blaue erörterten Planes und infolge des Alkoholgenusses in einem Zustand, für den ich nur den Ausdruck ‚Mattscheibe‘ finden kann. Unmittelbar nach dem

Frühstück bin ich in meine Werkstatt gegangen, die sich in einem ebenerdigen Anbau befand. Wenig später kam Frau Blaue auch in die Werkstatt. Wir haben nicht viel miteinander gesprochen. Frau Blaue nahm das in der Werkstatt befindliche Buschbeil in die Hand. Wir haben uns angesehen und zugenickt. Danach ging Frau Blaue wieder nach oben. Wenig später habe ich dieses Buschbeil aufgenommen und in die Blaue'sche Wohnung gebracht. Ich stellte es in den Bodenzwischenraum rechts neben die Truhe. Bei dieser Gelegenheit war Frau Blaue zugegen. Danach ging ich wieder in die Werkstatt hinunter, verhängte dort die Fenster und verstellte sie. Dann habe ich dort ein Loch gegraben. Dafür habe ich etwa die Maße des Seesacks berücksichtigt. Ich hatte es mir so gedacht, dass Blaue in diesem Loch verschwinden sollte. Als ich das Loch ausgehoben hatte, es mag so gegen Mittag gewesen sein, kam mir erst richtig zum Bewusstsein, was eigentlich Frau Blaue und ich vorhatten und dass ich schon vorweg Totengräber spielte. Diese Überlegung hat mich schlagartig getroffen und zur Besinnung gebracht. Ich bin deswegen in die Wohnung hinaufgegangen, es war inzwischen vor der Essenszeit, und habe Frau Blaue dort getroffen. Ich habe ihr gesagt, es sei unmöglich, was wir vorhätten. Frau Blaue hat darauf etwa gesagt: „Wie Du meinst, Horst." Wir haben dann gemeinsam Mittag gegessen, das waren die Eheleute Blaue, die Hausangestellte Waltraud, Weinhold und ich. Am Tisch war ein gespanntes Verhältnis, wenn es auch nicht zum Ausbruch kam. Die Spannungen wurden von Weinhold und die sich ergebende Unterhaltung überbrückt. Ich hatte mächtig Skrupel und war nicht in der Lage, den Ehemann Blaue anzusehen. Nach Tisch habe ich zu der Trautel gesagt, ich hätte in der Werkstatt ein Loch gegraben, sie sollte sich nicht darüber wundern, ich hätte das für die Einkellerung von Kartoffeln gegraben. Ich wollte dann in die Werkstatt gehen und das Buschbeil wieder mitnehmen. Ich konnte es aber dort nicht wiederfinden, wo ich es hingestellt hatte. Seinem Verbleib habe ich nicht weiter nachgeforscht. Ich habe in der Werkstatt noch darüber nachgedacht, was denn nun geschehen sollte. Ich kam zu dem Ergebnis, die einzige vernünftige Lösung sei, dass ich weggehen müsste. Ich habe mir auch Gedanken darüber gemacht, wie ich die Lösung von Blaues praktisch durchführen könnte.

Dann hatte ich die Absicht, das am Vormittag gegrabene Loch wieder zuzuwerfen. Ich stellte aber fest, dass sich dort Wasser gesammelt hatte und habe deswegen das Loch nicht vollständig zugeworfen, sondern wollte erst das Wasser absickern lassen. Ich mag es vielleicht zu 2/3 gefüllt haben.

Etwa zwischen 5 und 6 Uhr habe ich noch eine Aussprache mit Frau Blaue gehabt. Ich fragte sie, wo ihr Mann sei. Sie antwortete, er sei bei seiner Freundin. Bei dieser Unterhaltung fiel meine Äußerung, es sei hier einer zuviel an Bord, und ich wollte fortgehen. Frau Blaue erwiderte zunächst ‚also willst Du mich doch im Stich lassen‘. Ich habe versucht, es ihr klarzumachen und ihr gesagt, ich sehe keine andere Lösung, als dass ich fortgehe. Es müsste alles, was wir als Plan vorgenommen hätten, ‚auf Null‘ gestellt werden. Auch die gespannte Stimmung zwischen Blaue und mir müsste abklingen, die sich daraus ergab, dass ich ihn mit der Trautel überrascht hatte. Ich habe ihr auch gesagt, dass unter diesen Umständen sie unbedingt die Möglichkeit haben müsste, die Scheidung durchzuführen. Es war nämlich auch in unserer vorangegangenen nächtlichen Unterredung die Rede von der Möglichkeit einer Scheidung gewesen, aber Frau Blaue hatte mir gesagt, ihr Mann habe das immer abgelehnt, und zwar in sehr massiver Form. Aus Äußerungen des Ehemannes Blaue zu der Scheidungsangelegenheit seiner Schwägerin, Frau Sievert, hatte auch ich den Eindruck gewonnen, dass Blaue sich einer Scheidung in jeder Form widersetzen würde. Ich habe bei der Unterredung an diesem Nachmittag dann Frau Blaue auch auseinandergesetzt, wie ich mir mein Fortgehen und meine Zukunft dächte. Dabei drehte es sich noch nicht um feste Zukunftspläne, sondern in erster Linie um die Frage, wo ich Unterkommen finden könnte. Ich habe ihr dann auch gesagt, wenn sie mit ihrem Mann nicht zu einer gütigen Lösung käme, könnte sie ja zu mir kommen. Frau Blaue äußerte darauf, das sei auch ihre Meinung, und ich hätte doch recht.

Nach dieser Unterredung war ich überzeugt, dass der in der Nacht gefasste Plan aufgegeben sei. Ich war irgendwie innerlich befreit.

Wir haben dann gemeinsam zu Abend gegessen, d. h. die Eheleute Blaue, Weinhold und ich. An diesem Donnerstag hatte es sich entschieden, dass Weinhold am nächsten Tag verreisen wollte. Ich weiß nicht mehr genau, ob er nach Leipzig oder Dresden wollte, jedenfalls wollte er in die Ostzone fahren. Davon, dass der Ehemann Blaue auch am nächsten Tage verreisen wollte, wusste ich in diesem Zeitpunkt noch nichts. Von dieser seiner Absicht habe ich erst am nächsten Tage erfahren.

Weinhold und ich gingen nach dem Abendessen zu Bett. Ich habe geschlafen.

Etwa gegen 2 Uhr in der Nacht hat Frau Blaue mich geweckt mit den Worten: ‚Komm mal raus, Horst.‘ Ich zog mir einen Trainingsanzug an und ging in den dunklen Bodengang, wo Frau Blaue neben der Bodentür stand. Ich schaltete das Licht im Badezimmer an. Frau Blaue ging mit mir zusammen ins Badezimmer. Sie war furchtbar aufgeregt und sagte mir, sie hätte es getan, sie hätte ihren Mann umgebracht, sie könne nicht mehr. Ich war über die Mitteilung entsetzt und erschüttert. Sie sagte mir, sie hätte ihn erschlagen. Meine erste Reaktion war die, dass ich ihr sagte, ich gehe in die Ostzone, ich mache das nicht mit. Ich fragte Frau Blaue auch: ‚Warum hat Du das getan? Wir hatten doch besprochen, dass es nicht geschehen solle.‘ Darauf antwortete Frau Blaue mir, es sei wieder zu einer Auseinandersetzung gekommen, und sie hätte es auch ‚für mich‘ getan. Ich habe ihr dann erwidert, nun sei es zu spät, und ich habe ja schließlich auch Schuld, ich mache Schluss. Damit wollte ich zum Ausdruck bringen, dass ich mich selbst umbringen wollte. Frau Blaue erwiderte, dann sei es eher ihre Sache, sich umzubringen, als dass ich aus dem Leben scheide. Dieser Gedanke war für mich keine Lösung.

Frau Blaue wollte es nicht dazu kommen lassen, dass ich mir etwas antäte, und erklärte, wenn ich den Versuch machte, würde sie das ganze Haus zusammenschreien, und sie würde sich der Polizei stellen. Ich erklärte ihr aber, das sei eine völlig unmögliche Lösung, dann wollten wir lieber beide Schluss machen oder beide weggehen.

Aber auch das Weggehen wäre ja keine Lösung gewesen. Es blieb tatsächlich nur die Lösung, die in dem ursprünglichen Plan vorgesehen war, den toten Blaue beiseitezubringen. Ich fragte Frau Blaue, was denn nun geschehen würde, wenn der Ehemann Blaue plötzlich fort sei, und darauf hat sie mir gesagt, wir wollten erklären, er sei mit dem Frühzug nach Hamburg gefahren, und dann käme er eben einfach nicht wieder. Ich habe Zweifel geäußert, ob das gutgehen könne. Es blieb die einzige Möglichkeit, zu versuchen, diesen Gedanken in die Tat umzusetzen. Das haben wir dann auch getan.

Frau Blaue und ich sind dann vom Badezimmer in den Bodenraum gegangen, wo der Ehemann Blaue lag. Blaue lag nackt auf der Couch, hatte eine Decke über dem Kopf. Das Zimmer war unordentlich. Der Teppich war von der Couch aus beiseitegeschoben, ich möchte sagen, es sah aus, als ob jemand mit ihm ausgerutscht sei. Im Übrigen war das Zimmer halbdunkel. Ich habe mich über Blaue gebeugt und stellte fest, dass er tot sei. Ich habe keine Atmung und keinen Herzschlag an ihm festgestellt. Frau Blaue und ich haben dann beschlossen, die Leiche im Seesack fortzubringen. Wir haben den Seesack geholt, der sich, wenn ich mich heute recht erinnere, im Badezimmer befand. Allerdings kann ich das nicht mit Gewissheit sagen. Wir wollten die Leiche in den Seesack bringen, hatten aber Schwierigkeiten und kamen zu der Überzeugung, dass wir die Leiche zunächst zuschnüren müssten. Das haben wir dann auch getan. Ich glaube, dass die dazu benötigten Stricke aus der Kommode im Bodenzwischenraum geholt wurden. Wir haben dann eine Regenhaut aus Igelith um den Kopf des Toten gebunden, und, nachdem wir die Leiche so vorbereitet hatten, in den Seesack gebracht. Ich weiß nicht mehr, ob wir die Leiche über Kopf in den Seesack gesteckt oder den Seesack über die Leiche gezogen haben. Ein Bein der Leiche musste ich noch mit Gewalt in den Seesack hineindrücken, weil er sich sonst nicht schließen ließ.

Ich habe den Seesack mit der Leiche auf den Rücken genommen und in die Werkstatt getragen. Dort habe ich den Seesack in einer Ecke abgestellt, oder richtiger gesagt, ich bin dort zusammengebrochen, nachdem ich den Seesack hinuntergetragen hatte.

Als ich wieder in die Blaue'sche Wohnung hinaufkam, hatte Frau Blaue das Zimmer wieder im Wesentlichen in Ordnung gebracht und die vorhandenen Blutspuren beseitigt. Wir haben blutbeschmutzte Wäsche und Bekleidungsstücke in den zwischen Boden und Dach befindlichen Raum gestopft, um sie zu beseitigen. Nachdem so die Wohnung gesäubert war, ging ich mit Frau Blaue in ihr Zimmer. Sie legte sich so wie sie war in ihr Bett, und wir haben dann noch einmal besprochen, sie wollte am nächsten Tag sagen, ihr Mann sei nach Hamburg gefahren, während ich über nichts unterrichtet war. Einige Tage später haben Frau Blaue und ich noch vereinbart, wenn etwa Weinhold mich fragen sollte, warum Frau Blaue mich geweckt hätte, sollte ich sagen, der Ehemann Blaue habe wegfahren wollen und vorher noch von mir Geld leihen wollen. Ich glaube, es war am nach der Tat folgenden Samstag, als wir über diese Frage sprachen, und dabei brachte ich auch zum Ausdruck, hoffentlich hätte Weinhold nichts gemerkt. Frau Blaue erwiderte mir, das glaube sie nicht, der würde wohl geschlafen haben. Ich fragte, wieso sie darauf käme. Darauf hat mir Frau Blaue erklärt, sie hätte ihrem Ehemann beim Abendessen Brote gemacht mit Schlafmittel, und Weinhold habe von diesen Broten auch etwas gegessen. Abgesehen von dieser Besprechung ist Frau Blaue immer einer Unterhaltung über die Tat ausgewichen und auch niemals dahin zu bringen gewesen, eine gemeinsame Absprache über eine etwaige Tatschilderung zu treffen, falls die Sache ruchbar werden sollte. Sogar noch etwa vor einem Jahr, als sie Besuch von ihrer Schwester, Frau Sievert, hatte und Zeichen von Nervosität bei ihr zu spüren waren, aus denen ich folgerte, dass ihr über polizeiliche Ermittlungen Nachricht zugegangen sei, war sie nicht zu einer gemeinsamen Absprache zu bringen. Sie erklärte vielmehr, sie wollte oder hätte eine Todeserklärung des Mannes eingeleitet, und ich sollte Vertrauen zu ihr haben, das alles in Ordnung wäre.

Am Abend nach der Tat haben Frau Blaue und ich die Leiche in den Teich bei Kl. Nordende verbracht. Ich halte es für möglich, dass ich am Nachmittag vor dem Verbringen der Leiche zu diesem Teich gefahren bin und mir die Gegend angesehen habe."

Am 18. Juni 1955 folgt dann seine letzte, vollkommen unglaubwürdige, aber umfangreiche Aussage; unglaubwürdig nicht deshalb, weil er behauptet, er sei der Täter, was denkgesetzlich noch stimmen mag; aber er sagt, er habe den aufspringenden, sich wehrenden Blaue zunächst „angeschlagen", ihn dann auf das Sofa zurückgedrückt und ihm dort weitere Schläge versetzt. Der Obduktionsbericht widerlegt ihn auch jetzt wieder. Das Motiv für seine Sinneswandlung wird nicht klar. Er macht dieses Geständnis wenige Tage vor seinem ersten Selbstmordversuch am 4. Juli, bei dem er versucht, sich die Halsschlagadern aufzuschneiden, vielleicht wollte er wieder einmal Ruth Blaue schützen.

Ruth Blaue hat seine Angaben zu dem Schlafmittel stets bestritten: Sie habe so etwas nie zu ihm gesagt. Darüber hinaus habe es bei ihnen nie Fischpaste zum Abendessen gegeben, da John Blaue so etwas nicht zu sich genommen hätte: „Mein Mann aß keine fraglichen Sachen, es musste sauber und einwandfrei schmecken." Das Dienstmädchen bestätigt später, es habe bei Blaues häufig Fischpaste zum Abendbrot gegeben.

Die Beteuerung Ruth Blaues, sie habe es „für ihn" getan und seine – selbstverständliche – Bereitschaft, bei der Beseitigung der Leiche behilflich zu sein, zu helfen, Spuren zu verwischen, bringen Buchholz in eine Situation, in der er sich jetzt einerseits als Komplize sehen muss, zum anderen aber ist er wieder der Ritter, der seine Dame – natürlich – nicht im Stich lässt, den ihre Tat an sie bindet. Als er ihr am Vortage mitteilt, dass er sie verlassen werde, antwortet sie: „Du lässt mich also doch im Stich!", da ist er noch entschlossen zu gehen. Das kann er jetzt nicht mehr. Ist Horst Buchholz das Opfer Ruth Blaues oder eher seiner selbst?

Sobald Horst Buchholz tot ist, wenige Tage vor Prozessbeginn, bezichtigt sie ihn wieder, die Hiebe geführt zu haben, die Hiebe auf den gerade durch Suizid gestorbenen John Blaue.

Dabei bleibt sie.

VI. *Verurteilt*

Am 9. November 1955, einem Mittwoch, nimmt sich Horst Buchholz das Leben. Er hat nicht die Kraft, den Prozess durchzustehen. Sein ganzes elendes Leben würde vor einer lüsternen Öffentlichkeit ausgebreitet werden. Vielleicht käme es zur Konfrontation mit Ruth Blaue. Er kann nicht mehr.

Das Schwurgericht des Landgerichts in Itzehoe macht Ruth Blaue kurzen Prozess.

Am Montag, dem 14. November, beginnt die mündliche Verhandlung, am Freitag schon ist sie wegen Mordes zu lebenslangem Zuchthaus verurteilt. Die bürgerlichen Ehrenrechte werden ihr auf Lebenszeit aberkannt. Ein Grund für diese geradezu ungebührlich erscheinende Hast, angesichts des Schicksals, um das es hier geht, und angesichts der komplizierten Sach- und Rechtslage, ist nicht erkennbar.

Feste richterliche Besetzungen von Schwurgerichten gibt es zu dieser Zeit nicht. Die Richter verwalten sonst andere Dezernate und werden nach bestimmten Regularien jeweils im einzelnen Fall für das Schwurgericht bestimmt. Als Geschworene fungieren sechs Bürger: Kaufleute, Landwirte und Handwerker; alle miteinander bestimmen sie über Schuld und Strafmaß. Die Anklage vertritt der Oberstaatsanwalt der Staatsanwaltschaft Itzehoe; die Verteidigung liegt in Händen eines Rechtsanwalts aus dem Ort. Zahlreiche Zeugen werden gehört, Ruth Blaue äußert sich.

Auf treten auch die Gerichtsmediziner Hallermann und Gerchow, die Ruth Blaue zuvor ausführlich begutachtet haben. Die Verteidigung stellt keinen Antrag auf Vertagung, was angesichts des Todes von Horst Buchholz wenige Tage zuvor nahegelegen hätte. Es ist nicht auszuschließen, dass Ruth Blaue in den vier Tagen des Prozesses nicht voll verhandlungsfähig war. Eine spätere Revision hätte bei Ablehnung des Antrages gegebenenfalls Erfolg haben können. Sie berichtet später, sie sei während der Verhandlung wie versteinert gewesen, habe auf klare Fragen nur wirre Antworten zu geben vermocht:

„Zu starke psychische Belastungen wirken schockartig auf mich. Das verstandesmäßige nüchterne Weiterreagieren ist scheinbar. Innerlich bin ich wie blockiert, übersehe die Situation nicht, denke zwangsmäßig und rede angestrengt, habe auch zu viele Sprachstörungen. Nach dem Tod von Horst kam ich in streng überwachte Gemeinschaft, schlief nachts mit Evipan-Tabletten höchstens eine Stunde, war überreizt durch viel Kaffee, aß kaum, bekam als Letztes vor der Verhandlung die Verweigerung des Abendmahls, in der Verhandlung ernsthafte Vermahnungen, des Toten zu gedenken, nichts gegen ihn zu sagen, dass ich schließlich nicht mehr aus und ein wusste. So gern wollte ich die Wahrheit sagen, ich konnte es nicht, mein Kopf zwang mich, an der sinnlosen Lüge festzuhalten, deren Unglaublichkeit mir durchaus bewusst war, die doch nur für Horst war und von der ich genau wusste, dass sie meine Verteidigung unmöglich machte."

Prozessbeobachter und auch das Gericht selbst haben einen völlig anderen Eindruck: eine Angeklagte, die hellwach jede Frage überlegen beantwortet, stets auf der Höhe der Verhandlung ist und eine Rolle zwischen kleinem Mädchen und verkannter „Heroine" spielt. Ein Journalist, der sie in diesen Tagen beobachtet hat, schreibt:

„In den heikelsten Situationen der beiden Verhandlungstage hat Ruth Blaue niemals die Fassung verloren. Es berührt unheimlich, das mitzuerleben. Solche Kraft kann aus völliger Unschuld erwachsen. Oder aber es lebt nur noch ein geschliffener Verstand in dieser Frau, der wie ein Automat arbeitet: mit kalter Präzision und ohne zu wissen, warum und wofür …"

Wenn man als unbefangener Betrachter nach Jahrzehnten die Prozessberichte liest, die meist durchaus nüchtern ausfallen, entsteht der eigenartige Eindruck, es sei nicht ein gemeiner Mord verhandelt, sondern es sei tatsächlich um die Aufarbeitung einer griechischen Tragödie gegangen. Offensichtlich hat Ruth Blaue es verstanden, die Prozessbeteiligten auf diese Ebene zu locken. So bleibt die Atmosphäre bis zum letzten Augenblick dramatisch. Dennoch: Die versteinerte Angeklagte widerruft nach Buchholz' Tod sofort ihr Geständnis vom 22. Juni und behauptet jetzt wieder, nach dem Selbstmord John Blaues sei plötzlich Buchholz hinzugetreten und habe auf den Toten eingeschlagen. Sie habe mit der Ermordung John Blaues nichts zu tun.

Sie hat damit den letzten Rest Glaubwürdigkeit, wenn es den überhaupt noch gibt, verspielt. Es entsteht der Eindruck, dass das Gericht sich selbstverständlich seiner Pflicht entsprechend mit dem guten Dutzend Tatversionen der beiden ursprünglich Beschuldigten befasst, sich aber davon völlig frei macht und seine eigene Wahrheit sucht und findet: Und die besteht darin, dass Ruth Blaue ihren Mann beim Abendessen unter die Wirkung von Schlaftabletten gesetzt hat, um seine Tötung vorzubereiten; in der Nacht ist er dann von ihr oder Horst Buchholz mit einem Beil erschlagen worden. Das Gericht unterstellt eine Tatabsprache zwischen den beiden. Wegen der Wucht der Schläge geht es eher von Buchholz als Vollstrecker des Tötungsplanes aus, lässt diese Frage aber offen.

Ruth Blaue als mindestens Mittäterin wird zu lebenslangem Zuchthaus verurteilt.

In der Anklageschrift vom 12. Juni 1955 hatte die Staatsanwaltschaft hinsichtlich der Verabfolgung von Schlaftabletten offen gelassen, welcher der Geständnisversionen sie sich anschlösse, der Selbstmordversion oder der Version mit den im Brotaufstrich aufgelösten Barbituraten. Die Anklage formuliert: „… verabfolgte die Angeschuldigte Ruth Blaue ihm Schlaftabletten, durch deren Genuss er eingeschläfert wurde". Hinsichtlich der direkten Täterschaft legt sie fest: „Dann weckte sie den Angeschuldigten Buchholz, drückte ihm eine Axt oder ein Beil in die Hand, womit er dem schlafenden John Blaue eine Reihe kräftiger Schläge auf den Kopf versetzte". Sie sieht in ihm lediglich „den verlängerten Arm der Angeklagten".

In der mündlichen Verhandlung dann macht sich der Oberstaatsanwalt Dr. Stein die Version zueigen, die die Angeklagte aufrechterhält:

John Blaue nimmt das Gift zu sich, indem er dem Vorschlag seiner Frau zum gemeinsamen Selbstmord folgt. Die Unernsthaftigkeit des Vorschlags, sie betreffend, ahnt er nicht.

Das Plädoyer der Staatsanwaltschaft befindet sich nicht in schriftlicher Form bei den Prozessakten. Nach dem nicht von juristischer

Sachkenntnis getragenen Presseberichten hat diese hinsichtlich der Übergabe des Gifts an John Blaue zum gemeinsamen Selbstmord schon den Tatbestand des Mordes beziehungsweise des Mordversuchs erfüllt gesehen. Dieses ist an und für sich ausgeschlossen, da eine solche klassische Situation nichts anderes wäre als eine straflose Beihilfe zum Selbstmord. Würde der Selbstmord des anderen Beteiligten nicht gelingen, würde er nach der eigenen Tabletteneinnahme diese zum Beispiel erbrechen und nicht in die Bewusstlosigkeit fallen oder nach kurzer Bewusstlosigkeit erwachen, handlungsfähig sein und die Bewusstlosigkeit, noch nicht den Tod des anderen Beteiligten feststellen, dann hätte er als Ehegatte aus einer sogenannten Garantenstellung heraus die Pflicht, dem Hilflosen zu helfen. Er würde sich sonst einer unterlassenen Hilfeleistung schuldig machen. Mord oder Totschlag oder der Versuch dazu wäre es in keinem Falle: es fehlte der entsprechende Vorsatz.

Hier ist alles ganz anders: Von Anfang an stellt Ruth Blaue klar, dass sie nie daran gedacht hat, sich selbst das Leben zu nehmen. Sie will nur ihren Mann beseitigen. Mit List und Tücke, in des Wortes wahrer Bedeutung, schafft sie es, dass er seine eigene Tötung herbeiführt. Die mentale Tatherrschaft, wie Juristen es nennen, hat einzig und allein sie. Nach dieser Version hat sie ihren Mann in „mittelbarer Täterschaft" ermordet, sie hat ihm nicht selbst die tödliche Dosis verabreicht, sie hat ihn dazu gebracht, es selbst zu tun. Wenn John Blaue an den Tabletten nicht verstorben wäre, das spätere Hinzutreten der Axthiebe soll hier einen Augenblick unbeachtet bleiben, läge Mordversuch vor.

Eigenartig ist, dass, nach den Presseberichten, die Verteidigung sich nicht damit auseinandersetzt, dass die Anklage in der „Anstiftung" zum Selbstmord, der keine Straftat darstellt, schon Mord sieht. Rätselhaft! Missverständnisse, mangelhafte Rechtskenntnisse auf Seiten der Staatsanwaltschaft? Fast nicht vorstellbar. Falsche Berichterstattung? Vorstellbar. Eines der bleibenden Rätsel dieses Prozesses. Gleichviel: Die Verteidigung sieht den Mord nicht nachgewiesen, geht davon aus, dass Buchholz sich im Affekt eines Totschlages schuldig gemacht hat. Ruth Blaues Tatanteil: Hilfe beim Beiseiteschaffen der Leiche. Als Begünstigung eines Totschlags inzwischen verjährt. Antrag: Einstellung des Verfahrens.

Kurz vor der Urteilsverkündung überreicht Ruth Blaue dem Vorsitzenden ein Gedicht:

Cain
Wer bist Du, Mensch, was siehst Du mich so an,
So tief verstört und so von Schmerz zerrissen?
Du hast das Schlimmste, sagst Du, was es gibt, getan
Und hast vor Gottes Zorn entfliehen müssen ...

Ich kam von Himmelshöhen auf die Erde,
Um Gottes Wunderwerke hier zu loben.
Nun ich Dich sah, fühl ich erschreckt, ich werde
Den Weg nicht wiederfinden, meinen Weg nach oben.

Du bist verflucht? Nun gut, so sei ich's auch,
Gefährtin Dir und teil an Deinem Leide,
Und Dir ergeben bis zum letzten Hauch.
Bis dass wir sühnend endlich alle beide

Vereint in Wesenswandlung Frieden finden
Und diesen Fluch mit Liebe überwinden.
Gott kennt der Menschen Herz und ihre Pfade.
Sein ist die Tat – und sein ist auch die Gnade!

Der Text der mündlich gegebenen Urteilsbegründung enthält eine Eingangspassage, die durchaus darauf schließen lässt, dass sich das Gericht während der Verhandlung und lange Zeit im Zuge der Beratung noch nicht klar war, ob es zu einer Verurteilung kommen werde. Möglicherweise ist die Abstimmung knapp ausgefallen. Viele Prozessbeobachter hatten einen Freispruch erwartet.
Der Vorsitzende trägt vor:

„Unter dem Druck einer schweren Verantwortung, die zu tragen fast über menschliche Kräfte hinausgeht, nach Nächten ohne Schlaf und nach heftigen inneren Konflikten ist das Gericht zu diesem Urteil gekommen.
Die Angeklagte ist nicht leichten Herzens verurteilt worden, denn wir wissen, was es heißt, auf Lebenszeit hinter Zuchthausmauern zu verschwinden.
Wir haben die Mahnung des Herrn Verteidigers wohl bedacht, wie leicht ein Fehlurteil zustande kommen kann, und wir sind gewiss, dass

kein Richter davor sicher ist, denn Richtern sind, wie allen Menschen, auch bei bestem Wollen Irrtümer und Fehler unterlaufen. Aber hier wäre ein Freispruch ein Fehlurteil gewesen. Wir haben die Angeklagte verurteilt, wir mussten sie verurteilen, weil wir von ihrer Schuld überzeugt waren und weil wir ihr auch, was das Wichtigste ist, darüber hinaus beweisen können, dass sie allein oder unter fremder Mitwirkung den Tod ihres Mannes herbeigeführt hat, beweisen nicht mit mehr oder minder irrationalen Erwägungen, sondern mit nüchternen Tatsachen, mit Argumenten, die keinen Entschluss zulassen, als den: Die Angeklagte hat gemordet.

Es wäre leicht gewesen, zu diesem Ergebnis einfach auf dem Wege zu kommen, den der Oberstaatsanwalt in erster Linie eingeschlagen hat, und davon auszugehen: Hier in diesem Saal gilt es. Was die Angeklagte hier in der Hauptverhandlung ausgesagt hat, daran muss sie sich billigerweise festhalten, dass muss sie gegen sich gelten lassen, davon gehen wir aus. Danach hat sie den Selbstmord ihres Mannes veranlasst, anstatt ihn zu verhindern, sie hat das getan ungeachtet ihrer Pflichten als Ehefrau, und das ist Mord, wie der BGH in der Tat entschieden hat, oder wäre mindestens Mordversuch, wenn wir vielleicht davon ausgehen müssten, dass John Blaue noch nicht tot war, als er von einem anderen, von Horst Buchholz, erschlagen wurde.

Aber das Gericht kann diesen bequemen Weg nicht gehen, weil es der festen Überzeugung ist, dass hier kein Selbstmord vorliegt. Deshalb kann die letzte von der Angeklagten in der Hauptverhandlung gegebene Darstellung nicht zur Grundlage des Urteils gemacht werden, ...“

Wie in diesem „Eilverfahren“ gearbeitet wird, zeigt ein Schreiben des Vorsitzenden an den Berichterstatter vom 8. Dezember 1955, als es um die schriftliche Abfassung des Urteils geht. Oberamtsrichter Dr. Schneble schreibt:

„Sehr geehrter Herr Kollege!
Wie Sie ja aus unserer mündlichen Unterhaltung bereits wissen, bin ich der Ansicht, dass wir eine vorherige Verabredung zwischen der Angeklagten und Buchholz nur für den Fall als festgestellt erachten wollten, dass Buchholz an der Tatausführung beteiligt ist, einen Fall, den wir ja ausdrücklich offen gelassen haben. Sie haben mir gesagt, dass Sie sich das Gegenteil ausdrücklich notiert haben. Ich bin aber überzeugt, dass Ihnen dabei ein Irrtum unterlaufen sein muss; denn die schriftliche Fixierung der mündlichen vorgetragenen Urteilsgründe, die wir ja nach ihrer Abfassung vor der Verkündung noch ausdrücklich beraten und abgestimmt haben, enthält das Gegenteil. In

dieser Fixierung ist eine vorherige Verabredung als zwingend nur unterstellt für den Fall, dass Buchholz die Axthiebe ganz oder zum Teil mit ausgeführt hat.
In diesem Punkt also hätte ich Ihr Urteil korrigieren müssen. Eine solche Korrektur hätte aber nach meiner Ansicht den gesamten Aufbau, das System und den flüssigen Stil der sonst doch in jeder Beziehung zutreffenden Arbeit zerrissen und sie zur Stümperei degradiert.
Ich habe deshalb in den letzten Tagen unter Berücksichtigung der oben gesagten notwendigen Änderung einen völligen Neuentwurf des Urteils abgefasst, und zwar zunächst im Konzept. Bevor ich ihn in Reinschrift übertragen lasse, möchte ich Sie bitten, evtl. nach Verständigung mit dem Kollegen Kramer, mich wissen zu lassen, ob Sie ihn vorher erst noch einmal sehen oder beraten wollen oder ob ich ihn schreiben lassen kann.
Mit verbindlichen kollegialen Grüßen
Ihr"

Zwei Tage später erklären sich die Berufsrichter einverstanden. Die Geschworenen werden nicht gefragt. Das Urteil erregt bundesweit Aufsehen, möglicherweise wegen der „interessanten, unheimlichen" Angeklagten, die nun zwei Menschen auf dem Gewissen hat, aber merkwürdig unberührt von diesem Verfahren zu bleiben scheint, das für andere eine Vorwegnahme der Hölle gewesen wäre. Ruth Blaue hat an der Selbstmordversion bis ins Wiederaufnahmeverfahren im November 1956 festgehalten, sie dann ersatzlos fallen gelassen: Da ist wieder Buchholz, der in jeder Hinsicht allein handelnde, nicht nur den Ermordeten, sondern auch sie überraschende Täter.
Der Anwalt ihrer letzten Jahre, Paul Victor Sdun, wird Prozess und Urteil später so kommentieren:

„Wenn man – wie in diesem Fall Ruth Blaue – unter dem Eindruck des ihr zu Beginn der Verhandlung bekanntgewordenen Todes ihres Freundes und Geliebten steht, während eine so wichtige Verhandlung beginnt, dann bricht man schon allein unter diesem Schlag zusammen und ist nicht mehr in der Lage, ein klares und sauberes Bild über das Geschehen zu bringen. So ist es zu verstehen, dass in dem Urteil – aber auch in den Ansichten der Sachverständigen – Frau Blaue als eine verlogene Person hingestellt wurde, dass es verschiedene Punkte gab, die zu Widersprüchen neigten. Und all diese Punkte waren nicht mehr zu beheben, weil das Gericht sich einen eigenen Tatbestand schuf und mit diesem eigenen Tatbestand sagte: Nach bestem Wissen hat sich die Sache so und so abgespielt. Danach wurde verfahren, und eine Revision musste von Anfang an schwierig, ja erfolglos sein. Ich bin der Meinung, dass man hier – wäre es zu einer zweiten Verhandlung gekommen, zu einer neuen Tatsachen-Instanz, mit Sicherheit nicht zu einer Verurteilung gekommen wäre – jedenfalls nach dem Material, was sich in Itzehoe bei der Verhandlung gezeigt hat."

Nach Abschluss der Hauptverhandlung hinterfragt die Presse das Urteil nicht wesentlich, eine Mörderin ist verurteilt. Andere Themen bestimmen das Leben. Mit einer gravierenden Ausnahme: Deutlich Position beziehen am 19. November 1955 in einem langen Artikel die „Lübecker Nachrichten", sie stellen Fragen, melden Zweifel an, erklären die tragenden Gründe der Verurteilung für obsolet.

„Ruth Blaue wegen Mordes verurteilt
…
Das Gericht ist davon überzeugt, dass Ruth Blaue eine Mörderin ist. Das Gericht zweifelt nicht im Geringsten, dass diese Überzeugung absolut zutreffend ist.
Und trotzdem: das Urteil stimmt bedenklich. Dieser Schuldspruch basiert auf keinem Beweis, an dem nicht zu deuteln ist. Die angeblichen Beweise s i n d   k e i n e   B e w e i s e . Es sind logische Folgerungen, mit allen Fehlschlüssen belastet.
Es ist kein Beweis, der den Selbstmord Blaues widerlegt, weil die Angeklagte dem Buchholz nichts davon gesagt hat, nur, weil es dem gesunden Verstand logisch erscheint, dass sie dieses habe tun müssen und getan haben würde. Die Angeklagte ist ein Mensch, und sogar ein besonders unberechenbarer Mensch, vor dessen eindeutiger Beurteilung sogar die Sachverständigen kapituliert haben.
Es ist kein Beweis gegen den Selbstmord, indem man, gestützt auf ein paar Aussagen von Laien, zu dem Schluss kommt, Blaue sei kein ‚Selbstmördertyp‘ gewesen und könne folglich auch keinen Selbstmord begangen haben.
Wie sieht denn schon ein Selbstmörder aus? Und wie oft hat sich jeder von uns nicht schon fassungslos gefragt, wenn ein Bekannter freiwillig aus dem Leben geschieden war: ‚Wie konnte dieser lebensfrohe Mensch das tun? Nie im Leben hätte ich das auch nur annähernd vermutet!‘
Die Angeklagte bestritt
Und dann der Angelpunkt des Urteils: die Schlaftabletten.

Ruth Blaue und Buchholz hatten in ihren zu Protokoll gegebenen Erklärungen beide etwas von Schlafmitteln gesagt. Also stimmt es, fand das Gericht.

Nun hatte aber die Angeklagte in der Hauptverhandlung bestritten, ihrem Mann beim Abendessen heimlich ein Schlafmittel verabreicht zu haben. Auch kein Zeuge hatte Derartiges bekundet.

Bei den Akten lag allerdings eine der zahlreichen und untereinander grundverschiedenen Einlassungen von Buchholz: ‚Ich fragte Frau Blaue, ob die anderen in der Wohnung vielleicht etwas von der Tat gehört haben könnten. Aber sie beruhigte mich und sagte, alle hätten von der Fischpaste gegessen, in die sie ein Schlafmittel gemischt habe.‘ Im Urteil tauchte diese präparierte Fischpaste wieder auf. ‚Damit hat die Angeklagte ihren Mann heimtückisch eingeschläfert, um die Tötung zu ermöglichen!‘

Meine Herren Richter und Geschworenen!

Ehe einer so weit betäubt ist, dass unbemerkt von ihm das halbe Zimmer mit Decken gegen Blutspritzer abgesichert wird, er selber auf die Decken gelegt wird, die den gleichen Zweck erfüllen sollen, und dann noch Möbelstücke umgeräumt und Teppiche aufgerollt werden, da muss dieser Mann schon eine gehörige Dosis des Schlafmittels geschluckt haben.

Bedrückende Zweifel

Die Schlafmittel, von denen im Prozess die Rede war, sind Barbitursäure-Präparate. Schon kleinste Spuren davon schmecken unerträglich bitter.

Dass sich ein Mann eine Tiefschlafdosis Luminal oder Veronal, in Fischpaste zerrieben, aufs Brot streicht, ohne es zu merken, ist durchaus möglich. Dass er aber auch nur einen Bissen davon hinunterkriegt, ohne zumindest stutzig zu werden, kommt bestenfalls in Kriminalromanen vor. Praktisch ist es unmöglich.

Darauf aber ein Urteil aufzubauen, ist ein gewagtes Unterfangen. Keiner wird bestreiten, dass der Schuldspruch über Ruth Blaue in hartem seelischen Ringen gefällt wurde, nach bestem Wissen und Gewissen. Und alle, die den Prozess miterlebten, wurden die Zweifel an der Schuldlosigkeit der Angeklagten nicht los.

Aber jetzt, nach dem Schuldspruch, sind die Zweifel an der Schuld der Angeklagten noch größer und bedrückender.“

Der Bericht bleibt folgenlos.

VII. „Aber ich habe nicht gemordet."

Tiefe Ruhe herrscht in der Nacht vom 14. auf den 15. November 1946 in dem Haus in der Ollnstraße 153. Die Menschen schlafen dem neuen Tag entgegen, zuversichtlich und ohne Arg, noch sind die Zeiten zwar ungewiss, aber langsam, ganz langsam wird das Leben doch wieder berechenbarer.

John Blaue weiß, als er sich niederlegt, dass sein Leben morgen früh eine Wendung nehmen wird, eine Wendung zum Guten: Der Lastwagen steht in Hamburg bereit, er hat das Geld zum Kauf von seinem früheren Vorgesetzten, dem Kapitän Kolbe, erhalten, trotz des Versuchs seiner Frau, sich dieses Geldes zu bemächtigen, steht es ihm wieder zur Verfügung, in seinem Schwager Siewert hat er einen zuverlässigen Partner gefunden: Er ist am Ziel. Und er ist sich sicher, dass er seine häusliche Situation klären wird.

Horst Buchholz ist beruhigt zu Bett gegangen; er ist dabei, sich aus der bedrückenden Situation zu lösen, entschlossen zu gehen, seinem Leben eine neue Richtung zu geben: Es wird ihm gelingen.

Heinz Weinhold schläft tief und fest, wie immer, er braucht den Schlaf, morgen früh fährt er in die Ostzone zu seiner Familie. Er ist voller Vorfreude. Auch die anderen Bewohner, Ruth Blaues Eltern Heine und die Hausangestellte, liegen um Mitternacht im Schlaf, das Haus ist zur Ruhe gekommen.

Nur eine schläft nicht. Für sie ist es die Nacht, der ein Tag folgen soll, der anders sein wird als alle Tage zuvor. Sie schläft nicht, sie handelt. Jetzt muss es sein. Sehr leise betritt Ruth Blaue den Raum, in dem ihr Mann auf seiner Couch schläft, tief schläft. Sie will ihn töten, mit einem Beil, von denen es im Hause einige gibt, das Beil, mit dem Brennholz zerkleinert wird, auch Horst Buchholz benutzt bei seiner Bildhauerei eines. Die Werkzeuge sind so zugänglich, wie es normal ist.

117

Das Zimmer wird von einer Stehlampe matt erhellt, das schmale Fenster ist verhängt. Er wendet ihr sein Gesicht zu. Es ist friedlich, entspannt. Sie nimmt den Teppich vor dem Sofa vorsichtig ein Stück zur Seite, denkt an das Blut. Dann, ganz schnell, ist sie über dem Schlafenden, zielt, holt weit aus, schlägt zu, alles in einem und sofort, jedes Zögern könnte die Tat verhindern, John Blaue erwachen. Sie trifft ihren Mann präzise mit drei Hieben, tief in die linke Kopfseite; er ist sofort tot. Die Schläge sind so wuchtig, dass Polizei und Gericht später bezweifeln sollen, dass eine Frau über die Kraft verfügt, so zuzuschlagen.

Im Prozess sagt der Sachverständige Professor Fritz, der die Leiche von John Blaue obduziert hat, die wuchtigen Schläge hätten unter bestimmten Umständen auch von einer Frau geführt werden können. Ein von mir befragter Lehrstuhlinhaber für Gerichtsmedizin, dem ich den Fall schildere und der die Tatortfotos und die Bilder des skelettierten Kopfes mit den Verletzungen in Augenschein nimmt, bestätigt, dass die Stellung der Couch und die Lage des Kopfes seinerzeit weit ausholende, kräftige Schläge erlaubten, und dass diese Schläge auch von einer fest entschlossenen Frau mit guten Nerven hätten geführt werden können, einschränkungslos gibt er diese Beurteilung ab.

Ruth Blaue in ihrem letzten Geständnis vor Prozessbeginn: „… bestätige ich …, dass ich auch die Schläge mit der Axt ausführte – ich war damals kräftig genug dazu". Noch zwei Hiebe treffen John Blaue, eher kraftlos und peripher, vielleicht haben die Kräfte sie verlassen, einer der Schläge gleitet ab, das Beil verletzt ihn leicht am rechten Unterarm, den hat er im Schlaf um seinen Kopf gelegt. Die These des Gerichts, vermutlich Ruth Blaue habe die ersten beiden schwachen Hiebe geführt und dann nicht weiterschlagen können („Ich kann nicht mehr.") ist nicht haltbar, da John Blaue von solchen Schlägen erwacht wäre und versucht hätte aufzustehen. Es wären dann die präzise gesetzten tödlichen Schläge nicht mehr möglich gewesen. Vielleicht wäre es zum Handgemenge gekommen.

Alles geschieht blitzschnell und ohne Lärm, kein Aufbäumen, keine Gegenwehr des Opfers, keine umstürzenden Möbel, nichts, Lautlosigkeit. Die dumpfen Hiebe schluckt der mit Mobiliar vollgestellte Raum, die Decke ist mit Stoffbahnen abgehängt. Der erste Teil des Plans ist gelungen, niemand hat etwas vom Sterben John Blaues bemerkt. Sie verhüllt seinen Kopf mit einer Decke. Dann geht sie und weckt Horst Buchholz.

Während der Verhöre belastet Ruth Blaue Horst Buchholz mit der Tat, dann sich selbst, wieder ihn, es wechselt. Schließlich räumt sie nur noch ein, schwere moralische Schuld auf sich geladen zu haben. „Aber", so sagt sie, „ich habe nicht gemordet." Sie hat es doch getan. Nach unserer Rechtsordnung hätte sie die Strafe verdient, die das Gericht ihr auch zudiktiert hat: lebenslängliches Zuchthaus. Aber hat das Gericht fehlerfrei geurteilt? Ist Ruth Blaue zu Recht ins Zuchthaus gegangen?

Das Schwurgericht verurteilt sie aufgrund einer zentralen These, einer These, über die sie selbst, Jahrzehnte später, wegen ihrer Unhaltbarkeit spottet, sie stellt die Denkfähigkeit des Gerichts offen in Frage. Die Annahme der verurteilenden Richter hält tatsächlich der Überprüfung nicht stand. Ruth Blaue hätte freigesprochen oder auf der Grundlage eines anderen Sachverhaltes, wenn dieser zu ermitteln gewesen wäre, verurteilt werden können.

Der Biograph darf mit Wahrscheinlichkeiten arbeiten, die aber, will er ernst genommen werden, aufgrund seiner Argumentation so überzeugend nachvollziehbar sein müssen, dass gerade der skeptische Leser ihm beipflichten kann: Ja, ich kann mich anschließen: So wird es gewesen sein. Der Autor dieses Buches legt Wert darauf, dass seine Sicht der Dinge keinen vernünftigen Zweifel zulässt: Er hält Ruth Blaue für die Mörderin. Aber die Grundlage für das Urteil hält nach seiner Rechtsauffassung nicht stand.

In ihren Erzählungen von der Tat bis November 1956, als sie sich um die Wiederaufnahme des Verfahrens bemüht, spielen Schlaftabletten als Mittel zum gemeinsamen Selbstmord eine Schlüsselrolle. In der Verurteilungsbegründung spielen sie auch die entscheidende Rolle, aber in einem ganz anderen Sinn:

Der Mitbewohner Heinz Weinhold schläft in der Tatnacht in dem Zimmer, das auch Horst Buchholz bewohnt. Nach einem seiner Geständnisse, einem der letzten, äußert er Ruth Blaue gegenüber am Sonnabend nach der Tat die Besorgnis, Weinhold könne etwas mitbekommen haben. Hierauf habe sie ihm geantwortet, er solle sich keine Sorgen machen: Am Donnerstag, dem Tag, an dem spät in der Nacht John Blaue getötet werden sollte, habe sie unter den Brotaufstrich für die Schnitten zum Abendessen Evipan-Schlaftabletten gemischt. Hiervon hätte dann nicht nur ihr Mann gegessen, sondern auch Weinhold. Genau wie ihr Mann bei seiner Tötung habe also auch Weinhold unter Medikamenteneinfluss die ganze Nacht tief geschlafen. Er könne nichts mitbekommen haben.

Diese Aussage macht das Schwurgericht zum Dreh- und Angelpunkt seiner Verurteilung; diese eine wählt es aus. Weshalb?

„Eine dritte Person kommt als Täter nicht in Frage. Außer Weinhold waren in der Tatnacht in der Wohnung Blaue nur der Ehemann Blaue, die Angeklagte und Horst Buchholz anwesend. Weinhold scheidet als Täter aus. Das bedarf angesichts der ganzen Zusammenhänge keiner weiteren Darlegung. Die Angeklagte selbst hat niemals den Weinhold der Täterschaft bezichtigt. Auch Buchholz hat niemals so etwas behauptet. Bei aller Fragwürdigkeit ihrer sonstigen Angaben hat das Gericht aus dem übereinstimmenden Schweigen der beiden Beteiligten insoweit die sichere Überzeugung gewonnen, dass Weinhold mit der Mordtat nichts zu tun hat.

Dann bleiben für die Ausführung der Axtschläge aber nur Buchholz oder die Angeklagte oder beide gemeinsam übrig.

Auch wenn diese Frage offenbleiben muss, wer zugeschlagen hat, so war doch die Angeklagte an der Tat auf jeden Fall beteiligt. Sie hat bei ihrer Ausführung mitgewirkt, und zwar dadurch, dass sie ihrem Ehemann, um seine geräuschlose und widerstandslose Tötung zu ermöglichen, beim Abendessen mit Schlaftabletten versetzten Brotaufstrich vorgesetzt und ihn, den Ahnungslosen, durch den Genuss müde gemacht und in der Folgezeit in tiefsten Schlaf versetzt hat.

Lässt sich nämlich auch aus den Schilderungen des Horst Buchholz und der Angeklagten kein zuverlässiges Bild darüber gewinnen, was in der Tatnacht in der Bodenkammer von John Blaue vor sich gegangen ist, wer vor seinem Lager gestanden und die Beilhiebe geführt hat, und mag man auch zu Gunsten der Angeklagten bei diesem Sachverhalt nicht mit Unrecht davon ausgehen, dass in die Wahrheitsliebe, Offenheit und Anständigkeit von Buchholz gewisse Zweifel gesetzt werden können, so bestanden doch keine Bedenken, seine Aussage in Nebenpunkten zu verwerten, die mit der Tatausführung in keinem Zusammenhang stehen. Für ihn bestand in solchen Punkten, …, kein Anlass, von der Wahrheit abzuweichen, sondern er konnte sich in solchen Nebenpunkten darauf beschränken zu sagen, was er wusste oder nicht wusste. Bei der in einer seiner Vernehmungen mit ihm erörterten Frage, ob denn der schlafende Weinhold von den Vorgängen der Nacht nichts gemerkt habe, hat sich Buchholz aber nicht darauf beschränkt zu erklären, das wisse er nicht oder vermutlich habe Weinhold nichts bemerkt. Er hat vielmehr eine ganz konkrete positive Äußerung abgegeben, nämlich die, Weinhold habe sicher nichts bemerkt, und er hat auch eine Erklärung dafür gegeben, eine Erklärung, die abzugeben für ihn gar nicht notwendig gewesen wäre. Er hat nämlich frei und offen, ohne irgendwelche Vorhalte, insoweit erklärt, er habe von sich aus die Befürchtung geäußert, ob Weinhold nichts gemerkt haben könne, und sei darauf von der Angeklagten durch den Hinweis beruhigt worden, Weinhold werde wohl geschlafen haben, denn er habe von dem Brotaufstrich mit den Schlaftabletten mitgegessen, den sie für ihren Mann zurechtgemacht habe.

Dass die Angeklagte eine solche Bemerkung zu Buchholz auf dessen entsprechende Frage gemacht hat, davon ist das Schwurgericht hiernach überzeugt, zumal Buchholz schließlich gerade auf Schlaftabletten bezüglich Weinhold gar nicht verfallen konnte, wenn ihm nicht von der Angeklagten etwas derartiges gesagt worden wäre. Es kommt hinzu, dass er von dem angeblichen Selbstmord des John Blaue durch Schlaftabletten ebenfalls nichts gehört hatte.

Schlaftabletten hat also John Blaue tatsächlich zu sich genommen. Insoweit steckt sogar in der Einlassung der Angeklagten ein wahrer Kern. Aber er hat sie nicht freiwillig und aus eigenem Entschluss genommen, sondern sie sind ihm heimlich beigebracht worden, um ihn dann ahnungslos im Schlaf töten zu können.

Dass in den Aussagen der beiden Beteiligten – wenn auch in etwas unterschiedlichen Zusammenhängen – von Schlaftabletten die Rede ist, kann nicht ein bloßer Zufall sein, besonders bei Buchholz nicht, der durch niemand anders als durch die Angeklagte entsprechend informiert sein kann und diese Informationen naturgemäß vor der Inhaftierung erhalten haben muss. Die Frage, ob Weinhold von der Tat nichts gemerkt hat, war für ihn so völlig abseits von der eigentlichen Tat und Täterschaft gelegen und erschien für ihn so unwichtig, dass keinerlei Motiv für ihn ersichtlich ist, in diesem Punkt Dinge anzugeben, die nicht der Wahrheit entsprachen. Insbesondere aber wäre, selbst wenn er hätte lügen wollen, noch immer keine Erklärung dafür vorhanden, weshalb er dann ausgerechnet auf Schlaftabletten verfallen ist. Viel näher hätte gelegen, beispielsweise zu sagen, Weinhold sei bereits verreist gewesen oder er sei an dem Abend zum Tanz gewesen u. ä..

Deshalb ist das Schwurgericht überzeugt, dass er es so, wie er tatsächlich in diesem Punkte ausgesagt hat, von der Angeklagten gehört haben muss.

Ihm gegenüber hatte aber andererseits auch die Angeklagte keinen Anlass, mit der Wahrheit hinter dem Berge zu halten, und wenn sie es zu Buchholz so gesagt hat, dann hat es sich nach der Meinung des Gerichts auch so zugetragen. Dass muss umso mehr gelten, als bezeichnenderweise auch in ihrer Aussage Schlaftabletten weitgehend eine Rolle spielen, wenn auch gewissermaßen die Art und Weise, wie sie in den Magen von John Blaue gekommen sein sollen, durch die Angeklagte ein wenig abgewandelt worden ist. Durch die Beibringung dieser Tabletten, verabfolgt, um die weitere Tatausführung zu ermöglichen, eine Gegenwehr des Opfers zu verhindern sowie Lärm und Geräusche und damit die Entdeckung der Tat zu vermeiden, hat die Angeklagte an der Tat mitgewirkt. Sie ist, wenn nicht Alleintäterin, dann mindestens Mittäterin, gleichviel wer nun die Beilhiebe ausgeführt hat. Sie hat die Tötung ihres Ehemannes gewünscht und gewollt."

Viele Jahre später, kurz vor ihrem Tode, hat Ruth Blaue hierzu abschließend etwas aus ihrer Sicht gesagt:

„Was sollte das für ein Schlafmittel gewesen sein, das, beim Abendbrot um ca. 20 Uhr zu sich genommen, dann nach 24 Uhr, nach Tanz und Alkohol, zu wirken begann? Auch Herr Weinhold war ja an jenem Abend zusammen mit Horst in einem anderen Lokal beim Tanz und beide kamen noch später als wir nach Haus.
...
Fischpaste gab es bei uns außerdem nie. Mein Mann aß keine fraglichen Sachen, es musste sauber und einwandfrei schmecken."

Zur Wirkung des angeblich verabreichten Schlafmittels stellt sie die richtige Frage; mit letzterem ist sie schnell widerlegt, durch die frühere Hausangestellte Waltraud, die jeden Tag im Hause ihrer Tätigkeit nachging:

„Mir ist erinnerlich, dass eine Art Brotaufstrich im Hause der Familie Blaue vorhanden war. Es handelte sich um eine Fischpaste, die von Hamburg bezogen wurde. Diese Fischpaste wurde als Brotaufstrich genommen. Die Paste kann aus Muscheln oder Fischen hergestellt sein.
Herr Weinhold hat am gemeinsamen Tische von Blaues gegessen, und zwar aus demselben Topf wie alle anderen. Er hatte sein Essen nicht besonders für sich. Die Brote, insbesondere zum Abendbrot, wurden fertiggemacht auf den Tisch gebracht, und zwar wurden die Brote hauptsächlich von Frau Blaue fertiggemacht. Ich glaube morgens zum Frühstück wurde alles auf den Tisch gestellt und jeder schmierte sich sein Brot selbst, aber zum Abendbrot wurden die Schnitten hauptsächlich durch Frau Blaue fertiggemacht."

1956, im Rahmen ihres Wiederaufnahmeverfahrens, nimmt Ruth Blaue schon einmal zu diesem Thema Stellung:

„Auch der mit Schlafmitteln versetzte Brotaufstrich. So etwas ist nicht durchführbar und wäre mir daher nie in den Sinn gekommen. Sie vergessen ganz die damalige Mentalität. Sicher wurden die Brote vorher zurechtgemacht und die gleiche Anzahl auf Tellern verteilt – aber weil alle Hunger hatten, nahm sich natürlich auch der Erste den zusagensten. Wie konnte ich wissen, wer vielleicht die präparierten Brote hatte. Abgesehen von diesen müßigen Überlegungen war besonders mein Mann verwöhnt und was es gab, schmeckte auch. Dieses bittere Zeugs wäre trotz Zusatzaufstrich immer aufgefallen."

Damit hätte es Ruth Blaue überhaupt nicht in der Hand gehabt, wer sich welches Brot nimmt, hätte also nicht sicher sein können, dass gerade nur ihr Mann und Weinhold, Buchholz' Mitschläfer, der später von der Tat nichts mitbekommen sollte, sich genau von den präparierten Broten genommen hätten.

Darüber hinaus: Evipan ist ein schnell wirkendes Einschlafmittel. Nach den Angaben Horst Buchholz' in einem seiner ersten Geständnisse hat man am Tatabend noch bis gegen halb zehn oder sogar zehn zusammengesessen und sich unterhalten; auch Weinhold, der John Blaue erst an diesem Abend kennenlernt, berichtet, der habe sich mit ihm länger über seine Zukunftspläne unterhalten. Alles nicht möglich nach Einnahme von Evipan. Und: Barbiturate, dazu gehört auch dieses Mittel, schmecken bitter, sehr bitter. Wenn Ruth Blaue die Tabletten unter die Paste gemischt hätte, aufgelöst in Wasser und dann unter die Paste gemischt, oder fein zerkleinert, jeder hätte es sofort geschmeckt.

Weinhold ist zu diesem Thema ausführlich befragt worden. Er hat angegeben:

„Ich erinnere auch genau, dass die Brote, insbesondere für das Abendessen, fertig beschmiert auf den Tisch kamen. Wir haben uns also unsere Brote nicht selbst gemacht. Wer die Brote fertigmachte, kann ich nicht genau sagen, ich glaube, Frau Blaue oder auch die Hausangestellte Waltraud. Mir ist auch gut erinnerlich, dass es seinerzeit als Brotaufstrich eine Fischpaste gab. Ich glaube, es handelte sich um eine Paste aus Fischen oder Muscheln, die aus Hamburg bezogen wurde.
Mir ist weiter genau erinnerlich, dass ich an dem Abend, bevor ich in die Ostzone fuhr, gemeinsam mit dem Ehepaar Blaue und Buchholz

das Abendessen eingenommen habe. Ob Waltraud an diesem Abend auch mitgegessen hat, erinnere ich mich nicht mehr. Was an diesem Abend gegessen wurde, weiß ich nicht mehr, bestimmt sind aber an diesem Abend die Brote fertig gemacht, wie auch sonst, auf den Tisch gekommen. Wie ich in meiner Vernehmung – vom 25. 2. 1954 – bereits angegeben habe, habe ich mich an diesem Abend noch mit Blaue unterhalten, und zwar bei Tisch. Ich weiß, dass Blaue mir erzählte, dass er sich einen Lkw kaufen wollte und auf meine Andeutung, dass ein Lkw in der damaligen Zeit viel Geld koste, mir sagte, dass er das Geld für den Lkw hätte. … Ich glaube, dass ich in der Nacht sehr fest geschlafen habe. Ich muss allerdings sagen, dass ich bereits damals überhaupt einen gesunden Schlaf hatte und auch heute noch habe. Mir ist nicht erinnerlich, dass ich in der betreffenden Nacht besonders tief geschlafen habe. Auch ist mir nicht erinnerlich, dass ich am nächsten Morgen etwa einen ‚Brummschädel‘ oder einen dumpfen Kopf hatte. … Krank oder unwohl habe ich mich nicht gefühlt.

Wenn mir gesagt wird, dass Frau Blaue in den Brotaufstrich, den wir gemeinsam gegessen haben, ein Schlafmittel beigemischt haben soll, so kann ich hierzu nichts sagen. Mir ist weder geschmacklich noch sonst irgendwie beim Essen etwas aufgefallen. Jedenfalls erinnere ich mich heute nicht mehr daran. In der Nacht habe ich weder Geräusche noch Treppenlaufen oder sonst etwas gehört und habe auch nicht wahrgenommen, dass Buchholz in der Nacht aufgestanden oder geweckt worden ist. Ich habe die ganze Nacht im Bett fest geschlafen. Wenn ich recht erinnere, wurde ich morgens stets geweckt, ich glaube meistens von Buchholz, und so wird es auch an dem Morgen gewesen sein."

Ruth Blaue, so bezeugen es ihr Vater und ihre Schwester, besitzt keine Schlaftabletten. Sie schläft gut. Allenfalls nimmt sie hin und wieder einmal ein Mittel gegen Kopfschmerzen, von dem sich auch Karl Heine gelegentlich etwas geben lässt.

Sowohl Blaue als auch Weinhold waren im Kriegseinsatz. Es ist inzwischen allgemein bekannt, dass fast die gesamte kämpfende Truppe Schlaf- und Aufputschmittel nahm, um die Belastungen der Einsätze ertragen zu können. Es wäre also nicht ausgeschlossen, dass beide gewisse Resistenzen gegen Barbiturate entwickelt hätten, wären sie an diese Mittel gewöhnt gewesen. Weinhold äußert sich hierzu in den Verhören nicht, von John Blaue berichtet niemand, der ihn kannte, dass er unter Schlaflosigkeit gelitten und dagegen Mittel genommen hätte. Selbst aber, wenn beide regelmäßig Barbiturate genommen hätten, es wird jedoch nicht von Fällen berichtet, dass Mengen, wie sie in einem relativ großflächigen Brotaufstrich unterzubringen wären und die sicher wirken sollen, erst nach Stunden ihre Wirkung entfalten und dann zu längerem, ununterbrochenem Tiefschlaf führen.

Auf das Gespräch am Sonnabend nach der Tat stützt das Landgericht seine Urteilsthese und attestiert Ruth Blaue, der es sonst praktisch nichts glaubt, plötzlich Glaubwürdigkeit: Wenn sie Buchholz etwas über Schlaftabletten erzählt habe, müsse dieses stimmen, da es ja um Schlaftabletten auch in anderem Zusammenhang, nämlich mit dem angeblichen Suizid, gegangen sei. Das Gericht stellt fest, dass die Frage, ob Weinhold etwas gehört haben könnte, für Buchholz so abseitig und unwichtig gewesen sei, dass er hier nicht lüge, sondern die Wahrheit sage.

Wie kann das Gericht der Auffassung sein, dass die Frage, ob es möglicherweise einen Mitwisser gebe, für den Täter so unbedeutend sei, eine solche Nebensache, dass daraus der Schluss gezogen werden darf, er sage die Wahrheit, da es ihm auf diese Aussage überhaupt nicht ankäme, und er deshalb keinen Grund habe zu lügen? Es ist doch ganz einfach. Buchholz hat Angst vor Entdeckung und fragt, wie jeder es in dieser nervlich überaus angespannten Situation getan hätte: „Weinhold hat doch wohl nichts gehört?"

Sie, besorgt um ihren ängstlichen Geliebten, der immer noch entschlossen sein könnte, sie zu verlassen, lügt schnell und routiniert: „Keine Sorge, der schlief genau wie mein Mann, ich hatte ihnen Evipan ins Essen getan".

Weshalb glaubt das Gericht, dass sie nicht auch Horst Buchholz anlügt, um ihn zu halten, vor Leichtsinnigkeiten zu bewahren? Eines der Rätsel dieses Prozesses. Ein anderes: Weshalb hat das Gericht sich nicht über den Ablauf des Abendbrots und vor allem des weiteren Verlaufs des Abends informiert, weshalb nicht insbesondere über die Wirkungsweise von Barbituraten? Dem Gericht kann nicht gefolgt werden. Mit seiner Begründung ist Ruth Blaue zu Unrecht verurteilt worden. Sie hätte freigesprochen werden müssen, da ihr ein Tatbeitrag, welcher auch immer, nicht nachgewiesen wird.

Wie mag es wirklich gewesen sein? John Blaue muss sterben, weil seine Frau es so will: Sie will nicht von Horst Buchholz verlassen werden, der für ihren Lebensplan von zentraler Bedeutung ist, sie muss den Platz behaupten, und sie will John Blaues Geld.

Wie war es wirklich? Wer hat es getan?

Beide haben es gesagt. Hat man ihnen nicht genau genug zugehört, nicht die Übereinstimmungen als kleinsten gemeinsamen Nenner markiert? Sich doch nicht genügend mit Situation und Psyche der möglichen Täter befasst?

Schon früh, am 4. Dezember 1954, schreibt der erfahrene Kriminalbeamte Paukstadt in seinem Zwischenbericht zum Stand der Ermittlungen: „Es dürfte als Motiv zur Tat zur Hauptsache das Geld eine Rolle gespielt haben und erst in zweiter Linie, Blaue als Hindernis zu beseitigen." Paukstadt benennt die beiden Motive, die auch ich als Grund der Tat sehe. Aber ich bewerte sie in ihrer Gewichtung und Bedeutung ganz anders: Blaue muss sterben, damit Horst Buchholz nicht geht. Er ist aber nicht einfach nur ein lästiges Hindernis in einer Ehegeschichte. Wäre er am Leben geblieben, Buchholz wäre gegangen und damit Ruth Blaues gesamte Lebensplanung der Restitution ihrer gesellschaftlichen Position gescheitert. Dazu gehört auch das Ansichbringen des Geldes, aber nicht als Primärmotiv der Tat. Das Geld ist sozusagen Sekundärmotivation, ein Mitnahmeeffekt der Tat. Allein wegen des Geldes wäre John Blaue nicht getötet worden.

Ruth Blaue hat ihren Mann getötet, allein und aus eigenem Entschluss. Horst Buchholz wird von der Tat überrascht; er hat nichts mehr entgegenzusetzen.

Weshalb muss John Blaue in dieser Nacht sterben? Weil Horst Buchholz sie verlassen will. Ohne ihn ist ihr Lebensplan vom Wiederaufstieg nicht denkbar. Er, mit seiner Art und seinem Hintergrund, ist ihr Garant dafür, dass es gelingen kann. Er verkörpert für sie jetzt die andere Welt, der sie zugehört, ohne ihn keine Hoffnung, ohne ihn Verbleiben im einfachsten Milieu. Er darf folglich nicht weg, es kann nicht sein. Sie muss ihn an sich ketten, unwiderruflich.

Rufen wir uns die Situation im Herbst 1946 noch einmal in Erinnerung:

Horst Buchholz hält es nur noch schwer aus. Unzufriedenheit, Spannungen, schlechtes, sehr schlechtes Gewissen gegenüber John Blaue, den er mag. Ständig ist er den Klagen Ruth Blaues über die bis zur Gewalttätigkeit gehenden Attacken ihres Mannes ausgesetzt. Er ist sehr jung und einer Situation ausgesetzt, die ihn heillos überfordert, überfordern muss. Andere in seinem Alter planen unbeschwert ihre Zukunft, er ist in eine Verstrickung geraten. Es passt alles nicht, sein Leben ist aus der Spur. Er spürt, wie die Menschen in seiner Umgebung

ihn ablehnen; das Schlimmste aber sind die Klagen der Frau, die er unerfahren – wie er ist – ernst nimmt. Sie klagt und klagt und klagt, zeigt
starkes „Anlehnungsbedürfnis", sucht bei Horst, „dem Jungen",
Trost.

Sie spürt, dass er sich zu isolieren beginnt, er macht Äußerungen, die
darauf hindeuten, dass er für sie beide keine Zukunft mehr erkennt.
Tatsächlich dramatisiert die Situation sich nicht. Sie ist schwierig, aber
sie wird sich entspannen, sobald John Blaue seine Existenzgründung
erfolgreich auf den Weg gebracht hat; dann wird er für Klarheit sorgen:
Horst Buchholz wird gehen müssen. Das weiß der aber nicht. Er ist
als junger Ritter hin- und hergerissen zwischen dem, was er als seine
Pflicht empfindet, der gequälten Frau zu helfen, und dem stärker wer-
denden Gefühl, sich retten zu müssen. Vielleicht ist dieses Gefühl
schon dabei, die Oberhand zu gewinnen. Das kann Ruth Blaue nicht
zulassen. Sie ist die Herrin, sie hat sich für Horst Buchholz als den
„Wertvolleren" entschieden. Dass er mit dem Gedanken spielen könnte, sich von ihr zu lösen, ist eine schwere Kränkung ihres Selbstwert-
gefühls und die Gefährdung ihres Lebensplans vom Wiederaufstieg.
Kann es sein, dass ein gerade einmal 21-jähriger Junge sich ihr entzieht, ihr, die doch alle Fäden in der Hand hat, in der Hand haben
muss, soll ihre Selbsteinschätzung, ihre Selbsterhöhung nicht zugrunde gehen. Sie liebt Horst Buchholz nicht, für sie hat er eine Funktion:
Im kleinbürgerlich-proletarischen Milieu, in dem sie gelandet ist, ist er
ein Leuchtturm. Er ragt heraus durch seinen Hintergrund, seine Sensibilität, die sie zu spüren meint, er ist Offizier gewesen und zwar ein
richtiger und nicht so ein „Volksoffizier" wie ihr Mann einer war, mit
ihm kann sie sich über Kunst und kulturelle Themen unterhalten, er
ist ihr Rettungsboot, und er bewundert sie, hängt an ihr, sie ist durch
ihn etwas, auch das.
Und sie, dieser im Grunde tief unsichere, verstörte Mensch, der nicht
zu einer wirklichen Selbstformulierung aus sich heraus in der Lage ist,
braucht ihn. Das ist die Rolle, das ist die Funktion, die für ihn vorgesehen ist und die er zu erfüllen hat. Er ist die Hoffnung. Deshalb darf er
nicht gehen. Er hat nicht das Recht, das Bild, das sie von sich hat, zu
zerstören.
Schließlich: John Blaue kommt Anfang November von einer Reise
nach Köln zurück, Ruth Blaue stellt Buchholz gegenüber die Situation

immer dramatischer dar. Doch statt, dass er – wie sie erwartet hat –, jetzt energisch für sie Partei ergreift, beginnt er tatsächlich, sich auf sich selbst zu besinnen und aus der Verstrickung zu lösen, noch vorsichtig, tastend, unsicher: Da er mit dieser hoffnungslosen Sache hier einfach nicht fertig werden kann, erwägt er nun intensiver wegzugehen, er schwankt noch, denkt an Selbstmord, öffnet sich ihr in seiner Verzweiflung, bietet an, mit ihr wegzugehen, „zusammen irgendwo neu anzufangen", oder aber auch, sie beide gemeinsam umzubringen.

Noch einmal macht er den Vorschlag, mit John Blaue zu sprechen, sie lehnt ab, alles werde nur noch schlimmer werden, sie werde alles ausbaden müssen, nein, auf keinen Fall ein Gespräch mit Blaue zur Lösung des Problems, und schon gar kein Räumen des Feldes durch sie, das „sieht sie nicht ein". John Blaue sieht sie schon längst als Eindringling in ihre Welt, vor „dem", den sie immer weiter entwertet, den sie in ihren Klagen entmenschlicht, wenn sie ihn in den letzten Tagen vor der Tat ein „Tier" nennt, vor solch einem weicht sie nicht. Hier muss es weiter nach ihrer Melodie gehen.

Immer wieder sucht Buchholz zum Gespräch mit Blaue zu kommen. Darin sieht sie die größte Gefahr, weil dann offenbar werden würde, welche Kulisse sie aufgebaut hat. Schnell würde Horst Buchholz erkennen, wie er getäuscht wird, dass die Misshandlungserzählungen erfunden sind, dass Blaue ihm vielleicht sogar zu seiner Erleichterung sagen würde, dass er eigentlich nichts gegen ihn habe und dass, nachdem er sein Geschäft wieder begründet haben würde, er für eine Klärung sorgen würde, die mit dem Weggang Buchholz' ihren Anfang nehmen könnte. Ein ruhiges Gespräch; denn der lebenserfahrene John Blaue würde bald die Aufgeregtheiten des jungen, aufgehetzten Menschen durchschauen und den Dingen ihren realen Rahmen geben. Ruth Blaue aber wäre entzaubert, entmachtet.

Wenn er mit ihrem Mann spräche, „gäbe (es) ein großes Theater und sie müsse alles ausbaden". Nein, sie müsse alles mit ihrem Mann allein klären, und, so Buchholz in einem seiner Geständnisse am 18. November 1954, sie werde ihren Mann gegebenenfalls umbringen, wenn es so weiterginge, ihn im Schlaf erschlagen, „damit er keine Schmerzen habe und keinen Schreck bekäme". So dahingesagt, wenn gesagt? Oder ist bei ihr die Entwertung ihres Mannes wirklich schon so weit fortgeschritten?

Sie weint, ist verzweifelt, beschwört Buchholz immer wieder, er dürfe sie nicht im Stich lassen, nicht mit dem Mann, der „sie wie ein Straßenmädchen" behandle, allein lassen. Doch jetzt ist Horst Buchholz durch, durch mit den Ängsten, durch mit der Not. Ruth Blaue hat das Gegenteil erreicht von dem, was sie wollte: Er wird sie verlassen. Das kann sie nicht hinnehmen, dass ihre Drohkulisse nicht wirkt, dass sie also letztlich nicht mehr ernst genommen wird. Das lässt sie sich von niemandem bieten: von John Blaue nicht, von Horst Buchholz, dem „Jungen", schon gar nicht. Doch sie kann nichts tun, Buchholz am Gehen zu hindern, er ist ein freier Mann, noch. Und geht ja auch nicht, noch nicht. Sein Verhängnis.

Es ist noch anderes im Spiel: Geld.

Geld, was es verkörpert und ermöglicht und was es bedeutet, wenn es nicht vorhanden ist, ist eine der großen Erfahrungsdominanten im Leben Ruth Blaues. Geld zu haben ist Zeichen, Zeichen der Dazugehörigkeit, für Ruth Blaue wichtige Komponente bei der Realisierung ihres Lebensplanes. Nach dem finanziellen Absturz der Familie wird Geldbesitz für sie zum Symbol von Sicherheit und gutem Leben, Symbol für die Beherrschung der Verhältnisse, aber auch von Menschen. Kein Geld zu haben, vernichtet. Gesellschaftliches Ansehen, der Status und Geld gehen Hand in Hand.

Lange, bevor Ruth Blaue des Mordes an ihrem Mann verdächtigt wird, bringt sie in der Vermisstensache ihres Mannes bei einer Anhörung vor der Kriminalpolizei in Meldorf das Thema „Geld" ins Spiel. Am 15. Juni 1949 sagt sie (es geht um Blaues Verschwinden): „Ich muss noch ergänzend hinzufügen, dass mein Mann einen Geldbetrag von ca. 16.000 RM bei sich hatte." In späteren Verhören kann sie sich daran nicht erinnern. So sagt sie am 4. Januar 1955 aus: „Ich erkläre dazu, dass ich von einer größeren Summe Geldes meines Mannes nichts weiß." Hierbei bleibt sie bis zum Schluss der Verhöre und des Prozesses. Auf den Vorhalt, sie habe aber nach dem Weggange ihres Mannes ihrem Vater, dem Hausmädchen, anderen Verwandten und Bekannten von einer großen, der Höhe nach unterschiedlichen Summe Geldes erzählt, die ihr Mann zum Kauf eines Lastkraftwagens bei sich gehabt hätte, hat sie eine Erklärung:

„Dieses habe ich den betr. Personen nur erzählt, um zu motivieren, dass mein Mann überfallen und beraubt sein könnte, also um sein Verschwinden zu motivieren. Ich weiß bestimmt nicht, dass mein Mann eine größere Summe Geldes bei sich hatte."

Die Spur des Geldes. Sie versandet. Auch und gerade vor Gericht, selbst Hallermann/Gerchow sehen keinen materiellen Hintergrund der Tat.

Es ist viel Geld im Hause, in der Tatnacht:
Im September/Oktober verstärkt John Blaue seine Bemühungen um die neue Existenzgründung als Spediteur. Dazu braucht er Geld, Geld, das er nicht ausreichend hat. Er wendet sich an seinen früheren Vorgesetzten und jetzigen Freund, den Korvettenkapitän a. D. Hans Kolbe in Pinneberg. Der hilft:

„Für den Ankauf des Lkws hatte ich Herrn Blaue ein Darlehen in Höhe von 14.000 RM zugesagt. Ich hatte das Geld beisammen und er wusste, dass das Geld zu seiner Verfügung stand. Ich glaube, bei den Verhandlungen und Besprechungen ist auch seine Freu zugegen gewesen. Eines Tages, ich weiß die Zeit nicht mehr genau, es kann im Sommer, es kann aber auch im Frühherbst 1946 gewesen sein, erschien Frau Blaue bei mir und ließ sich die 14.000 RM auszahlen. Ich bin nicht richtig verstanden worden. Das Geld, die 14.000 RM habe ich einige Zeit vorher Herrn Blaue persönlich gegeben. Er gab mir auch einen Schuldschein darüber. Als Frau Blaue bei mir erschien und das Geld für sich haben wollte, hatte es bereits Herr Blaue von mir bekommen. Ich glaube aber, dass Frau Blaue das Geld in Verwahrung, also in ihrem Besitz hatte. Sie war allein erschienen und erklärte mir, dass es mit dem Lkw-Kauf ihres Mannes wohl doch nichts werden würde und sie wolle das Geld für ihre Buchstube verwenden. Ich erklärte ihr, dass sie dies mit ihrem Mann abmachen müsste, aber mein Einverständnis, dass sie das Geld erhalten könne. Sie hat mir auch einen Schuldschein gegeben. Den Schuldschein von Herrn Blaue habe ich diesem wieder zurückgegeben. Einige Tage danach, es kann sich bestimmt nur um 2 bis 3 Tage gehandelt haben, besuchte ich Herrn Blaue in Elmshorn. Ich erinnere, dass ich bei diesem Besuch bei Herrn Blaue in dessen Garten war und dass wir dort ohne Mäntel nur im Anzug draußen waren. Ich glaube, es war noch nicht sehr kalt, sondern verhältnismäßig warm. Bei dieser Gelegenheit brachte Herr Blaue zum Ausdruck, dass es ihm nicht recht wäre, dass seine Frau das Geld erhalten und dazu mein Einverständnis gegeben hatte. Er meinte, dass er

jetzt einen Lkw an der Hand hätte und das Geld gebrauchen könnte.
...
Auch die Zurückzahlung der 14.000 RM verzögerte sich, ich konnte es
schwer wiedererhalten. 2.000 RM hatte sie mir zurückgezahlt und die
übrigen 12.000 RM musste ich ebenfalls einklagen. Erst kurz vor dem
Hauptverhandlungstermin erschien sie und zahlte die 12.000 RM zurück. Von da ab habe ich auch Frau Blaue nicht mehr gesehen und auch
nicht gesprochen. Die Zurückzahlung des Geldes verzögerte sich etwa
2 Jahre lang."

Sie selbst schildert in einem der Verhöre die Angelegenheit um das
Darlehen des Kapitäns Kolbe so:

> „Er organisierte sich das Geld von Herrn Kolbe für sein künftiges Ge-
> schäft. Versteckte es im Holzstapel und machte seine Geschäfte weiter.
> Ich nahm von diesem Geld. Von ihm hatte ich noch nichts erhalten.
> Das war wohl verständlich, weil ich das Geschäft hatte, aber ich
> brauchte mal etwas, um Bilder zu bezahlen. Es kam zum Krach. Er
> wollte mir einfach nicht glauben, dass ich es getan hätte und beschul-
> digte Herrn Buchholz, die Auseinandersetzung wurde sehr unerfreu-
> lich – und ich ließ mir künftig, wenn es notwendig war, Geld von
> Herrn Buchholz geben. Der verdiente reichlich mit seiner Schnitzerei
> und half selbstverständlich. Es war schon schlecht von mir, dass ich
> das Geld meinem Manne einfach fortnahm. Ich wollte Auseinander-
> setzungen aus dem Wege gehen und die Summen ja sowieso wieder
> zurückgeben. ... Ob er das Kolbe-Geld auch mitgenommen hatte, ob
> es überhaupt noch da war, weiß ich nicht mehr. Diese ganzen Geldge-
> schichten an sich waren nicht entscheidend für mich."

Sie relativiert, verharmlost, eigentlich ist nichts.
Am Abend vor der Tat erzählt John Blaue Heinz Weinhold, dass morgen früh das Auto gekauft werde, das Geld habe er. Was ist geschehen?
Ruth Blaue hat sich das Geld von Kolbe formal übertragen lassen. Sie
weiß, was sie will: Sie will es endgültig für sich, und sie weiß, dass ihr
Mann ihr dieses Geld, Voraussetzung seiner neuen Existenz, nicht
überlassen wird, nicht freiwillig. Und sie weiß, dass das Geld nur so
lange verfügbar ist, wie der Lastwagen noch nicht gekauft ist.
Die gewaltsame Lösung muss deshalb jetzt sein, auch aus diesem
Grunde.

Dazu muss sie ihren Mann in Sicherheit wiegen, Auseinandersetzungen oder dass er nach Hamburg geht und Tage mit dem Geld wegbleibt oder es ausgibt, das alles kann sie jetzt nicht brauchen: Sie stellt ihn ruhig. Vielleicht gibt sie ihm das Geld zurück. Damit geht sie immer noch ein Risiko ein, aber das muss sie wagen, John Blaue muss berechenbar bleiben. Vielleicht sagt sie ihm auch, dass er das Geld von ihr sofort bekomme, wenn klar sei, dass der Lkw bereitstehe. Dass sie auf Zeit spielt, um das Risiko zu verringern. Möglicherweise ist John Blaue immer noch gutgläubig, trotz allem. Vielleicht gibt sie ihm das Geld erst, als er sich schlafen legt oder verspricht es ihm für den nächsten Morgen. Für ihn ist alles geklärt. Es fügt sich für Ruth Blaue: John Blaue verbringt die Nacht vor dem Kauf zu Hause, die letzte Nacht seines Lebens. Ruth Blaue ist am Ziel: Jetzt wird das Geld ihr gehören. Auch wegen der trostlosen Habgier seiner Frau muss John Blaue sterben.

Die Spur des Geldes: Das Gericht hat sie nicht verfolgt. Im Urteil heißt es nur: „Ob John Blaue tatsächlich die erforderlichen Gelder zusammen hatte und wo dieses Geld später verblieben ist, steht nicht fest."

Horst Buchholz hat nicht getötet, auch ist er an der Planung des Mordes nicht beteiligt.

Er ist kein Mensch, der sich in ein Mordkomplott einbinden lässt. Möglichem Versuch widersetzt er sich. Er stammt aus intaktem Elternhaus, in dem bürgerliche Werte im guten Sinne ihren festen Platz haben. Anstand ist Grundlage der Existenz. Horst Buchholz ist gläubiger junger Nationalsozialist. Begeistert ist er in der Hitlerjugend, steigt auf, bei seiner Einberufung zur Wehrmacht 1942 ist er, gerade 18-jährig, Fähnleinführer. Er weiß sich auf der richtigen Seite, die Verbrechen und die Verbrecher, die ihn missbrauchen, kann er nicht sehen und erkennen. Er ist Idealist und sieht als Prinzipien der Organisation, die für ihn die Zukunft Deutschland verkörpert, Sauberkeit, Aufrichtigkeit, Geradheit, Anstand.

Nach dem Abitur freiwillige Meldung zur Luftwaffe, er wird Fahnenjunker, Flugzeugführer im Jagdgeschwader „Mölders". Er ist bei einem Teil der Wehrmacht eingesetzt, der auch nach heutiger Bewertung am wenigsten in die Verbrechen des „Dritten Reiches" verstrickt ist. In der Luftwaffe, besonders auch im Jagdgeschwader „Mölders", sieht man sich, in der Tradition des Ersten Weltkriegs, noch ganz als

„Ritter der Lüfte", ist fairer Gegner, nicht Todfeind, sieht sich nicht tätig im Schlachthaus des Krieges. Man sieht sich in einer einfachen, männlichen Welt. Diese Milieus haben Horst Buchholz tief geprägt; ein solcher Mensch lässt sich nicht in ein Komplott einbinden, das vorsieht, einen Mann im Schlaf zu erschlagen – keinen, und den schon gar nicht, den man kennt und eigentlich schätzt.

In der Haft hat er wirre, einander auch widersprechende Angaben zur Tatvorbereitung geschildert. Seine Motive erschließen sich nicht; vielleicht will er mit Ruth Blaue solidarisch bleiben, soweit er erfährt, dass sie von Mordvorbereitungen berichtet. Gefängnisärzte berichten von einer schnell bei ihm einsetzenden Haftpsychose. Soweit er von Plänen redet, betont er immer, dass er versucht habe, Ruth Blaue von deren festem Willen, ihren Mann zu töten, abzubringen. Auch als sich am Mittwoch und am Donnerstag die Situation angeblich ins Unerträgliche zuspitzt, leistet er Widerstand, will weiter mit John Blaue reden, eine „Verhandlungslösung" anstreben. Er weiß nicht, warum die Tat jetzt sein „muss", er lässt sich nicht ein. Ruth Blaue erkennt dieses. In ihrem letzten Geständnis vom 22. Juni 1955, Horst Buchholz steht kurz vor seinem ersten Suizidversuch, nimmt sie die Tat endgültig – bis zum Prozess – auf sich allein: „Ebenso behaupte ich weiter, dass diesem Geschehen keine Absprache zwischen Herrn Buchholz und mir zugrunde lag. Wie hätte er sonst schlafen können." Viele Jahre später sagt sie über ihn: „Wer Horst Buchholz wirklich kannte, wüsste, dass er sich durch keine Beeinflussung zum Mord bestimmen lassen würde." So ist es. Eine gemeinsame Mordplanung mit Horst Buchholz hat es nicht gegeben.

Horst Buchholz hat John Blaue nicht spontan im Jähzorn getötet. Nach der Verhaftung ist Horst Buchholz vollkommen aufgelöst; seine ersten beiden Geständnisse schützen Ruth Blaue. Sie besitzen keine Glaubwürdigkeit. In der Tatnacht hat es keinen Streit, kein lautes Schimpfen von John Blaue gegeben, keine Auseinandersetzung, in der Horst Buchholz seinen Namen hätte hören können. Niemand im Haus hat einen solchen Streit gehört, der in Lautstärke hätte ausarten müssen, wenn Buchholz – durch drei Flure und einen Raum – vom Tatzimmer entfernt, etwas hätte verstehen können. Niemand wacht auf, Weinhold nicht, die Hausangestellten nicht, die Eltern Heine nicht.

Buchholz mag aufbrausend, schnell beleidigt, auch jähzornig gewesen sein. Vielleicht hätte er – möglicherweise leicht alkoholisiert – Blaue hart zur Rede gestellt. Nie jedoch hätte er ein Beil ergriffen, wäre ins Zimmer eingedrungen, hätte Blaue, der vor Sekunden noch tobt, jetzt aber blitzartig zur Ruhe gekommen ist, getötet. Nein, er wäre, wenn er denn in seinem Jähzorn dort eingedrungen wäre, auf einen Blaue gestoßen, der sich kräftig gewehrt hätte, noch voll der Aggression gegen den, den er gerade maßlos beschimpft hatte. Buchholz schildert einen Tathergang, der unmöglich ist.

Ruth Blaue, wirtschaftlich am Ende, weiß, was sie tun muss: Skrupel behindern sie nicht, wir wissen nicht, ob sie ihren Mann wirklich hasst oder verabscheut. Auf jeden Fall gibt es von einem bestimmten Augenblick an bei ihr keine Tötungshemmung mehr, John Blaue ist als Mensch neutralisiert. Ruth Blaue agiert archaisch. Es entwickelt sich das klassische Szenario, das oft der Tötung des Intimpartners, dem Intimizid, vorausgeht. Es wird eigentlich kein Mensch getötet, ein Objekt wird beseitigt. Das Schema ist bekannt: Verobjektivierung nenne ich es. Das Opfer verliert Individualität und Menschenqualität. Über diese Distanzierung wird die Tötung möglich, und über eine ungeheure Aggressivität. Nach der Tat zeigen die Täter eine befremdliche, scheinbar menschlich nicht nachvollziehbare Unberührtheit, so wird es auch von Ruth Blaue berichtet.

Sie ist entschlossen, sie will die Zukunft, das ist für sie der Mann Horst Buchholz, und sie will das Geld, das Symbol für Zukunft und Sicherheit. Und deshalb darf er nie erfahren, dass sie auch fürs Geld gemordet hat. Auch darf er nie seine Funktion für sie erfahren. Dass sie ihren Mann getötet hat, das weiß Horst Buchholz von Anfang an. Aber für ihn muss es aussehen wie die Verzweiflungstat eines zutiefst gedemütigten Menschen, der Gewalt eines Rohlings unterworfen, in auswegloser Situation zum letzten Mittel greifend. Sie muss durch die Tat die Loyalität Horst Buchholz' mit ihr, sein Rittertum, ins Extreme, ins nicht mehr Übertreffbare, steigern. Nur dann bleibt er.

Sie schafft die vollkommen hysterische Atmosphäre, in die sich Buchholz wieder hineinziehen lässt, in der er wieder Lösungen von „Mann zu Mann" vorschlägt, von einem Duell phantasiert, von Doppelselbstmord spricht. Ob Mordpläne erörtert werden, ist nicht geklärt, eher aber unwahrscheinlich, da sie vorsichtig sein muss: Mord passt nicht zu Horst Buchholz und hätte, aus Entsetzen darüber, wo er angekommen ist, zur sofortigen Flucht führen können. Das aber muss sie auf jeden Fall verhindern. Es entsteht der Eindruck, dass er in diesen Tagen, in diesem planmäßig aufgeheizten Klima, zwar von seinem Vorhaben, sich zu lösen, keineswegs Abstand nimmt, gedanklich entschlossen ist, aber völlig aufgelöst hin- und hertaumelt. Angesichts der verzweifelten Lage der gequälten Frau kann er nicht handeln, das wäre Verrat, das gibt es für ihn nicht. Am Abend vor der Tat legt er sich früh ins Bett, schläft ein. Ruth Blaues Konzept ist aufgegangen, Horst Buchholz ist geblieben. Er ahnt nicht, was vor sich geht.

In mehreren ihrer Geständnisse und in den späteren Gesprächen mit der Journalistin Harnack leugnet Ruth Blaue jede Tatbeteiligung Horst Buchholz', er sei weder in die Planung eingebunden gewesen, noch habe er die Tat begangen oder sei ihr Mittäter. Wenn man ihr überhaupt etwas glauben will, dann dieses: „Wer Horst Buchholz wirklich kannte, wüsste, dass er sich durch keine Beeinflussung zum Mord bestimmen lassen würde …, er ist seinem Wesen nach kein Mörder."

John Blaue ist tot, Ruth Blaue weckt Horst Buchholz: Eine Frau, die keinen Ausweg aus ihrem Martyrium sah, hat das Furchtbare getan, ist jetzt erst recht am Ende; jetzt erst recht Opfer. Nun erwacht der Ritter in ihm zu seiner ganzen Größe: Jetzt kommt Fortgehen natürlich nicht mehr in Frage. Jetzt ist ja auch die belastende Situation beendet. Jetzt heißt es: retten, beschützen, helfen, einer Verzweifelten nicht auch noch den letzten Halt nehmen.

Beide haben ausgesagt, dass sie nach der Tat, in den Jahren danach, nie wieder darüber gesprochen hätten. Das scheint glaubwürdig. Sie wusste, wie es gewesen war, er auch: Es gab nichts zu sagen. Allein sein Glaube an den Tatablauf macht es ihm möglich, weiter mit ihr zu leben. Mit einer Mörderin, die kalt und überlegt aus Habgier getötet hätte, hätte er nicht leben können. Er wäre noch eher zugrunde gegangen.

Ich habe dargestellt, wie der Mord an John Blaue verübt wurde, nach meiner Überzeugung. Ich sehe nichts, das diese Überzeugung ändern könnte. Ich durfte mit der Wahrscheinlichkeit arbeiten, wie ich geschrieben habe. Ruth Blaue ist Mörderin an ihrem Mann. Nachgewiesen habe ich ihr die Tat nicht. Als Richter hätte ich sie nicht verurteilen dürfen. Ich hätte sie freisprechen müssen. Ich hoffe, ich hätte die Kraft dazu gefunden.

VIII. Im Zuchthause

„Vorläufiges Aufnahmeersuchen
Die Frauenvollzugsanstalt in Lübeck–Lauerhof wird ersucht, die heute zu lebenslänglichem Zuchthaus verurteilte Untersuchungsgefangene Ruth B l a u e zur Untersuchungshaft aufzunehmen. Die Überführung muss aus Sicherheitsgründen wegen der von der Verurteilten vor der Hauptverhandlung geäußerten Selbstmordabsichten im Falle ihrer Verurteilung erfolgen.
Itzehoe, den 19. November 1955.

Der Oberstaatsanwalt
bei dem Landgericht in Itzehoe"

Ruth Blaue bezieht jetzt das Haus, das für über fünfzehn Jahre ihre Adresse sein wird. Heimat kann es nicht werden. Sie ist entwurzelt, dem Leben entzogen. Sie wird Mitglied einer Parallelgesellschaft. Bleibt auch dort Außenseiterin. Sie leidet und besteht die Zeit mit Haltung. Sie erscheint wie unberührt. Zunächst stellt sie an der Nähmaschine Puppen her, bald schon verwaltet sie die Zuchthausbibliothek, eine Tätigkeit, die ihrer Neigung zu Bildung und Kultur entgegenkommt. Ihre Arbeit wird anerkannt.

Sie entdeckt die Religion wieder, die ihr, wie sie schreibt, „Halt und Stütze" gibt. Diese Entwicklung nimmt ihren Anfang, nach ihren Worten gegenüber der Journalistin Harnack, schon in der Untersuchungshaft. Sie sagt, besonders habe sie später der Hauptverhandlung auch deshalb nicht folgen können, weil ihr der Propst von Itzehoe nach dem Tode von Horst Buchholz das Abendmahl verweigert habe. Das habe sie aus der Bahn geworfen.

Wolfgang Trautmann sagt, während ihrer ersten Gefängniszeit in Hamburg habe sie einen „christlichen Anflug" gehabt, der aber „bald wieder zerflattert" sei, überhaupt, „wenn erforderlich christliche

Überzeugung". In Lübeck ist ihre Beschäftigung mit religiösen Themen von Dauer geprägt.

Ihre Schwester Gerda und das Ehepaar K. aus Buchholz in Dithmarschen besuchen sie regelmäßig. Nachbarn aus Gremmelsbach halten fest zu ihr. Vielleicht kommt es zu einer fernen Versöhnung mit dem Vater, der sich von ihr abgewandt hat. Wiedergesehen haben sie sich nicht.

Ihre Revisions- und Wiederaufnahmeanträge bleiben ohne Erfolg; sie wird das Strafhaus erst zum Sterben verlassen. In der Haft kämpft sie die Kämpfe von gestern noch einmal durch, letzte Male. Ein zentrales Dokument ist dabei im Rahmen des von ihrem Verteidiger beantragten Wiederaufnahmeverfahrens ihre eigenhändige Stellungnahme. Sie nimmt die Szenerie der Hauptverhandlung wieder auf und trägt all das vor, das seinerzeit vorzutragen sie versäumt hat:

Zunächst distanziert sie sich von der „Selbstmordgeschichte". Sie habe sie gegenüber dem Mörder Buchholz erfunden, um ihm zu vermitteln, sie sei sozusagen seine Kameradin in der Tat gewesen, „um ihm mit aller Macht die Gedanken nahe zu bringen, dass ich tatsächlich an dem Entsetzlichen beteiligt sei mit Wünschen und Wollen. …"

„Auf mir lastete damals und heute die erdrückende Schuld der einzigen entscheidenden Minute jener Nacht, als ich von meinem Manne kommend Herrn Buchholz auf dem Gang traf. Wie so oft erwartete er mich, zerquält und fordernd. Und ich, müde aller Auseinandersetzungen und Vorwürfe, nicht mit meinem Manne, sondern mit ihm, sagte nur: ‚Ich kann nicht mehr‘, und ging schnell ins Badezimmer. Dass ich dorthin ging hatte seine durchaus natürlichen Gründe. Es war auch nichts Besonderes und Warnendes, was mich hätte zurückhalten können. Trotzdem starb daran mein Mann. Daran, dass ich es im Grunde mit niemanden verderben wollte. Dass ich keineswegs meinen Mann um Herrn Buchholz hergab noch meine eingebildete Verpflichtung Herrn Buchholz gegenüber um meines Mannes willen. Ich hoffte, dass die Zeit unsere verwirrten Gefühle klären würde und von allein Ordnung schaffte. …
Ich ging also wie immer ins Badezimmer. Dann hörte ich Türen klappen und stutzte. Und nach einer kurzen Weile kamen dumpfe Geräusche, furchtbare Geräusche, und mir so drohend und laut, dass ich dachte, das Haus stürze über mir zusammen und alle Schläfer müssten es auch hören und aufwachen. Meine Lage im Badezimmer war so, dass ich im Augenblick nicht herausstürzen konnte. Es war mir auch

sonst nicht möglich, weil ich im gleichen Moment genau wusste, dass etwas Grauenhaftes geschehen war und ich vor Entsetzen fast die Besinnung verlor. Der Entschluss dann, mich fertig zu machen, die Tür aufzuschließen und herauszugehen, diesem Grauenhaften entgegen, war das Schlimmste meines Lebens. Was war wirklich geschehen? Als mir dann Herr Buchholz entgegenkam, war ich fast erleichtert. Und dann sagte er mir, dass mein Mann tot wäre. Das war zuviel. Nun setzte bei mir alles Empfinden aus. Ich sollte ihm helfen beim Ordnungmachen und Verpackung der Leiche. Aber ich saß dumpf und wie festgenagelt auf dem kleinen Hocker der provisorischen Küche und wusste nur, wenn ich jetzt in das Zimmer ging und alles auch noch sehen würde, dann hätte ich das ganze Haus zusammengeschrien. Und so sagte ich es auch Herrn Buchholz, der in erbitterter Verzweiflung alles erledigte. Dass Herr Buchholz so selbstverständlich meine Billigung und jede Hilfe bei diesem furchtbaren Geschehen voraussetzte, erschütterte mich dann grenzenlos und drückte mich so nieder, dass mir jeder klare Gedanke verlorenging. Damit war ich an Herrn Buchholz und alles Kommende gebunden, in meiner Schuld.

Am nächsten Abend sollte der Tote in dem kleinen Weiher versenkt werden. Es war ein kalter, trauriger Novemberabend. Regen fiel, und ich stand hemmungslos weinend unter den dunklen Bäumen am Teichrand und starrte auf das bittere, hoffnungslose Bild wie Herr Buchholz, ausgekleidet, den großen Seesack in die Mitte des Wassers zerrte, dann zurückkam und zitternd am Ufer zusammenbrach. Obwohl für mich alles zu Ende war, packte mich dieser Anblick so hart und erschütternd, dass auch mein Empfinden unlösbar zu ihm zurückfand. War es denn zu ertragen, dass noch ein Mensch unnütz sterben sollte? Das hatte alles gar nichts mit meiner schweren Trauer um meinen Mann zu tun.

Herr Buchholz war mir innerlich nie hörig. Wir waren jeder für sich seiner Schuld hörig und dem, was im Laufe der Zeit daraus erwuchs. Er stand auch nicht unter meiner Beeinflussung. Niemals hat er mir gesagt, dass er es um meinetwillen getan hätte. ‚Es war notwendig, nicht wahr, es war doch notwendig.‘ Und das sagte er immer in einem Ton, dass alle meine stillen Anklagen im Herzen ihn gegen einfach zusammenbrachen vor der sinnlosen Tragik auferlegten Geschicks, das ihn und meinen Mann verband. Es blieb dann nur immer der ständig wühlende Schmerz meiner Schuld gegen beide. Ich möchte hier auch etwas Ihnen vielleicht nicht ganz Verständliches erwähnen. Ich habe Herrn Buchholz ein paar mal auf Ehre und Gewissen gefragt, ob mein Mann seinen Tod bewusst empfangen hat, also auch ihn gesehen hat oder nicht. Herr Buchholz versicherte mir, dass mein Mann wohl nichts gemerkt hätte. Sein erster wütender Schlag hätte ihn lediglich nochmals kurz aufstöhnen lassen. Ich habe mich bemüht, das zu glauben, trotzdem es sich anders angehört hatte. Das hat mich immer wieder gequält. Denken Sie, was Sie wollen, aber es hätte mich etwas getröstet, wenn dieser entsetzliche Tod wenigstens gnädig für meinen Mann gewesen wäre. Und es ist mir ein schrecklicher Gedanke, wenn er auch noch das Bild von Herrn Buchholz mit in die Ewigkeit genommen hat. Ich glaube, das wissend, hätte ich mit ihm nicht zusammenbleiben können. ... Sie haben keine Beweise, dass ich meinen Mann mit der Axt erschlagen habe. Die vom Gericht als möglich angenommene Situation ist praktisch unhaltbar: Ich stehe da und schlage mit dem Beil zwei schwache Schläge auf meines Mannes Kopf, dann nimmt mir Herr Buchholz die Axt aus der Hand oder ich gebe sie ihm und er schlägt weiter. Entsetzlich – und vollkommen absurd. Und ich die Sache ganz allein ausführend – noch unmöglicher. Warum denn auch? Und dazu gehören doch wohl andere Voraussetzungen und ein anderes späteres Verhalten. So hätte mich Herr Buchholz gehasst. ...

Und die Mordplanung. Ich weiß nicht, wie andere so etwas machen, bei mir würde alles an den ausweglosen Überlegungen scheitern, die Leiche wirklich unauffällig fortzuschaffen und zu verbergen. Wegen dieses Problems brachte ich auch schon keinen befriedigenden Kriminalroman zustande, den ich manchmal um seiner logischen Spielereien willen gern geschrieben hätte. Es ist Unsinn, jetzt diesen Dingen nachzudenken. Jedenfalls, dass ein Mensch plant, einen anderen in einem übervollen Haus zu ermorden und auch noch hofft, die Leiche durch die vielleicht dann noch Schlafenden hin unbemerkt in eine Werkstatt zu bringen, in der, wie er weiß, an jenem Morgen Handwerker arbeiten werden – das ist ein sonderbares Vertrauen auf hundert Wunder, aber kein Plan. Mir hat man zudem noch einige Intelligenz und kalte Berechnung bei allem Tun zuerkannt. Ich finde da keinen Zusammenhang.

Es ist nun mein Verschulden, dass meine körperliche und geistige Verfassung an den Verhandlungstagen kein Herausreißen aus den selbstbereiteten Stricken zuließen. Die eindringlichen Mahnungen des Herrn Vorsitzenden, Herrn Buchholz' Andenken zu schonen, taten ihr übriges. Und ich war so verzweifelt, dass mir vieles gleich war und ohne alles Vertrauen zu allen, nachdem es so mit Herrn Buchholz geschehen konnte.

Ich habe schlecht und verkehrt gehandelt und habe alle Ursachen zu lebenslanger Reue und zum Schämen. Ich war egoistisch, eingebildet, dumm und feige und verdiene keine gute Meinung und alle Bitterkeit und alles Schwere, was mich traf.

Aber ich habe nicht gemordet, nicht Beihilfe geleistet, nichts derartiges geplant und nichts von einer vorgefassten Absicht gewusst, die Herr Buchholz ganz bestimmt nicht gehabt hat.

Ich möchte es nochmals ganz genau sagen, dass ich meinen Mann und Herrn Buchholz liebte und niemanden missen wollte. Und es war eine eigene und feste Bindung an meinen Mann, trotz aller im Kriege und augenblicklich vorhandenen Verirrungen beiderseits. Dazu waren wir gemeinsam ja ein gutes Stückchen schweren Wegs gegangen. Anders war mein Verhältnis zu dem so wesentlich jüngeren Herrn Buchholz, dem ich alle Gefühle, alles Gute, alle Lebensrechte zubilligte und zu schaffen versuchte, die ich meinem so schrecklich verstorbenen Bruder nicht hatte erfüllen können und die ihm das Leben schuldig geblieben war.

Nie habe ich meinen Mann gegen Herrn Buchholz aufgehetzt oder umgekehrt. Ganz im Gegenteil. Immer versuchte ich zu schlichten, die Situation für alle Teile zu befrieden. Aber eben meine sture Einbildung, beiden unbedingt wichtig zu sein und die Lage zu meistern – und doch beide nicht richtig zu kennen – hat das Böse herausgezogen und uns alle elend gemacht.

Mein Verhalten mag schlimmer sein, als wenn ich beide tatsächlich eigenhändig ermordete, aber das unterliegt der Entscheidung eines höheren Gerichts."

Dieses ausführliche Zitat zeigt noch einmal die unzerstörbar selbstgerechte Ruth Blaue in ihrer Selbstüberhöhung, scheinbaren Selbstentwertung, Opferrolle, Aufopferungsrolle, immer Herrin des Verfahrens, unverstanden von der irdischen Justiz; wenn schon in ihrem Tun beurteilt, dann durch die „Entscheidung eines höheren Gerichts".

Und bei alledem achtet sie streng darauf, nie etwas zuzugeben, das auch nur im Entferntesten auf Anstiftung, Beihilfe, Mittäterschaft oder Täterschaft hinweisen könnte.

Mit kurzem Beschluss verwirft das Oberlandesgericht Schleswig im März 1957 ihren Wiederaufnahmeantrag endgültig: Nichts Neues also im Fall Blaue. Es ist ihr letztes Aufbäumen, danach beginnt ihre lange Existenz als Zuchthäuslerin.

Schon im Februar 1963 beantragt ihr Anwalt: „... im Gnadenwege von der weiteren Vollstreckung der gegen Frau Blaue erkannten Zuchthausstrafe abzusehen".

Sie widerspricht dem Gesuch, es sei ohne ihr Wissen gestellt worden, will weiterbüßen, besinnt sich dann, das Gesuch wird behandelt, im

Mai nimmt „Der Vorstand der Lübecker Gefangenenanstalten" Stellung:

„Die Strafgefangene B l a u e , Ruth hat unter Einbeziehung ihrer in Untersuchungshaft verbüßten Zeit nunmehr annähernd neun Jahre im Strafhaus verbracht. Sie hat sich während der langen Zeit ihrer Inhaftierung ohne Tadel geführt, dürfte sich jedoch auch bewusst sein, welch besondere Bedeutung bei einer evtl. Prüfung der Gnadenfrage einer günstigen Beurteilung durch die Anstalt zukommt. So ist sie gegenüber dem Vollzugspersonal von ausgesuchter Höflichkeit und betonter Bescheidenheit und versteht es, sich geschickt auf ihren jeweiligen Gesprächspartner einzustellen, ohne jemals einen Einblick in ihr Innenleben zu gewähren. Sie ist sehr zielstrebig im Verfolg persönlicher Belange und dabei aufgeschlossen für alle musischen Dinge. An den laufenden Vorträgen der Volkshochschule und anderen Darbietungen kultureller Art nimmt sie lebhaften Anteil.

Die phantasiebegabte, überdurchschnittlich intelligente und dabei sehr geltungsbedürftige Frau ist es gewohnt, im Mittelpunkt des Interesses zu stehen. Aufgrund ihrer geistigen Überlegenheit nimmt sie auch im Kreis ihrer Mitgefangenen, von denen sie sich im übrigen bewusst distanziert, ein Sonderstellung ein. Durch ihr gutes Allgemeinverhalten übt sie einen positiven Einfluss auf die Gemeinschaft aus. Bei allem äußeren Wohlverhalten lässt die Einsitzende jedoch tiefere Einsicht in das Strafbare ihres Verhaltens noch vermissen. So spricht sie nach wie vor von einer Mitwisser- und nicht Mittäterschaft und trägt sich mit dem Gedanken einer Wiederaufnahme des Verfahrens.

Bei der jetzt 50-jährigen Gefangenen handelt es sich um eine zwiespältige, in sich widerspruchsvolle Persönlichkeit mit starker suggestiver Kraft, die eigene Wertmaßstäbe für sich glaubt in Anspruch nehmen zu können. Sie hat es verstanden, sich in den Augen ihrer Freunde und insbesondere ihres Mittäters und Geliebten mit einem besonderen Nimbus zu umgeben. So hat letzterer noch nach der gemeinsam begangenen Tat in einem übersteigerten Verehrungsbedürfnis seinen Marienbildern ihre Gesichtszüge gegeben. In gleicher Weise für sie bezeichnend dürfte es sein, dass sie in früheren Jahren nicht davor zurückgeschreckt ist, ihren Lebensunterhalt vorübergehend aus der Prostitution zu bestreiten, ohne sich hierdurch in sittlicher Hinsicht degradiert zu fühlen; wie sie auch während jenes Lebensabschnittes wegen einer Betrugsaffäre zu einer Gefängnisstrafe verurteilt werden musste.

Wohl glaube ich mit Sicherheit annehmen zu dürfen, dass Frau Blaue bei ihrer besonderen Sensibilität gegenüber der eigenen Person, sich das für sie peinliche Straferlebnis zu einer ernsten Lehre fürs Leben dienen lässt und in Zukunft vor einer gleichgearteten Tat zurückschre-cken wird. Hingegen muss ich die Frage, ob bei der Schwere der Tat dem Sühnegedanken schon hinreichend Rechnung getragen ist, ent-schieden verneinen. Ob für später eine gnadenweise Umwandlung der lebenslangen in eine Zuchthausstrafe auf Zeit ins Auge gefasst werden soll, möchte ich dortiger Entscheidung überlassen. Ich sehe mich je-doch im gegenwärtigen Zeitpunkt außerstande, das von dem Anwalt eingereichte Gesuch zu befürworten."

Eine Stellungnahme, die die rechtlichen, psychologischen und morali-schen Beurteilungen aus Hallermann/Gerchow-Gutachten und Schwurgerichtsurteil übernimmt, versetzt mit eigenen Beobachtungen zu opportunistischen, aber auch dominanten Verhaltensweisen der Gefangenen gegenüber Anstaltsleitung und Mithäftlingen. Der eine tragende, die Ablehnung des Gesuchs rechtfertigende, aus der Sicht der Gesellschaft richtige und erforderliche Satz geht dabei fast unter: „Bei allem äußeren Wohlverhalten lässt die Einsitzende jedoch tiefere Einsicht in das Strafbare ihres Verhaltens noch vermissen".
Ein Teufelskreis: Der Vorstand der Anstalt muss vom Strafurteil aus-gehen und Einsicht von einer Mörderin verlangen. Ruth Blaue hat aber den Mord nie eingestanden, kann also genau diese Einsicht nicht zeigen. So keine Gnade jetzt, und eigentlich dann auch nie! „Ableh-nung! gez. Dr. Lemke – Ministerpräsident des Landes Schleswig-Hol-stein – Kiel, den 19. Aug. 1964"
Auch ein im Jahre 1967 erneut gestelltes Gesuch bleibt auf Grundlage der Bewertung der Persönlichkeit Ruth Blaues in ihrer Entwicklung in der Haft erfolglos:

„Die Zuchthausgefangene B l a u e verbüßt seit dem 17. Mai 1956 we-gen Mordes eine lebenslange Zuchthausstrafe in den hiesigen Anstal-ten. Unter Einbeziehung ihrer Untersuchungshaft befindet sie sich jetzt knapp 13 Jahre in der Unfreiheit.
Bei der jetzt 53-jährigen Frau handelt es sich um einen Menschen, der in seiner äußeren Haltung ein ausgezeichnetes Bild abgibt. Nicht zu-letzt geformt durch die langen Jahre der Haft zeigt sie sich in ihrem Wesen ernst und gedrückt. Dabei versucht sie stets, einen freundlichen Eindruck zu machen. Immer bemüht sie sich mit ihren Wünschen nie-manden lästig zu fallen. Von empfindlichem Charakter wird sie im persönlichen Gespräch sehr aufgeschlossen und vermag mit heiterem Gesicht von ihrem Zuhause und aus ihrem früheren Leben zu erzäh-len. In ihrem Auftreten gibt sie sich manchmal etwas zu demütig-un-

terwürfig. Es mag sein, dass sie damit auszudrücken versucht, dass sie sich auf der einen Seite nicht schuldlos, auf der anderen Seite aber verkannt und unverstanden fühlt. Zum anderen ist sie sich natürlich auch bewusst, welch besondere Bedeutung ein gutes Haltungsbild bei einer Prüfung der Gnadenfrage hat. In ihrem äußeren Erscheinungsbild ist sie stets ordentlich und adrett und vermag in Bezug auf Sauberkeit und Ordnung allen als Vorbild zu dienen. Dabei tritt sie allen Vollzugsbediensteten gegenüber sehr höflich, manchmal reserviert, aber doch taktvoll gegenüber. Mit den Mitgefangenen kommt sie immer aus. Das liegt aber daran, dass sie sich sehr zurückhält, ihre Gemeinschaft mit Bedacht auswählt und meistens auch rechtzeitig beendet. Dabei ist sie sich ihres Bildungsstandes stets bewusst. Diesem Bildungsstand hat sie es auch zu verdanken, dass sie seit Jahren die Bibliothek der Frauenanstalt verwaltet. Aber auch an allen anderen Arbeitsplätzen, auf denen sie eingesetzt wurde, hat sie ihr Bestes gegeben und alles Vertrauen gerechtfertigt.

Die Einstellung zur Strafe ist kompliziert. In dieser Hinsicht befindet sie sich in einer dauernden inneren Krise, die durch die Zusprüche des Vorsitzenden des Vereins Zuflucht e. V. – unabhängiger gemeinnütziger Zusammenschluss zum Zwecke der Hilfeleistung und der Bekämpfung von Unrecht in München – sowie ihres jetzigen Rechtsvertreters in von meiner Sicht aus unverantwortlicher Weise geschürt wird. Diese Krise hat sie in der Vergangenheit schon manchmal an den Rand des körperlichen Zusammenbruchs geführt. So ist sie auch von diesem Gnadengesuch überrascht worden. Der Kontakt zu mir hat sich in zahlreichen Gesprächen bewährt, und ihr Vertrauen scheint sich im Laufe der Jahre gefestigt zu haben. So hat sie sich wiederholt bei mir über ihr vergangenes und gegenwärtiges Leben ausgesprochen.

…

Vor etwa einem halben Jahr sprach sie mich darauf an, ob ich sie etwa in Bezug auf diese Gedanken für eine Tagträumerin hielte bzw. glaubte, dass sie sich diese Gedanken selbst einsuggeriert hätte. Sie beschäftigt sie laufend mit dem Prinzip von Schuld und Sühne. Dabei ist sie inzwischen über den einfachen Begriff der moralischen Schuld hinausgegangen. So sucht sie auch ständig das seelsorgerische Gespräch.

Bei einer Entlassung wären die persönlichen und wirtschaftlichen Verhältnisse der B. ohne allzu große Schwierigkeiten zu regeln. Ihr eigener Wunsch ist es, eventuell im caritativen Einsatz sich zu bewähren. Die erforderlichen Schritte wären dann von hier aus rechtzeitig einzuleiten. Es ist allerdings nicht so einfach, wie in dem Gnadengesuch dargestellt, dass die B. durch Angehörige wieder den Anschluss an die Gesellschaft finden könnte. Das hat sich insbesondere beim Tode ihres Vaters erwiesen, von dem die Angehörigen erst nach der Beerdigung

hierher Nachricht gaben, um eine Anwesenheit der B. bei der Beerdigung von vornherein auszuschließen.
Zur gesundheitlichen Beurteilung hat sich die Anstaltsärztin wie folgt geäußert:
B. ist mir seit über zehn Jahren bekannt. Sie ist mir gegenüber nie wesentlich aufgefallen. Sie war stets höflich, anpasslich und korrekt. B. ist ein kontaktfähiger Mensch, geistig rege und aufgeschlossen. Sie leidet seelisch sehr unter der jahrelangen Haft und ist ärztlich gesehen merklich gealtert (Aussehen, Blutdruckerhöhung). Eine Reihe von Beschwerden sind vegetativ stark überlagert, worunter B. sehr leidet. Auf der anderen Seite ist B. nicht ganz durchsichtig. Sie ist eine zu beherrschte Frau, um ihre letzten Gefühle zu präsentieren. Mit gutem Geschick und einem Schuss Raffinesse gelingt es ihr auch, sich Vorteile zu verschaffen. (So war es ihr gelungen, viele Monate hindurch durch Verschweigen gewisser Dinge Vollmilchzulagen zu erhalten.)
Ich glaube nicht, dass sie bei einer eventuellen Entlassung Schwierigkeiten draußen liefern wird. Dazu ist sie zu klug und besonnen und wird bedacht sein, ihrer Umgebung zu gefallen, trotz einer gewissen auffallend unzeitgemäßen und romantisch anmutenden Gefühlswelt, die andererseits auch für B. von Vorteil sein kann, wenn sie sich einer Sache, einer Person oder einer Tätigkeit ganz und gewissenhaft hingeben soll.
Ohne Rücksicht auf das äußere Haltungsbild und mögliche Entlassungsvoraussetzungen muss jedoch die Frage eines Gnadenerweises überwiegend aus dem Gesichtspunkt des Sühnegedankens und aus kriminalpolitischen Erwägungen heraus beantwortet werden. Zu diesen Fragen im vorliegenden Fall Stellung zu nehmen, geht aber fast über die Aufgaben der Vollzugsanstalt hinaus. Die Tat der B. mit den unübersichtlichen und ungeordneten Lebensverhältnissen der Nachkriegszeit bagatellisieren oder gar entschuldigen zu wollen, verstößt gegen jede rechtsethischen Begriffe. Ob der Gesetzgeber auch durch verschiedene Amnestien zum Ausdruck gebracht haben will, dass ungewöhnliche Zeiten und Zeitumstände eine andere Beurteilung der vorliegenden Tat zulassen, mag dahingestellt bleiben. Auch die Tatsache, dass in anderen Fällen eine Entlassung zur Bewährung erfolgte, kann für das vorliegende Gesuch nicht herangezogen werden, da keiner der mir bekannten Fälle mit der Tat der B. gleichliegt. Vielmehr muss dem Sühnegedanken breitester Raum gegeben werden. Insoweit scheint mir der Zeitpunkt einer Begnadigung und Entlassung zur Bewährung noch erheblich verfrüht.
Ich befürworte das Gesuch nicht."

Die starke Betonung der zeitlichen Komponente im Zusammenhang mit dem Sühnegedanken vermag nicht zu überzeugen, ist doch Sühne ein innerer Vorgang, dessen Intensität nicht notwendigerweise von einer besonders langen Haft abhängen muss. Hier wird einem volkstümlichen Gedanken unangemessen Raum gegeben: Sühne gleich lange Verweildauer in der Haft, mindestens länger als dreizehn Jahre. Eine tiefere Durchdringung des Sühnegedankens scheint nicht stattgefunden zu haben. Der Hintergrund der negativen Stellungnahme dürfte ein anderer sein: Eine rechtskräftig verurteilte Mörderin, die den Mord bestreitet, kann die vorgeworfene Tat nicht sühnen, sich mit ihr auseinandersetzen, sich läutern: „Gnadengesuch abgelehnt, Finanzminister Qualen in Vertretung des Ministerpräsidenten, 21. Juli 1967."
Ruth Blaue hat während ihrer Zeit in Lauerhof keine Interviews gegeben. Entsprechende Anträge von Pressevertretern wurden immer wieder zurückgewiesen. Die Begründung lautet regelmäßig, diese Art von öffentlicher Präsentation einer Strafgefangenen sei mit dem Ernst der Situation und dem Strafzweck nicht vereinbar. Der Verein „Zuflucht" hat sich Ruth Blaues angenommen und will, angeblich um Geldmittel für ein erneutes Wiederaufnahmeverfahren zu beschaffen, ihre Tagebücher veröffentlichen. Sie ist damit einverstanden. Der Anstaltsvorstand lehnt das Vorhaben ab. Im Januar 1963 vermerkt der Leiter:

„Ich machte ihr klar, dass die Schreiberlaubnis für einen Gefangenen dazu da sei, ihm durch Niederschrift von Gedanken vom Einerlei des Tages Abwechslung zu beschaffen und sich so etwas abzureagieren. So lehnte ich die erbetene Erlaubnis ab."

Ruth Blaue, ihr Anwalt und die „Zuflucht" nehmen dieses nicht hin, sie schalten den Generalstaatsanwalt in Schleswig ein. Der entscheidet:
„Auf Ihre Eingabe vom 10. 2. 1963 habe ich die Entscheidung des Herrn Anstaltsvorstandes vom 26. 1. 1963 nachgeprüft, mit der er es abgelehnt hat, die von Ihnen verfassten Tagebücher und sonstigen Schriften an den Vorsitzenden des Vereins „Zuflucht" zum Zwecke der Veröffentlichung herauszugeben. Ich habe jedoch zu Maßnahmen im Wege der Dienstaufsicht keinen Anlass gefunden.
Der Herr Anstaltsvorstand hat Sie eingehend über die Voraussetzungen eines Wiederaufnahmeverfahrens und über die für ein solches Verfahren gesetzlich vorgeschriebenen Formen unterrichtet. Einer Veröffentlichung Ihres vermeintlichen Wiederaufnahmematerials bedarf es

für die Durchführung eines Wiederaufnahmeverfahrens, das Ihnen im übrigen jederzeit freisteht, nicht. Der Strafsenat des Oberlandesgerichtes in Nürnberg hat bereits am 9. 3. 1962 ausdrücklich entschieden, dass kein Strafgefangener einen Anspruch darauf hat, sich, um ein Wiederaufnahmeverfahren in Gang zu bringen, der Mithilfe der Presse zu bedienen. Der Strafsenat des Oberlandesgerichtes in Hamburg hat am 21. 3. 1962 entschieden, dass Sinn und Zweck der Strafhaft nicht vereinbar ist mit einer uneingeschränkten Ausübung des Rechts auf freie Meinungsäußerung durch schriftstellerische Arbeiten eines Strafgefangenen.

Sie gehen also von falschen Voraussetzungen aus, wenn Sie in Ihrer Eingabe die Auffassung vertreten, auch als Strafgefangene nach dem Grundgesetz das Recht zu haben, Ihre Meinung in Wort, Schrift und Bild frei zu äußern und zu verbreiten. Wird jemand durch rechtskräftigen Richterspruch aufgrund geltender Strafgesetze in den Strafvollzug eingewiesen, so entsteht dadurch zwischen dem Strafgefangenen und dem Staat ein besonderes staatliches Gewaltverhältnis, aufgrund dessen er im Ergebnis auch eine gewisse Beschränkung der in der Freiheit geltenden Grundrechte hinnehmen muss. Das ist feststehende Rechtsprechung aller damit befassten Gerichte und entspricht auch der heutigen Rechtsauffassung.

Ich weise daher Ihre Beschwerde als unbegründet zurück, mache aber nochmals darauf aufmerksam, dass Sie in der Ihnen bekanntgegebenen gesetzlich zulässigen Form jederzeit ein Wiederaufnahmeverfahren beantragen können, wenn Sie sich davon einen Erfolg versprechen.“

Sie geht bis zum Bundesverfassungsgericht, ohne Erfolg, ihre Tagebücher werden nicht erscheinen. Nach ihrer Haftentlassung vermacht sie sie der Journalistin Harnack. Deren Buch trägt dann den Titel „Madonna oder Mörderin“, Schlagworte, die seither immer wieder auftauchen, wenn es um Ruth Blaue geht.

1968 erkrankt sie unheilbar an Brustkrebs. Jetzt gewährt der Ministerpräsident ihr gnadenweise Strafunterbrechung. Ruth Blaues Zeit im Zuchthaus endet mit dem 31. Januar 1969. Sie kehrt nicht zurück. Sie hat in Lauerhof Tagebuch geführt; sie schildert eine Hölle. Auch findet sie die Kraft, vier Filmmanuskripte zu verfassen: „Gott in Menschenhand“, „Kleines Mädchen Erika“, „Die schwebende Jungfrau“, „Wir sind ja alle so vernünftig“. Sie sind verschollen.

IX. Ausklang des Lebens

Als schwerkranke Frau darf sie das Zuchthaus am 1. Februar 1969 verlassen, sie hat jetzt noch knapp vier Jahre zu leben. Frei ist sie nicht. Sie steht unter Überwachung. Schon wenige Monate später, im Juni, schaltet die Staatsanwaltschaft Itzehoe die Lübecker Kriminalpolizei ein:

„Ruth Blaue, die wegen Mordes zu einer lebenslänglichen Zuchthausstrafe verurteilt worden ist, ist durch Erlass des Ministerpräsidenten vom 31. 1. 1969 wegen ihrer schweren Erkrankung Strafunterbrechung gewährt worden. Nach Angaben ihres Verteidigers wohnt sie jetzt in Lübeck.
Ich bitte um Anstellung folgender Ermittlungen:
Ist sie in Lübeck gemeldet, wo und seit wann?
In welchen Verhältnissen lebt sie?
Ist sie bei Verwandten oder Freunden untergekommen?
Ist ihr jetziger Aufenthalt in der Öffentlichkeit bekannt?
Ist sie noch „im Gespräch" und erregt sie noch die Aufmerksamkeit der Öffentlichkeit?
Ich bitte, die Ermittlungen schonend zu führen, so dass nachteilige Auswirkungen sowohl in der Öffentlichkeit als auch bei der Verurteilten vermieden werden.
Für beschleunigte Erledigung wäre ich dankbar."

Die Ermittlungen ergeben folgendes:

„Ruth Blaue ist seit dem 31. 3. 69 für Lübeck, Stettiner Str. 8II, gemeldet. Sie bewohnt in diesem Hause eine Einzimmerwohnung von 23,97 qm und muss eine Miete einschl. sonstiger Kosten von DM 92,90 bezahlen. Sie lebt in einer eigenen Wohnung. Bei Verwandten oder Freunden ist sie nicht untergekommen. Wie bekannt wurde, soll sie Kontakt mit ihren Angehörigen in Elmshorn und Süddeutschland haben.

Frau Blaue wird vom Sozialamt Lübeck unterstützt.
Sie erhält den
Regelsatz von 132,– DM
für Mehrbedarf + 30 % 39,60 DM
für Miete 92,90 DM
zus. 264,50 DM
Wegen ihrer Krankheit und ihrer Erwerbs-
unfähigkeit erhält sie darüber hinaus 65,– DM.
Auf die gewährte Unterstützung ist eine eigene Erwerbsunfähigkeits-
rente von DM 71,10 in Anrechnung gebracht. Es konnte nicht festgestellt werden, ob Frau Blaue noch zusätzlich eine Unterstützung durch
die Gerichtsfürsorge erhält.
Ihr jetziger Aufenthalt ist in der Öffentlichkeit nicht weiter bekannt,
es sei denn den Bewohnern des Hauses Stettiner Str. 8. Sie ist nicht ‚im
Gespräch‘, erregt auch nicht die Aufmerksamkeit der Öffentlichkeit
und lebt zurückgezogen.“

Selbst der zuständige Minister persönlich lässt sich über die Entwicklung ihrer justizbekannten unheilbaren Krankheit unterrichten; man
kann sie nicht in Ruhe lassen, es entsteht der Eindruck, als warte man
im Auf und Ab des Krankheitsverlaufs geradezu auf die Gelegenheit,
sie wieder nach Lauerhof einzuliefern. Ihr Verteidiger protestiert. Be-
treut wird sie von einer Pastorin aus Lübeck, die ihr die kleine Wohnung besorgt hat. Die Landeskirche zieht sie – aus therapeutischen
Gründen – zu leichten Büroarbeiten heran. Eine Ärztin kümmert sich
um sie, weit über ihre berufliche Pflicht hinaus.
Ihr Verfall schreitet fort, aber sie hat noch die Kraft, mit der Berliner
Journalistin Gerda Harnack lange Gespräche über ihr Leben zu führen. Sie bleibt bei ihrer im Prozess und später behaupteten Version des
Mordes an ihrem Mann: Horst Buchholz ist der Täter. Das 1987 ver-
öffentlichte Buch sieht Ruth Blaue im Wesentlichen als Opfer einer
Männerjustiz und der Sensationslust von Presse und einer Öffentlich-
keit, die es nicht ertragen hätte, diese eigenartige, abgründige, auch
Furcht einflößende Frau freigesprochen zu sehen.
Einmal fährt Frau Harnack mit „Ruth“ einige Tage aufs Land, es tut
ihr gut.
Im Januar 1972 erhält Ruth Blaue noch einmal Post vom Land Schles-
wig-Holstein:

„Der Ministerpräsident des Landes Schleswig-Holstein hat durch Entscheidung vom 20. 12. 1971 – V/41/425 Gn.Reg. 177/71 – die lebenslange Freiheitsstrafe in eine Freiheitsstrafe von 25 Jahren umgewandelt, sowie die Vollstreckung der gegen Sie durch Urteil des Schwurgerichts bei dem Landgericht Itzehoe vom 18. November 1955 erkannten Strafe hinsichtlich des am 31. Januar 1969 noch nicht verbüßten Strafrestes mit einer Bewährungsfrist bis zum 31. Dezember 1974 bedingt ausgesetzt.

Der Erlass der Strafe nach Ablauf der Bewährungsfrist ist davon abhängig, dass Sie sich der in Aussicht genommenen Vergünstigung würdig zeigen und sich in Zukunft straffrei führen."

Am 27. Dezember 1972 verstirbt morgens um 5 Uhr 50 Minuten Ruth Blaue-Heine, geb. Heine, in Lübeck. Die Sterbeurkunde verzeichnet: „Die Verstorbene war Witwe von John Heino Karl Blaue."

Ruth Blaue kurz vor der Eheschließung
mit John Blaue im Jahre 1940.
Foto: Landesarchiv Schleswig-Holstein

John Blaue zur gleichen Zeit.
Foto: Landesarchiv Schleswig-Holstein

Elmshorn, Ollnstraße 153, das Tathaus; die Wohnung des Ehepaares Blaue lag im Dachgeschoss. Foto: Landesarchiv Schleswig-Holstein

Das Tatsofa, auf dem John Blaue im Schlaf erschlagen wurde. Foto: Landesarchiv Schleswig-Holstein

*Kiesgrube in Klein-Nordende, Fundort des unbekannten Toten. Foto:
Landesarchiv Schleswig-Holstein*

*Die Leiche verschnürt im Seesack am Abend des Auffindens im Juni
1946. Foto: Landesarchiv Schleswig-Holstein*

Der unbekannte Tote, Juni 1946.
Foto: Landesarchiv Schleswig-Holstein

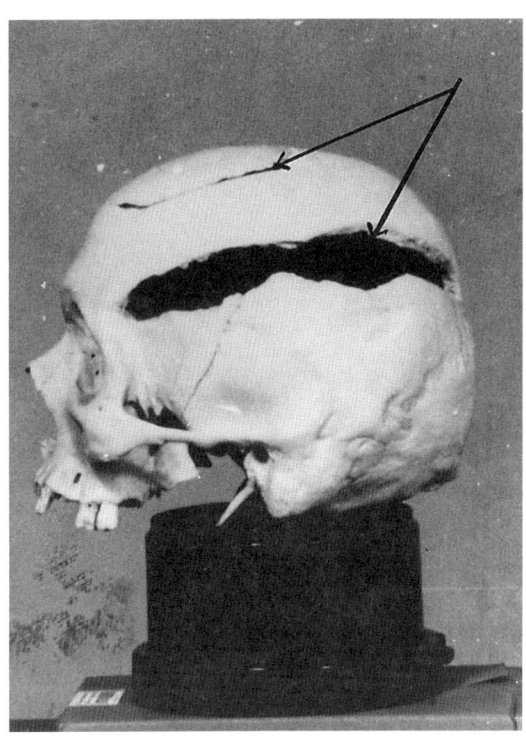

Der Schädel des
Mordopfers, Asservat
Gerichtsmedizini-
sches Institut der
Universität Ham-
burg. Foto: Landes-
archiv Schleswig-
Holstein

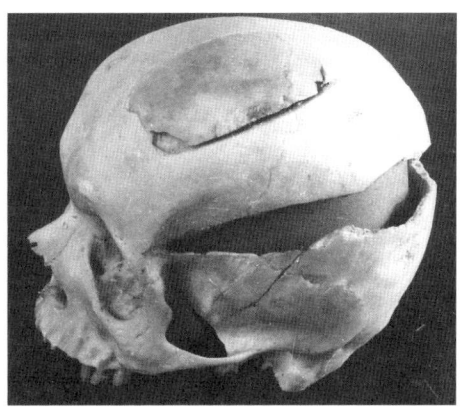

*Eine weitere Ansicht des Schädels
aus veränderter Perspektive.
Foto: Landesarchiv Schleswig-Holstein*

Das anonyme Grab des unbekannten Toten
auf dem Elmshorner Friedhof.
Foto: Landesarchiv Schleswig-Holstein

Wohnhaus des Paares Ruth Blaue und Horst Buchholz in Gremmels-
bach im Schwarzwald nach dem Wegzug aus Dithmarschen.
Foto: Landesarchiv Schleswig-Holstein

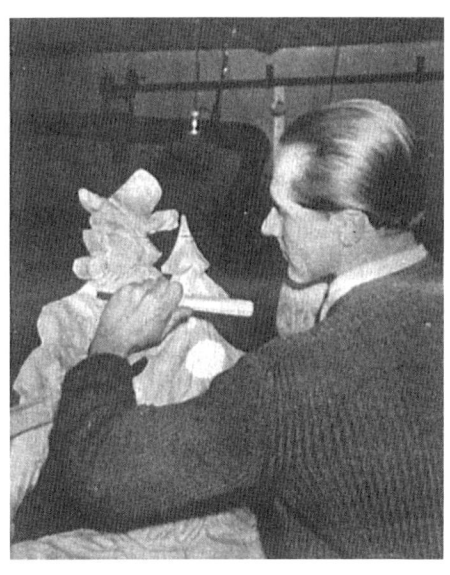

Horst Buchholz bei seiner
künstlerischen Arbeit,
frühe 1950er Jahre in
Gremmelsbach.
Foto: Landesarchiv
Schleswig-Holstein

Weibliche Aktfigur aus Holz mit
den Gesichtszügen von Ruth Blaue
aus der Werkstatt von Horst
Buchholz. Foto: Landesarchiv
Schleswig-Holstein

Holzskulptur von Horst Buchholz,
gedeutet als männliche und
weibliche Hand, die das Hervor-
brechen einer weiteren männlichen
Hand verhindern wollen. Foto:
Landesarchiv Schleswig-Holstein

157

Horst Buchholz und Ruth Blaue.
Foto: Schleswig-Holsteinische Landesbibliothek, Kiel

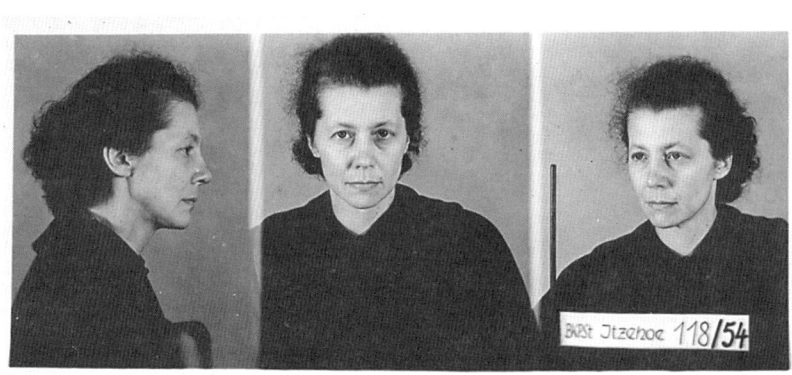

Polizeifotos von Ruth Blaue und Horst Buchholz nach der Festnahme,
August 1954. Fotos: Landesarchiv Schleswig-Holstein

Kriminaloberkommissar Otto Pankstadt aus Itzehoe
während seiner Arbeit am Fall, frühe 1950er Jahre.
Foto: Landesarchiv Schleswig-Holstein

Die Berufsrichter des Schwurgerichts des Landgerichts in Itzehoe: in
der Mitte der Vorsitzende Oberamtsrichter Dr. Schneble, beisitzende
Richter Landgerichtsräte Kramer und Wollny. Foto: Landesarchiv
Schleswig-Holstein

Ruth Blaue wärend der mündlichen Verhandlung im Schwurgerichtssaal. Foto: Landesarchiv Schleswig-Holstein

Ruth Blaue und der Vorsitzende Dr. Schneble
während eines Ortstermins in Klein-Nordende.
Foto: Dithmarscher Landeszeitung
vom 15. November 1955

Ruth Blaue mit ihrem Verteidiger Dr. Plickert, Itzehoe.
Foto: Dithmarscher Landeszeitung
vom 17. November 1955

Ruth Blaue nach der Urteilsverkündung in Itzehoe.
Das Urteil lautete bekanntlich auf lebenslänglich Zuchthaus.
Foto: Dithmarscher Landeszeitung vom 22. November 1955

164

*Ruth Blaue bei ihrer Arbeit als Leiterin
der Zuchthaus-Bücherei, um 1965.
Foto: Landesarchiv Schleswig-Holstein*

- 3 Ks 1/55 -

28. Nov. 1955

Im Namen des Volkes!

Strafsache

gegen

die Witwe Ruth B l a u e geborene Heine, geschiedene
Trautmann, geb. am 2. April 1914 in Breslau, zuletzt
wohnhaft gewesen in Gremmelsbach im Schwarzwald,
z.Zt. in Untersuchungshaft im Landgerichtsgefängnis
in Itzehoe,

wegen Mordes.

- - -

Das Schwurgericht des Landgerichts in Itzehoe hat
in der Sitzung vom 14., 15., 17. und 18. November 1955,
an der teilgenommen haben:

Oberamtsrichter Dr. Schneble
als Vorsitzender,

Landgerichtsrat Kramer,
Landgerichtsrat Wollny
als beisitzende Richter,

Kaufmann Otto Spliedt, Itzehoe,
Landwirt Heinrich Hintz, Kleve b.Wilster,
Bauer Albert Glashoff, Engelbrechtsche Wildnis,
Klempner Johannes Harder, Elmshorn,
Autohändler Karl-Otto Möller, Meldorf,
Kaufmann Georg Andresen, Meldorf
als Geschworene,

Oberstaatsanwalt Dr. Stein
als Beamter der Staatsanwaltschaft,

Justizangestellter Witt
als Urkundsbeamter der Geschäftsstelle,

am 18. November 1955 für Recht erkannt:

Die Angeklagte wird wegen Mordes
zu lebenslangem Zuchthaus verurteilt.

Ihr werden die bürgerlichen Ehrenrechte auf Lebenszeit aberkannt.

Die Kosten des Verfahrens werden der
Angeklagten auferlegt.

166

G r ü n d e .

A.

1. Charakter und Persönlichkeit der Angeklagten.

Die Angeklagte ist eine ungewöhnliche, in vieler Hinsicht abartige Frau. Sie ist intellektuell überdurchschnittlich begabt. Ihr Temperament wechselt von der steifen Pedanterie bis zur enthusiastischen Überstiegenheit. Charakterlich
ist sie ehrgeizig, ungewöhnlich geltungsstark und egozen-
trisch. Sie verfügt über erhebliche Energie, Durchstehver-
mögen und einseitigen Fanatismus. Gefühl und Herz sind bei
ihr über das Infantile nicht hinausentwickelt. Sie ist eidetisch begabt, das heisst sie vermag Ereignisse der Vergangenheit in ihrem Inneren bildhaft wiederzuspiegeln. Sie verfügt über erhebliche Phantasie, aber auch die Fähigkeit,
teils stur, teils unberührt, die gröbsten Unwahrheiten auf-
zutischen, teilweise sogar so lange und so überzeugendm, das
sie sich schliesslich selbst die Richtigkeit ihrer Angaben
einbildet.

Ihre eidetische Begabung erschöpft sich nicht darin,
einmal Gesehenes bildhaft zu reproduzieren, sondern sie kann
auch phantastische Traumgegenstände subjektiven Ursprungs
in ihre Erlebniswelt einbauen.

Die Angeklagte lebt in einer eigenen, von ihr schon als
Kind aufgebauten Welt und glaubt, der Mittelpunkt dieser
Welt zu sein. Sie ist betont geltungssüchtig und ohne Gefühl
für jegliche Realität. Sie verfügt aber auch infolge ihrer
überdurchschnittlichen Intelligenz, die weit über ihre seelische Entwicklung hinaus vorangeschritten ist, über die
Fähigkeit, Menschen an sich zu binden und diesen als etwas
Besonderes zu erscheinen sowie schliesslich in Kreisen geistig interessierter Leute bald eine gewisse Führerstellung
einzunehmen. Sie ist auch stets auf Aussenwirkung bedacht,
masslos ehrgeizig und versteht mit ihrer guten Vorbildung,
ihrem ausgezeichneten Benehmen, ihrer Anpassungs- und Varia-
tionsfähigkeit, ihrem Temperament und ihrer Aktivität eine
Verachtung der Menschen und eine zweckgebundene Rücksichtslosigkeit zu vereinen. Ihre Neigung zur gefühlsmässigen Hingabe an ihre eigenen wechselvollen Phantasieschöpfungen ist
überstark. Sie glaubt deshalb häufig bis zu einem gewissen
Grade an das, woran sie glauben will, ohne sich indessen

- 3 -

nun ganz an ihre Einbildung zu verlieren. Seelisch und moralisch ist die Angeklagte auf dem Standpunkt einer kindhaften Pubertät stehen geblieben. Sie hat sich aus Gründen, die hier nicht interessieren können, nicht zur vollen sozialen und gemütlichen Reife entwickelt, keine klaren Wertmaßstäbe gewinnen können und auch kein echtes Mitempfinden und Einfühlungsvermögen zu entwickeln vermocht. Es fehlt ihr an Selbstkritik, ohne dass sie scharfe Kritik an anderen vermissen lässt ; sie kennt die Wertungen der Allgemeinheit, betrachtet sie aber nicht als für sich verbindlich.

Die Angeklagte ist seelisch robust und widerstandfähig. Belastungen stören nicht die Fundamente ihrer seelischen Existenz. Sie ist fähig, auch Affektübergewichte mit verstandesmässigen Reaktionen aufzufangen und zu überwinden. Dennoch sind psychische Belastungen letztlich durchaus imstande, die Angeklagte aus dem seelischen Gleichgewicht zu bringen und sie zu Affekthandlungen zu drängen. So stark vermag aber nichts auf sie einzuwirken, dass es imstande wäre, die vernünftige Überlegung, das Abwägen des Für und Wider bei ihren Handlungen etwa überdurchschnittlich zu stören. Selbstkontrolle und Selbstbesinnung sind ihr immer zugänglich. Ihre Fähigkeit, nüchtern und zielstrebend zu denken, sichert ihr eine volle Entscheidungsfreiheit. Irgendeine krankhafte Veränderung, die etwa die Möglichkeit zur freien Entscheidung und zur objektiven Erkenntnis des Erlaubten und Unerlaubten hätte erheblich beschränken oder aufheben können, war und ist bei ihr nicht vorhanden. Insbesondere ist die Angeklagte Schwierigkeiten gegenüber nicht hilflos, lässt sich auch in ausweglos erscheinender Lage nicht aus der Fassung bringen, und die Lösung eines Konflikts etwa dadurch, dass sie Hand an sich selbst legen würde, liegt ihrer Persönlichkeit ganz und gar nicht.

Diese Feststellungen ergeben sich im wesentlichen bereits aus dem Gutachten des Sachverständigen Professor Dr. Hallermann, der die Angeklagte anlässlich vieler Besuche bei ihr in langen Gesprächen gründlich untersucht und getestet hat. Das Gericht tritt dieser Beurteilung bei. Es wäre sogar zu einem gleichen Ergebnis gekommen, wenn der Sachverständige nicht zur Verfügung gestanden hätte. Das vorstehend von der Angeklagten entworfene Bild nämlich lässt sich bereits auf Grund ihres persönlichen Eindrucks in der

Hauptverhandlung, ihrer Ruhe und Sicherheit in einer Situation, in der es für sie darauf ankam, ferner ihrer kindlichen Art sich zu geben und Mitleid zu erregen und schliesslich auch aus alledem gewinnen, was sie während des Verfahrens an Erklärungen abgegeben hat. Diese Erklärungen, auf die in späteren Zusammenhängen noch näher einzugehen sein wird, sind sämtlich mit erheblicher Überzeugungskraft vorgetragen worden, dessen ungeachtet aber so voller Widersprüche, dass sie mindestens teilweise, wenn nicht überhaupt vollen Umfanges, als objektiv unwahr angesehen werden müssen.

Wie sehr die Angeklagte in einer eigenen Vorstellungswelt mit eigenen Wertmaßstäben lebt, ist vielen ihrer Äusserungen, sowohl dem Inhalt wie der Formulierung nach, zu entnehmen, wie etwa : " die Existenz durch Prostitution konnte mich nicht beflecken " oder " ich sah in der Ehe nur eine Formalität " oder " das intime Verhältnis zu einem verheirateten Offizier in Gotenhafen hob mich geistig und störte meine Ehe nicht " oder - wie sie in der Hauptverhandlung in ihrem ersten Schlusswort geäussert hat - " die Schuld am Tode von Horst Buchholz haben andere ".

Auch die Zeugen Paukstadt und Pavel haben bei ihren häufigen Vernehmungen der Angeklagten in vieler Beziehung den gleichen Eindruck von ihr gewonnen und dies in glaubhafter Weise vor Gericht bestätigt.

Schliesslich hat der Zeuge Boysen deutlich gemacht, wie stark die Angeklagte fähig war, die Menschen ihrer Umgebung zu beeindrucken, zu beeinflussen und an sich zu fesseln. Seine Äusserungen " sie habe tief gepflügt " und viele auf gleicher Ebene liegende bewundernde Bemerkungen und seine fast nach jedem Satz seiner Aussage an die Angeklagte gerichtete Frage " ist's recht so, Ruth ? " zeigen, wie sehr er noch heute sich der Angeklagten unterordnet und unter ihrem Einfluss steht.

Lediglich in einem Punkt ist das Gericht zu einem anderen Urteil über die Angeklagte gekommen als der Sachverständige. Mag auch kein unbedingter Widerspruch in seiner Meinung liegen, die Angeklagte sei seelisch robust und widerstandsfähig, andererseits sei aber gegebenenfalls eine Flucht etwa in einen Selbstmord bei ihr nicht persönlichkeitsfremd, so ist doch diese letztere Möglichkeit bei ihr auszuschliessen. Das folgert das Gericht daraus, dass in

allen schwierigen Situationen ihres Lebens, wenn sie auch
noch so am Ende war (wie etwa zur Zeit des illegalen Zusammenlebens mit Dr.Trautmann während ihrer Tätigkeit als
Strassenmädchen oder in all den Jahren nach der Tat, die den
Gegenstand dieses Verfahrens bildet, während der Haft, ja
sogar nach Empfang der Nachricht vom Tode ihres Geliebten),
niemals die Nerven verloren, nie ihre Sache aufgegeben und
mit eiserner Energie sich seelisch und körperlich aufrechterhalten hat. Eine solche Frau sucht - insoweit hat auf
Grund aller Umstände, insbesondere ihres Eindrucks, ihres
bisherigen Verhaltens und der sonstigen Wertungen des Sachverständigen das Gericht ein eigenes Urteil - nicht im Frei-
tode den Ausweg aus irgendwelchen Schwierigkeiten.

2. Der Lebenslauf der Angeklagten.

Hinsichtlich des Lebensganges der Angeklagten haben in
der Hauptverhandlung im wesentlichen nur ihre eigenen Angaben zur Verfügung gestanden. Angesichts des Urteils über
die Persönlichkeit der Angeklagten bedarf es keiner näheren
Darlegung, dass diese Angaben eine objektiv zuverlässige
Grundlage für den Lebenslauf der Angeklagten nur in groben
Umrissen abgeben können. Soweit es sich um das von ihr an
den Tag gelegte Verhalten, ihre Einstellung und ihre Gefühle
handelt, kann nicht verkannt werden, dass dabei die Dinge
egozentrisch-glorifiziert gesehen sind.

Immerhin ist festzustellen gewesen, dass die Angeklagte in der Hauptverhandlung bei ihrer Vernehmung zur Person frei und unbefangen war, sichtlich aus sich herausge-
gangen ist und spontan und ohne Vorbehalte Rede und Antwort
gestanden hat. Das Gericht ist deshalb der Meinung, dass sie
insoweit nach ihrem Vermögen eine wahrheitsgemässe Schilderung gegeben, das heisst das offenbart hat, was sie von
ihrer Sicht her für die Wahrheit hält.

Die Gelöstheit, Unbefangenheit und Offenheit der Angeklagten ist indessen, wie an dieser Stelle ebenfalls festzustellen ist, mit einem Schlage geschwunden und hat einer
deutlichen Veränderung ihrer Haltung und ihres Wesens Platz
gemacht, als sich in der Hauptverhandlung ihre Vernehmung
den letzten Lebenstagen von John Blaue und damit den eigentlichen Tatvorgängen zuwandte. Deutlich merkbar für das Gericht wurde jetzt ihre Haltung eine völlig andere. Sie war

angespannt, konzentriert, überlegt und sichtbar bemüht, Bedeutung und Folgen jeder Frage an sie und jede Äusserung ihrerseits richtig zu erfassen und abzuwägen.

Im einzelnen gibt die Angeklagte bezüglich ihres Lebenslaufes folgendes an :

Sie wurde am 2.4.1914 in Breslau geboren. Sie war das älteste Kind von 3 Kindern des jetzt in Elmshorn lebenden Kaufmannes Karl Heine und seiner im Jahre 1953 verstorbenen Ehefrau Lilli, geborenen Bohn. Wenige Jahre nach der Geburt der Angeklagten verlegten die Eltern ihren Wohnsitz nach Halberstadt. Der Vater war in irgendeiner Form an der weltbekannten Würstchenfabrik Heine beteiligt. Die Angeklagte besuchte bis zu ihrem 10.Lebensjahr die Volksschule in Halberstadt und danach das Lyzeum. Im Jahre 1925 siedelten ihre Eltern nach Hamburg-Lokstedt über. Der Vater gab seine Beteiligung an der Firma Heine aus nicht näher bekannten Gründen auf. Die Familie geriet langsam in wirtschaftliche Schwierigkeiten. Man musste sich einschränken, während in Halberstadt die Angeklagte in jeder Beziehung hatte verwöhnt werden können.

In Lokstedt setzte sie den Besuch der Volksschule fort. Im April 1929 ging sie mit der mittleren Reife ab. Anschliessend besuchte sie bis zum September desselben Jahres eine Haushaltungsschule, lernte dann Schneidern und Weissnähen und ging von April bis September 1930 auf eine Handelsschule.

Anfang 1933 arbeitete die Angeklagte 1/4 Jahr lang bei Professor Jacob in Hamburg-Friedrichsberg als Sekretärin und wurde auch mit gelegentlichen medizinischen Laboratoriumsarbeiten einfacherer Art beschäftigt. Danach trat sie bei Dr.Seel in Hamburg-Eppendorf ein. Hier führte sie die Korrespondenz und war ebenfalls nebenher im Laboratorium tätig. Während ihrer Tätigkeit für Dr.Seel behielt sie eigenmächtig zahlreiche Briefe zurück, die sie für ihn geschrieben hatte. Sie wollte mit diesem Verhalten sich in die persönlichen und politischen Intrigen einschalten, die damals im Krankenhaus Hamburg-Eppendorf herrschten und insbesondere den Assistenten des Dr.Seel, den Arzt Dr.Trautmann, schützen. Im Frühjahr 1932 war sie zu dem 10 Jahre älteren Dr.Trautmann in nähere Beziehungen getreten und unterhielt ein Verhältnis mit ihm. Sie hing an ihm mit schwärmerischer jungmädchenhafter Verehrung und glaubte an seine besonderen

Fähigkeiten als Arzt sowie daran, dass er zu grösseren Aufgaben befähigt und berufen sei. Mitte 1933 wurde sie von Dr. Seel entlassen, weil die Unterschlagung der Briefe entdeckt worden war.

Am 23.8.1933 schloss sie die Ehe mit Dr.Trautmann. Die Eheschliessung erfolgte gegen den Willen ihrer Eltern "schnell und aus einer Laune heraus ". Hauptmotiv dafür war, dass die Angeklagte bei einem gemeinschaftlichen Besuch eines Professors Bauer im Schwarzwald nur als Ehefrau des Dr.Trautmann in Erscheinung treten konnte. Am Hochzeitstage wurde die Angeklagte vorübergehend in Haft genommen, da sie wenige Tage zuvor die Eintragungen in ihrem Sparkassenbuch gefälscht hatte, um auf diese Weise Sicherheiten für ein von ihr bei einem Dritten erbetenes Darlehn stellen zu können.

Das Geld wollte sie aufnehmen, um Dr.Trautmann die Mittel für seine Forschungsarbeiten zu verschaffen und ihn aus den bedrückenden finanziellen Verhältnissen herauszubringen, in denen er damals lebte.

(Das wegen der Urkundenfälschung gegen die Angeklagte eingeleitete Verfahren wurde eingestellt, weil ein Sachverständiger sie für nicht zurechnungsfähig erklärt hatte).

Auf der Reise in den Schwarzwald besuchte die Angeklagte mit ihrem nunmehrigen Ehemann die Mercedes-Werke in Untertürkheim, um hier einen Personenkraftwagen zu besichtigen, für dessen Ankauf indessen keinerlei Mittel vorhanden waren. Die Fahrt in den Schwarzwald wurde dann nicht weiter fortgesetzt, sondern das Ehepaar kehrte vorzeitig nach Hamburg zurück. Dr.Trautmann schickte seine Frau wieder zu ihren Eltern. Als sie aber eine Schwangerschaft bemerkte, kehrte sie bald zu ihrem Ehemann zurück. Zu einer Geburt kam es in der Folgezeit nicht. Nunmehr richteten die Eltern der Angeklagten für das junge Paar eine Wohnung ein. Beide Eheleute zogen in die Wohnung. Dr.Trautmann behielt aber nebenher seine vorher innegehabte Junggesellenwohnung bei. Während die Eheleute zusammen lebten, erhob Dr.Trautmann am 25.9. 1933 Klage auf Nichtigkeitserklärung der Ehe und begründete diese damit,seine Frau sei gemütskrank, leide an periodischen Erregungszuständen und habe aus einer krankhaften Veranlagung heraus eine Urkundenfälschung begangen. Die Angeklagte liess zu der Klage keine Anträge stellen. Sie lebte

weiter mit Dr.Trautmann zusammen. Ihr war es gleichgültig,
ob das durch die Formalität einer Ehe sanktioniert war oder
nicht. Am 29.11.1933 wurde die Ehe für nichtig erklärt. Die
Angeklagte lebte auch danach noch längere Zeit mit Dr.Traut-
mann zusammen. Dieser war damals ohne Beschäftigung. Die Angeklagte ergriff deshalb die Initiative. Sie bestritt den
gemeinsamen Lebensunterhalt, und zwar, da auch sie selbst
ohne Beschäftigung war, zunächst durch Verkauf bezw. Versetzen der Wohnungseinrichtung und der Wertgegenstände. Schließlich musste sie die Wohnung aufgeben und ein möbliertes Zimmer beziehen. Dr.Trautmann kehrte in seine eigene Wohnung
zurück. Dann verlor die Angeklagte auch das möblierte Zimmer
und war gänzlich ohne Obdach. Tagsüber hielt sie sich bei
Dr.Trautmann auf. Nachts irrte sie als Strassenmädchen umher
und gab sich wahllos gegen Geld oder etwas zu Essen zum Geschlechtsverkehr hin. Sie war der Meinung, dass dieses Verhalten sie nicht beflecken könne, da es sich nur um einen
äusseren Akt handele, der ihr Inners unberührt lasse. Teilweise bestritt sie in dieser Zeit ihren und des Dr.Traut-
mann Lebensunterhalt auch dadurch, dass sie in Leihbücherei-
en Bücher mietete und alsbald anderweit verkaufte. Dieser-
halb wurde sie vorübergehend verhaftet. Nach ihrer Entlassung
nahm sie eine Stellung als Kontoristin an. Dr.Trautmann war
inzwischen als Schiffsarzt auf einer mehrmonatlichen See-
reise. Als er zurückkehrte, beging sie bei ihrer Firma umfangreiche Provisionsschwindeleien und mietete für ihn und
sich selbst ein Blockhaus in Trittau bei Hamburg. Sie wollte
hier dem Dr.Trautmann ein sorgenfreies Arbeiten an wissenschaftlichen Aufgaben ermöglichen.

Durch Urteil des Schöffengerichts Hamburg vom 28.10.
1935 wurde sie zu 9 Monaten Gefängnis verurteilt. In dem Urteil wurde ihr verminderte Zurechnungsfähigkeit zuerkannt.
Sie verbüsste einen Teil der Strafe. Danach war sie ab März
1936 als Stenotypistin und Kontoristin bei einem Hamburger
Hausmakler tätig.

3. Die Ehe der Angeklagten mit John Blaue.

Anlässlich eines vergnügten Abends in Hamburg-St.Pauli
lernte die Angeklagte nun den am 17.4.1913 in Hamburg geborenen Seemann John Heino Karl Blaue kennen. Was über ihn und
die Beziehungen der Angeklagten zu ihm bekannt ist, beruht
ebenfalls im wesentlichen auf den Angaben der Angeklagten.

- 9 -

Q10

Es ist deshalb zweifelhaft, ob es alles objektiv zuverlässig
ist. Aber in groben Umrissen kann es aus den oben unter Ziffer 2 dargelegten Gründen als richtig hingenommen werden.

Die Angeklagte mochte den fröhlichen und sorglos lebenden einfachen Mann sehr gern. Sie hielt sich selbst zwar für
viel gebildeter und geistig interessierter, fühlte sich aber
ungeachtet ihrer (tatsächlichen oder vermeintlichen) Überlegenheit sehr zu dem fröhlichen, offenen und unkomplizier-
ten John Blaue hingezogen. Bald trat sie in nähere Beziehungen zu ihm. Seit 1938 wohnte sie dann mit ihm zusammen. 1939
gab John Blaue den Seemannsberuf auf und eröffnete in Hamburg
unter der Firma " Blaue - Blitz " ein Lastkraftwagen-Fuhr-
unternehmen. Die Angeklagte lebte jetzt mit John Blaue in
einem eheähnlichen Verhältnis zusammen. Sie leitete in dem
Unternehmen die kaufmännischen Angelegenheiten. Bei Kriegsausbruch musste der Betrieb eingestellt werden, da die Fahr-
zeuge beschlagnahmt und der Wehrmacht zugeteilt und John
Blaue zur Kriegsmarine eingezogen wurde.

Am 3.5.1940 schloss die Angeklagte in Kiel die Ehe mit
Blaue. Zu diesem plötzlichen Entschluss kam es, weil während
der Kriegszeiten bei Zusammenkünften mit John Blaue Unter-
kunftsschwierigkeiten bestanden hatten insofern, als Einzel-
zimmer immer nur mit Schwierigkeiten, Doppelzimmer dagegen
leichter zu haben gewesen waren. Der Angeklagten machte die
Heirat auch Spass, weil ihre Schwiegermutter damals dagegen
war. Der Anlass zur Eheschliessung war im wesentlichen jedenfalls äuserer Art ; denn die Angeklagte lebte schon vorher
mit Blaue immer zusammen, und der staatliche Akt bedeutete
ihr für ihr Verhältnis zu Blaue nichts.

Von Mai bis Dezember 1940 lebten die Eheleute zusammen. Danach benutzten sie jede Gelegenheit, einander zu
sehen, die sich bei den Kommandos und Aufenthalten des Ehemannes Blaue in deutschen Häfen reichlich bot.

Nunmehr ergab sich, dass die Eheleute in politische
Differenzen gerieten. Die Angeklagte lehnte Hitler, den
Nationalsozialismus und den Krieg ab. John Blaue sah nur
die äussere Fassade und fand alles gut und in Ordnung. Daraus entstanden Streitigkeiten zwischen den Eheleuten. Aber
es kam zu keinem endgültigen Bruch. Im Gegenteil folgte die
Angeklagte ihm auf seinen Wunsch nach Gotenhafen, als er
dorthin kommandiert wurde. Sie wohnte mit ihm zusammen, bis

er nach Norwegen versetzt wurde. Sie selbst war bis 1942 bei
den Deutschen Werken in Gotenhafen dienstverpflichtet. Nach
dem Weggang ihres Mannes trat sie in intime Beziehungen zu
einem verheirateten deutschen Offizier. Sie fühlte sich durch
das Verhältnis zu diesem Manne geistig gehoben und war nicht
der Ansicht, dass darunter die beiderseitigen Ehen gelitten
hätten.

John Blaue seinerseits nahm es mit der ehelichen Treue
ebenfalls nicht genau. Er erzeugte in Norwegen mit einer
Wehrmachthelferin ein Kind, welches später in Deutschland
starb.

Die Angeklagte nahm die Eheverfehlung ihres Mannes nicht
all zu schwer. Sein Verhalten der Mutter des Kindes gegenüber
und gegenüber dem Kind selbst kreidete sie ihm aber nachtei-
lig an. Sie verachtete ihn, weil er ihr nicht wertvoll erschien und nicht für sein Kind sorgen wollte. Nunmehr wollte
sie von ihm kein Kind haben.

Nach der Beendigung ihrer Tätigkeit in Gotenhafen zog
die Angeklagte vorübergehend nach Elmshorn zu ihren Eltern.
Sie meldete sich aber 1943 freiwillig als Flakhelferin. Sie
sah sich dazu durch den Tod ihres Bruders und die Niederlage
von Stalingrad veranlasst, obwohl sie den Nationalsozialismus
und den Krieg völlig ablehnte, weil sie es " nicht besser
haben wollte, als so viele anständige junge Menschen, die für
ihr Vaterland gutgläubig und voller Ideale das Leben hinga-
ben ".

Während des Dienstes bei der Flak im Raume Bremen erlitt
sie mehrfach Nervenzusammenbrüche und irrte, ohne ihrer
selbst bewusst zu sein, umher, um plötzlich nach längerer
Zeit zu " erwachen ".

Nach Kriegsende kehrte sie zu ihren Eltern nach Elmshorn in das Haus Ollnsstrasse 153 zurück, wohin diese über-
gesiedelt waren. Hier wurde ihr im Dachgeschoss eine Notwoh-
nung eingerichtet.

John Blaue tat nach Kriegsende bei einer Marineber-
gungseinheit in Kiel Dienst. Die Angeklagte besuchte ihn dort
häufig. Er kam auch gelegentlich nach Elmshorn. Sie war sogar
recht froh darüber, dass ihr Mann ebenso wie sie nun alles
gut überstanden hatte.

In dem Bestreben, sich schnellstens eine Existenz aufzubauen, richtete die Angeklagte in Elmshorn eine Leihbücherei ein. Sie nannte sie " Blaue Stube " und brachte in das
Geschäft in der Hauptsache ihre eigenen zahlreichen Bücher
ein. Sie erhielt aber auch von Bekannten und Freunden, teils
gegen Entgelt, teils zu Geschenk, Bücher zur Verfügung gestellt. Ausserdem nahm sie in ihrem Geschäft den Verkauf von
kunstgewerblichen Gegenständen auf. Bei der Einrichtung ihres
Ladens in der Marktstrasse in Elmshorn und bei der Beschaffung von Verkaufsartikeln wurde sie von zahlreichen deutschen
Soldaten jüngerer Jahrgänge unterstützt, die im Raume Elmshorn hängen geblieben waren oder hier aus dem Lazarett entlassen wurden. Im Kreise dieser Menschen spielte die Angeklagte schnell eine führende Rolle. Sie versuchte insbesondere, nach dem Zusammenbruch den jungen Leuten, die allen
Glauben verloren hatten, ein neues Ziel zu geben.

In diesen Kreis gesellte sich nach kurzer Zeit der damals 2o Jahre alte Horst Buchholz. Er sah in den Schaufenstern der " Blaue Stube " kunstgewerbliche Gegenstände ausgestellt und trat mit der Angeklagten in Verbindung, um
durch ihre Vermittlung eigene Schnitzarbeiten abzusetzen.
Er war am 8.11.1924 in Sonneberg in Thüringen als Sohn eines
Architekten geboren worden, hatte die Volksschule daselbst
und die Oberschule besucht und 1942 die Kriegsreifeprüfung
abgelegt. Während des Schulunterrichtes hatte er nebenher
Gelegenheit gehabt, sich in der Holzbildhauerei zu üben.
Nach der Schulentlassung war er als Freiwilliger in die Luftwaffe eingetreten und Kampfflieger geworden. Nach dem Zusammenbruch war er nach Sonneberg zurückgekehrt. Hier war
sein Vater inzwischen in amerikanische Internierung geraten.
Buchholz war deshalb in die britische Zone gegangen und nach
Elmshorn gekommen.

Wegen seiner kümmerlichen Unterbringung räumte ihm die
Angeklagte in ihrer Wohnung im Hause Ollnsstrasse 153 eine
Schlafstelle ein. Die Räume, in denen er schlief, wechselten
mehrfach, da öfter umdirigiert wurde und auch mehrfach andere Personen in der Wohnung untergebracht waren.

Nach kurzer Zeit richtete die Angeklagte dem Buchholz
auf dem Hof des elterlichen Grundstücks eine Werkstatt ein.
Hier stellte Buchholz Schnitzarbeiten her, die teils im
Blaue'schen Geschäft verkauft, teils von ihm selbst vertrie

ben wurden und ihm für damalige Zeiten ein recht gutes Einkommen sicherten, nämlich mehrere tausend R-Mark monatlich.

Buchholz begleitete die Angeklagte auf einigen ihrer
Besuchsfahrten nach Kiel und lernte anlässlich der ersten Begleitung auch den John Blaue kennen. John Blaue war zwar
nicht darüber begeistert, dass in seiner Wohnung fremde Leute hausten, hatte aber sonst gegen Buchholz nichts einzu-
wenden.

Gegen Ende 1945 oder Anfang 1946 wurde John Blaue entlassen und kam zur Angeklagten nach Elmshorn. Auch nach seiner Rückkehr verblieb Buchholz in der Wohnung.

Blaue wollte zwar seine Wohnung gern für sich allein
haben, aber er kam persönlich mit Buchholz trotzdem gut aus,
sodass das Ehepaar Blaue und Buchholz zunächst in ungestörter
Hausgemeinschaft zusammenlebten.

In der Angeklagten war aber inzwischen eine erhebliche
innere Wandlung im Verhältnis zu ihrem Manne eingetreten.
Zwischen ihr und Buchholz war von ihr aus eine Liebe auf den
ersten Blick erwacht. Sie mochte ihn sehr gern, weil er, wie
sie meinte, äusserlich und in seinem Wesen ihrem gefallenen
Bruder ähnelte, und sie brachte ihm gleichzeitig die Gefühle
einer Schwester, einer Mutter, aber auch einer Geliebten entgegen. Es kam auch sehr bald zu intimen Beziehungen zwischen
den beiden. Ob das noch vor oder erst nach der Heimkehr des
Ehemannes Blaue der Fall war, ist nicht sicher. Die Angeklagte nahm diese Dinge nicht so sehr wichtig. Sie war und
ist keine stark erotische Natur. Sie gab dem Buchholz alles,
was er wollte, an seelischer und auch an körperlicher Liebe
als etwas Selbstverständliches.

Während des Zusammenlebens der drei Personen steuerte
Buchholz von seinen Einnahmen aus dem Verkauf seiner Arbeiten zum gemeinsamen Haushalt bei. Der Ehemann Blaue verkaufte aus dem Krieg mitgebrachte Wertstücke der Kriegsmarine,
die damals auf dem Schwarzen Markt begehrt waren, und arbeitete zunächst in der Bücherstube mit. Dann bemühte er
sich bald, seinen im Krieg stillgelegten Fuhrbetrieb wieder
ins Leben zu rufen. Er ging darauf aus, einen Lastkraftwagen
zu erwerben und sich zunächst die dafür erforderlichen Geldmittel zu beschaffen, die bei den damaligen Preisen, wenn er
nichts zu kompensieren hatte, über hunderttausend R-Mark be-

tragen mussten. Er fuhr, anfangs von der Angeklagten beglei-
tet, nach Hamburg, um einen solchen Kauf in die Wege zu
leiten. Sein Interesse für das Geschäft der Angeklagten
schwand nach und nach. Schliesslich war er sehr oft unterwegs, um die vielen vom Schiff mitgebrachten, zum Teil sehr
wertvollen Dinge, auf dem Schwarzen Markt zu verkaufen.

4. Die weitere Entwicklung der Beziehungen zu John Blaue.

Hierzu hat das Gericht folgende Tatsachen festgestellt:

Im Verhältnis der Eheleute Blaue zueinander trat nach
aussen hin nach der Heimkehr des Ehemannes nichts Auffälli-
ges in Erscheinung. Die Angeklagte wandte sich aber innerlich völlig von ihm ab. Sie sah in Buchholz den bei weitem
wertvolleren Menschen, fühlte sich von Buchholz auch anerkannt, verehrt und geachtet und entdeckte in John Blaue
immer mehr Züge, die ihr abstossend erschienen. Sie ekelte
sich geschlechtlich vor ihm und empfand beim Geschlechtsverkehr vielleicht sogar - subjektiv übertrieben - Schmerzen, was, wenn sie sich Buchholz hingab, nicht der Fall war.
Irgendwelche Brutalitäten ihr gegenüber hat aber John Blaue
nicht begangen.

John Blaue seinerseits war nicht blind. Er merkte bald,
dass zwischen seiner Frau und Horst Buchholz nähere Beziehungen bestanden als die eines blossen Mietverhältnisses.
Er nahm aber , seiner sorglosen Art entsprechend, das nicht
allzu schwer, tröstete sich auch häufig mit anderen Frauen,
deren Bekanntschaft er machte, nach Meinung der Angeklagten
sogar in Hamburg in einem Bordell, was sie sehr abgestossen
haben will. Ernstlich unternahm John Blaue nichts gegen die
Verhältnisse in seinem Haus. Zwar ergaben sich immer mehr
häufende Streitigkeiten zwischen den Eheleuten, an denen
auch Horst Buchholz irgendwie beteiligt war, sei es, dass
er direkt hineingezogen wurde, sei es auch nur, dass die
Angeklagte ihn nachträglich informierte. Jedenfalls kam es
vor, dass die beiden Eheleute und Buchholz stumm in der
Wohnung umherliefen. Es war ihnen deutlich anzumerken, dass
es zwischen ihnen irgendetwas gegeben hatte. Lauter Streit,
hörbarer Krach, Schimpfereien und dergleichen waren aber
von dritter Seite nicht wahrzunehmen. Im Ergebnis fand sich
John Blaue vorläufig damit ab, dass er in seinem Hause als
Fremder behandelt wurde. Er sagte nicht einmal etwas dazu,
wenn bei Tisch die Angeklagte sich allein und ausschliess-

lich mit Horst Buchholz unterhielt und ihn völlig links liegen liess, so dass er auf eine schleppende Unterhaltung mit
den weiteren Teilnehmern der Mahlzeit angewiesen war. John
Blaue fühlte sich wirtschaftlich noch abhängig. Deshalb ver-
hielt er sich passiv, obwohl ihm die Verhältnisse zu Hause
nicht passten und er voll erkannt hatte, dass die Angeklagte sich Buchholz zugewendet hatte. Er sprach zu Bekannten
andeutungsweise davon. Er äusserte, dass er zu Hause einmal
gründlich aufräumen oder dass er mit den Zuständen Schluss
machen würde, liess aber auch erkennen, dass ihm vorläufig
die Hände gebunden seien, bis er seine wirtschaftliche
Selbständigkeit wiedererlangt habe.

Ständig war und blieb er bemüht, seinen stillgelegten
Fuhrbetrieb wieder aufzunehmen. Trotz der auftretenden
Schwierigkeiten und trotz der Unzufriedenheit mit den häus-
lichen Verhältnissen zeigte er sich stets optimistisch und
lebensbejahend. Er war auch nach seiner Heimkehr unverändert so, wie er früher gewesen war, das heisst er fuhr zwar
mal mit einem kräftigen Donnerwetter dazwischen, wenn ihm
etwas nicht behagte, so wie er das auch an Bord getan hatte,
liess sich aber auf die Dauer durch nichts beeindrucken und
von nichts unterkriegen. Er neigte nicht dazu, sich durch
irgendetwas niederdrücken zu lassen. Er war unverändert
heiter, fröhlich, lachend und vergnügt. Seine leichte Veranlagung, seine frohe Wesensart und seine bejahende Lebenseinstellung liessen es nicht zu, dass die vorübergehend im
Hause aufgetretenen Verstimmungen seinerseits länger an-
hielten. Im Gegenteil war er ständig aktiv und vertraute
fest darauf, dass ihm der Erwerb des gewünschten Lastkraftwagens baldigst gelingen würde. Für diesen Fall hatte er
schon alle möglichen Pläne, äusserte seine Freude darauf,
bald wieder auf der Landstrasse zu liegen und versprach seinem früheren Burschen, dem Zeugen Mascher, ihn als Fahrer
einzustellen. Nur ein einziges Mal wurde er in der fraglichen Zeit etwas traurig gesehen. Es wurde beobachtet, dass
er bei seiner Mutter am Tisch sass und ihm die Augen voller
Tränen standen. Als seine Mutter ihm aber ein paarmal trö-
stend mit der Hand über den Kopf gestrichen hatte, war er
wieder ganz der Alte und liess sich nichts mehr anmerken.
Die Annahme liegt nicht fern, dass er bei dieser Gelegen-.

heit seiner Mutter ein wenig sein Herz ausgeschüttet hatte.
Er war nämlich der Angeklagten, seiner Ehefrau, in ehrlicher Liebe zugetan, vergötterte sie und hatte während des
Krieges in so schwärmerischen Worten von ihr geredet, dass
sein ehemaliger Vorgesetzter, der Zeuge Kolbe, enttäuscht
war, als er die Angeklagte nachher tatsächlich kennenlernte,
weil er sich auf Grund der Beschreibungen von John Blaue
ein weitaus günstigeres Bild von ihr gemacht hatte.

Äusserungen in der Richtung, wegen der Zustände zu
Hause aus dem Leben scheiden zu wollen, hat John Blaue zu
niemanden gemacht. Alle seine Äusserungen vielmehr gingen
immer wieder darauf hinaus, dass er bestimmte Zukunftspläne
hatte und sich für die Zeit nach der Wiederaufnahme des
Fuhrbetriebes ein optimistisches Bild entwarf.

Im Laufe des Oktober 1946 verreiste John Blaue zu Verwandten der Angeklagten ins Rheinland. Es handelte sich im
wesentlichen um eine Vergnügungsreise zu seiner Ablenkung
und Zerstreuung. Was er im einzelnen getrieben und wo er
sich aufgehalten hat, steht nicht sicher fest.

Während seiner Abwesenheit wurde von der Angeklagten
als weiterer Untermieter der Zeuge Weinhold aufgenommen.
Dieser hatte im Internierungslager den Vater des Buchholz
kennengelernt. Als er entlassen wurde, wies ihn Buchholz
sen. nach Elmshorn. So geriet er in die Wohnung Ollnsstra-
ße 153.

Nach seiner Rückkehr aus dem Rheinland war John Blaue
mit der Aufnahme eines weiteren Untermieters in die Wohnung
durch seine Ehefrau natürlich nicht einverstanden. Aber da
er sich ihr gegenüber nicht durchsetzen konnte, fügte er
sich zunächst auch darin.

5. Der Entschluss zur Lösung.

Während der Abwesenheit von John Blaue hatte die Angeklagte Überlegungen angestellt, wie es nun eigentlich wei-
tergehen sollte. Sie hatte sich innerlich völlig von ihm
abgewendet und Horst Buchholz zugewendet. In ihren Beziehungen zu Buchholz stand ihr ihr Mann im Wege.

Ob sie jemals eine Scheidung erwogen hat, deren Aus-
sichten angesichts ihres ehebrecherischen Verhältnisses
mindestens fraglich gewesen wären, und ob sie gar mit John
Blaue darüber gesprochen hat, steht nicht fest. Auf alle
Fälle verwarf sie alle derartigen Gedanken ebenso wie die

Möglichkeit, ihrerseits aus dem Hause zu gehen. Ihre ego-
zentrische Einstellung drängte sie vielmehr zu der Ansicht,
sie habe das grössere Recht auf dieses Zuhause ; denn es
handele sich um ihre Wohnung, und wenn jemand zu verschwinden habe, dann sei es ihr Ehemann. So kam die Angeklagte
langsam zu der Überlegung, dass notfalls ihr Ehemann gewalt-
sam beseitigt werden müsse.

Ob darüber hinaus die Angeklagte es auch noch auf die
Gelder und sonstigen Wertstücke ihres Mannes abgesehen hatte, steht nicht fest.

Sie hatte nun ihre Wahl zwischen ihrem Manne und Buchholz getroffen. Sie hatte sich für Buchholz entschieden.
Ihn betrachtete sie als den Wertvolleren. Daraus wurde allmählich ihr Entschluss geboren, den weniger wertvollen Menschen zu opfern.

⌈Ob sie je diesen Entschluss mit Buchholz besprochen
hat und ob und was Buchholz daraufhin unternommen hat, ist
nicht eindeutig geklärt worden.⌋

Als Anfang November 1946 ihr Mann aus dem Rheinland
zurückkehrte, empfand sie erneut, ein wie starkes Hindernis
seine blosse Anwesenheit für ihre Beziehungen zu Buchholz
darstellen konnte. Allmählich festigte sich deshalb in ihr
die Überzeugung, dass es nur eine gewaltsame Lösung gebe,
zumal Unstimmigkeiten zwischen den Eheleuten mehrfach auch
nach der Rückkehr von John Blaue auftraten, allerdings nicht
mehr an den letzten Lebenstagen von Blaue.

Als Mitte November 1946 John Blaue die Absicht äusserte, zu verreisen, um den Lkw-Ankauf perfekt zu machen, und
als in diesem Zusammenhang auch davon die Rede war, dass
er zum Ankauf des Fahrzeuges notfalls in die Ostzone reisen
wolle, sah die Angeklagte die Gelegenheit zur Ausführung
des Entschlusses gekommen, mit dem sie sich getragen hatte.

Im Sommer 1946 hatte sich Blaue von seinem ehemaligen
Flottillenchef, dem Zeugen Kolbe, zum Ankauf eines Lkw.
12.000,- RM geliehen. Dieses Geld hatte er zu Hause versteckt. Die Angeklagte hatte es verstanden, das Geld an
sich zu bringen. Sie erschien auch kurz danach bei Kolbe,
um ihrerseits die Schuld zu übernehmen. Später äusserte
John Blaue seine Enttäuschung darüber, dass seine Frau das
Geld erhalten habe. Er bemerkte, nun habe er einen Lkw. an

der Hand und könne das Geld gebrauchen. Auch hier wurde
von einer Reise in die Ostzone gesprochen. Auch sagte John
Blaue, er habe nun das Geld zusammen. In ähnlichem Sinne
äusserte er sich unmittelbar vor oder nach der Reise ins
Rheinland gegenüber dem Zeugen Mascher. Noch wenige Tage
vor dem 14.November sprach er mit der Zeugin Baruth auch
darüber, dass er die Absicht habe, ein Fuhrgeschäft ein-
zurichten und einen Lkw aus der Ostzone zu beschaffen. In
einem Gespräch mit dem Zeugen Weinhold, wahrscheinlich am
Abend des 13. oder 14.November 1946 beim gemeinsamen Abendessen, schilderte auch diesem seine Zukunftspläne, sprach
davon, dass er nun versuchen wolle, einen Lkw. in der Ostzone zu kaufen und erwähnte, dass er die nötigen Mittel dazu besitze.

Ob John Blaue tatsächlich die erforderlichen Gelder
zusammen hatte und wo dieses Geld später verblieben ist,
steht nicht fest.

Jedenfalls war John Blaue gerade Mitte November sehr
froh und zuversichtlich, erklärte voller Freude, es ginge
nun bald wieder auf die Landstrasse, und zeigte keine An-
zeichen von Niedergeschlagenheit. Auch machte er in den
letzten Tagen vor dem 14.November der Angeklagten keine
Vorhaltungen über die ehelichen Verhältnisse.

Er beanspruchte zwar möglicherweise noch immer seine
Rechte als Ehemann, was der Angeklagten bei ihren Beziehungen zu Buchholz zuwider war. Aber dass er sie mit mehr
oder weniger grosser Gewalt gezwungen hätte, ihm geschlechtlich willfährig zu sein, trifft nicht zu. Klagen
der Angeklagten in dieser Richtung, die sie jetzt erhebt,
sind übertrieben.

6. Der Tatverlauf.

Da am nächsten Tage auch der Zeuge Weinhold verreisen
wollte, konnte die von der Angeklagten beabsichtigte Beseitigung ihres Ehemannes vor sich gehen, ohne dass zu befürchten war, sein
Verschwinden würde irgendwie auffallen oder gar Aufsehen
erregen. Die Angeklagte ging deshalb nun dazu über, den
Entschluss, den sie schon einige Zeit mit sich herumgetra-
gen, erwogen und wieder verworfen, aufgeschoben und wieder
aufgegriffen hatte, in die Tat umzusetzen. Sie wollte jetzt
endgültig Schluss machen und in ihren Beziehungen zu Buch-

holz künftig nicht mehr durch die Existenz ihres Mannes
gestört werden.

Mangels anderweiter Tötungsmittel stellte sie sich
vor, dass es am besten sei, ihren Mann mit der Axt zu erschlagen. Äxte waren genug im Hause. Teils stammten sie
aus dem Schlachtereibetrieb der Familie Heine, teils aus
der Holzbildhauerwerkstatt von Buchholz.

Der Angeklagten war klar, dass eine solche Tötung
nicht geräuschlos vor sich gehen konnte und dass mit einer
Gegenwehr ihres Mannes gerechnet werden musste. Sie sagte
sich auch folgerichtig, dass eine solche Tötung ohne vorherige Sicherungsmassnahmen den übrigen Hausbewohnern nicht
verborgen bleiben konnte.

Als sie sich nun endgültig zur Tat entschlossen hatte,
mischte sie deshalb an einem Abend Mitte November, wahrscheinlich am Abend des 13. oder 14.November 1946, jedenfalls am Vorabend der geplanten Abreise von Weinhold und
auch der beabsichtigten Reise von John Blaue, in einen
Brotaufstrich ein Schlafmittel. Um welches Schlafmittel es
sich handelte, ist unaufgeklärt geblieben. Jedenfalls fiel
es geschmacklich in der Fischpaste der damaligen Zeit nicht
besonders auf. Mit diesem Fischpastenaufstrich machte die
Angeklagte nun Brote für das gemeinsame Abendessen zurecht.
Die Brote mit dem Schlafmittel bekam ihr Ehemann zugescho-
ben. Auch der Zeuge Weinhold bekam, sei es durch die Angeklagte gewollt, sei es unbeabsichtigt, einige solcher Brote
zu essen. Die Dosierung war stark genug, einen tiefen
Schlaf hervorzurufen, aber nicht stärker, insbesondere
nicht tödlich.

Weinhold erinnert sich heute nicht mehr, zur fraglichen Zeit auffällig tief und fest geschlafen zu haben. Jedenfalls hat er angesichts der gewählten Dosierung irgendwelche Schäden nicht davongetragen.

Die Angeklagte wollte mit Hilfe des Schlafmittels
ihren Ehemann einschläfern, um so die Absicht seiner Tötung
ohne Geräusch und ohne Gegenwehr zu verwirklichen.

Das gelang ihr auch. John Blaue schlief ein und sollte
aus diesem Schlaf niemals wieder erwachen.

Die Eheleute hatten sich zu jener Zeit schon so weit
auseinandergelebt, dass sie nicht mehr gemeinsam im gleichen Raum schliefen. John Blaue benutzte einen als Abstell-

kammer, später als Wohnzimmer eingerichteten Wohnraum. Hier
stand eine Couch. Auf dieser Couch legte er sich in der
fraglichen Nacht schlafen.

Er wurde in dieser Nacht durch 5 Axthiebe auf den Schädel getötet. 2 Axthiebe in der Mitte seines Kopfes waren
mehr tangierend, während 3 weitere Axthiebe an der linken
Kopfseite oberhalb des Ohres eine klaffende Knochenverlet-
zung verursachten, in das Schädelinnere eindrangen, das
Gehirn beschädigten und den Tod von John Blaue herbeiführ-
ten.

Während der Ausführung der Tat schlief der Zeuge Weinhold unter den Wirkungen des Schlafmittels, von dem er,
ohne es zu wissen, genossen hatte, in der Blaue'schen Wohnung in dem Zimmer, welches auch für Buchholz als Schlafraum diente.

Wer die von der Angeklagten geplanten und gewollten
Axthiebe ausgeführt hat, steht nicht fest. Als Täter insoweit kommen nur entweder die Angeklagte allein oder Buchholz allein oder beide gemeinschaftlich in Betracht. Auf
jeden Fall aber war, auch wenn Buchholz die Handlungsaus-
führung ganz oder zum Teil übernommen haben sollte, die
Angeklagte es, die in erster Linie die Beseitigung ihres
Mannes wollte, die das Ihre durch die Schlafmitteleinflößung
dazu beitrug und die auch nach der Tat dabei mitwirkte,
die Spuren zu beseitigen. Wenn sie nicht allein gehandelt
haben sollte, hat sie Buchholz auch, sei es in der Tatnacht, sei es vorher, dazu bestimmt, ihren Tötungsplan zu
verwirklichen.

Am wahrscheinlichsten ist es, dass die Angeklagte die
2 ersten Schläge und Buchholz die weiteren 3 Schläge ausgeführt hat. Aber einwandfrei feststellen lässt sich das
nicht.

Der tote John Blaue wurde sogleich nackend zusammen-
geschnürt, in einen Seesack verpackt, von Buchholz in die
Werkstatt hinuntergetragen und dort bis zum nächsten Abend
abgestellt.

Auch das Tatzimmer wurde wieder so hergerichtet, dass
keine Spuren mehr zu sehen waren. Insbesondere wurde das
Blut, welches John Blaue verloren hatte, aufgewischt. Ob
die Angeklagte beim Verpacken der Leiche und bei der Besei-

tigung der Spuren in der fraglichen Nacht mitgewirkt hat,
steht nicht sicher fest, wenn es auch sehr wahrscheinlich
ist, weil das Verpacken eines Toten in einem Seesack für
eine Einzelperson schwierig, wenn nicht gar unmöglich ist,
und weil die Angeklagte - ungeachtet des Bestreitens ihrer
Beteiligung insoweit - auch noch in der Hauptverhandlung
auf Vorhalt zugegeben hat, dass sie die Brieftasche ihres
Mannes mit der Schere zerschnitten und verbrannt hat.

Beim Abtransport der Leiche aus der Werkstatt am nächsten Abend war die Angeklagte bestimmt wieder mit beteiligt.
Sie packte mit Buchholz den Seesack mit dem Toten auf ihr
Damenfahrrad. Dann schob Buchholz das Rad nach Klein-Nordende-Lieth zu dem dort gelegenen Dorfteich, und die Angeklagte begleitete ihn dabei. Im Dorfteich wurde der Seesack mit dem in Hockstellung zusammengeschnürten und mit
Telephondraht (offenbar ehemaliges Marineeigentum) verschnürten Toten nach Beschwerung mit Mauersteinen und
Schweissdraht (letzterer ebenfalls Marineeigentum) versenkt.

Das Eigentum des Toten wurde teils verbrannt, teils
später auf dem Schwarzen Markt verkauft. Was mit seiner
Brieftasche und ihrem Inhalt geschehen ist, steht nicht
fest. Die Angabe der Angeklagten, sie habe die Brieftasche
verbrannt, und zwar einschliesslich des darin befindlichen
Geldes, welches sich nur auf einige hundert Mark belaufen
habe, ist nicht nachzuprüfen. Es ist unbekannt, wieviel
Geld John Blaue bei sich hatte.

Mit Buchholz kam die Angeklagte überein, auf Fragen
nach dem Verbleib von John Blaue zu erklären, er sei am
Morgen weggefahren, um einen Lkw anzukaufen. In diesem
Sinne wurde dann in der Folgezeit von der Angeklagten und
von Buchholz jede Anfrage nach dem Verbleib des Ehemannes
Blaue beantwortet, wobei die Angeklagte zur Bekräftigung
die Dinge immer mehr ausschmückte und immer weitere Einzelheiten über die angebliche Reise und den vermuteten
Verbleib ihres Mannes vorzubringen wusste.

Um die diesbezüglichen Erzählungen noch wahrscheinlicher zu machen, fuhr Buchholz an einem der nächsten Tage
nach Tatausführung nach Hamburg. Von dort rief er fernmündlich bei Familie Schneider an, gab sich fälschlich als
John Blaue aus und verlangte, seine Ehefrau zu sprechen.

Am zweiten Tage nach der Tat, wahrscheinlich am Sonnabend, dem 16.November 1946, kam Buchholz im Gespräch mit der Angeklagten darauf zu sprechen, ob der Zeuge Weinhold, der ebenfalls am Morgen nach der Tat abgereist war, nicht etwas gemerkt haben könnte. Er wurde von der Angeklagten damit beruhigt, Weinhold habe von den Broten mitgegessen, die sie ihrem Ehemann zurechtgemacht habe. In den Brotaufstrich, so erklärte damals die Angeklagte, sei ein Schlafmittel gemischt gewesen, Weinhold habe deshalb fest geschlafen und bestimmt nichts gemerkt.

Am 25.Juni 1947 wurde in dem Dorfteich durch badende Kinder der Seesack mit der Leiche des John Blaue gefunden. Der Tote war in hochgradigen Fäulniszustand übergegangen. Eine Identifizierung war zunächst nicht möglich. Die Leiche wies die bereits beschriebenen 5 scharfen Hiebverletzungen mit ausgedehnten Schädelzertrümmerungen auf.

Bei den Bemühungen um die Identifizierung des Toten verschwieg die Angeklagte ihr Wissen, suchte sogar die Ansicht zu fördern, dass es sich nicht um ihren Mann handeln könne.

Am 10.3.1948 erstattete die Angeklagte bei der Polizei in Elmshorn eine Vermisstenanzeige dahin, ihr Mann sei seit dem 16.11.1946 vermisst.

Im April 1948 gab die Angeklagte ihr Geschäft auf und verzog mit Buchholz zunächst nach dem Ort Buchholz in Süderdithmarschen, später von dort im August 1949 nach Schafstedt in Dithmarschen und noch einen Monat später nach Gremmelsbach im Schwarzwald. Hier fanden die Angeklagte und Buchholz zunächst Arbeit in einer Uhrenfabrik. In der Folgezeit machte Buchholz sich selbständig. Er betätigte sich, wie schon in Dithmarschen, als Kunstschnitzer und fertigte eine grössere Anzahl Madonnenbildnisse an, die ebenfalls, wie bereits einige in Dithmarschen hergestellte solche Bildnisse, meist die Züge der Angeklagten trugen.

Am 16.8.1954 wurden die Angeklagte und Buchholz unter Mordverdacht vorläufig festgenommen und am 17.8.1954 in Untersuchungshaft gebracht. Seitdem befindet sich die Angeklagte in Untersuchungshaft.

Während der Untersuchungshaft zeigte Buchholz verschiedentlich starke Depressionen und unternahm im Landgerichtsgefängnis in Itzehoe einen Selbstmordversuch. Während der Haft bekam Horst Buchholz die Erlaubnis zu modellieren. Er fertigte einige Tonplastiken an, unter anderem die Figur eines Seemannes und eine Männerbüste, die gewisse Ähnlichkeiten mit John Blaue aufweist.

Im Anschluss an den Selbstmordversuch wurde er aus Sicherheitsgründen nach Neumünster verlegt. Hier gelang es ihm trotz aller Vorsichtsmassnahmen, am 9.11.1955 mit einer Rasierklinge sich die Halsschlagader zu zerschneiden und seinem Leben ein Ende zu setzen.

B.

Die Angeklagte und Horst Buchholz sind im Laufe der Ermittlungen wiederholt vernommen worden. Beide haben in ihren Tatschilderungen, bei der Darstellung der Begleitumstände und bei der Erwähnung von Nebenpunkten mehrfach gewechselt.

In keiner ihrer Vernehmungen und sonstigen Erklärungen indessen hat die Angeklagte die Behauptung aufgestellt, Buchholz gegenüber etwas von einem Selbstmord ihres Mannes durch Schlafmittelvergiftung erwähnt zu haben. Buchholz seinerseits hat sich in keiner seiner Vernehmungen und sonstigen Erklärungen auf einen solchen Selbstmord berufen.

1. Die Darstellungen der Angeklagten.

Bei ihrer ersten Vernehmung durch den Haftrichter in Villingen am 17.8.1954 (Band II/247) hat die Angeklagte die Tat abgestritten und erklärt, sie habe erst durch ihre jetzige Vernehmung von dem Tod ihres Mannes erfahren.

In ihrer handschriftlichen Äusserung vom 19.8.1954 (Band II/256) hat sie erklärt, sie sei am Abend vor dem Tode ihres Mannes mit diesem zum Tanz gewesen. Bei der Heimkehr habe sie eine lange Unterhaltung mit ihm gehabt. Sie habe sich gründlich ausgesprochen und gesagt, dass sie nicht mehr mit ihm zusammenleben könne, aber bereit sei, mit ihm zu sterben. Sie habe den Vorschlag gemacht, jeder solle 2o Schlaftabletten nehmen. Ihr Ehemann sei mit diesem Vorschlag einverstanden gewesen. Er habe ein Glas mit von ihr im Wasser aufgelösten 2o Stück Evipantabletten geleert, ohne sie aus den Augen zu lassen. Sie habe nichts getrunken. John Blaue sei dann " so komisch schnell " bewusstlos geworden und hinten übergefallen.

Tatsächlich ist hierzu festzustellen, dass die Wir-

kung auch einer starken Schlafmitteldosis, sogar tödlicher
Mengen, selbst bei Hinzutritt weiterer Komponenten (etwa
Alkoholgenuss) nicht sofort nach der Einnahme des Mittels
eintritt, sondern die Resorption durch den Magen einige Zei
beansprucht und deshalb der Eintritt von Benommenheit oder
Schlaf nicht vor Ablauf von lo bis 15 Minuten erfolgt.

Das ergibt sich aus den übereinstimmenden überzeugenden Erklärungen der beiden Sachverständigen.

Die Angeklagte hat weiter angegeben : sie habe dann
die Gläser ausgespült, eigentlich rein mechanisch, nun habe
sie Horst Buchholz auf dem Flur getroffen. Buchholz sei
sich bestimmt nicht über die Situation im klaren gewesen,
sondern habe sicher geglaubt, sie hätte ihren Mann ermordet. Sie sei ins Badezimmer gegangen und habe sich am Fensterkreuz festgehalten, weil sich alles vor ihr gedreht
habe. Als sie zurückgegangen sei, habe Herr Buchholz eine
Axt geholt gehabt und " gehandelt ". Gedacht hätten sie
beide überhaupt nichts in jener Nacht. Wenn sie sich jetzt
zurückerinnert, so sehe sie beide wie Automaten das Erforderliche tun. Nie habe sie später mit Buchholz über die
Nacht gesprochen, nie über die letzten Stunden mit ihrem
Mann.

Die Erklärung, mit Buchholz niemals wieder über die
Tat gesprochen zu haben, wiederholt sie in der handschriftlichen Äusserung ausdrücklich ein zweites Mal.

Vor dem Haftrichter, dem Zeugen Amtsgerichtsrat Pavel,
hat die Angeklagte am 11.9.1954 (Band II/314) erklärt,
sie habe vorher mit Buchholz Tatpläne erörtert dahin, dass
eine Lösung des unerfreulichen Verhältnisses gefunden werden müsse, notfalls durch Tötung des Ehemannes. So sei es
dann auch vereinbart worden. Am Abend vor der Tat sei sie
mit ihrem Mann zum Tanz gewesen. Nachher habe sie ihn be-
redet, mit ihr gemeinsam aus dem Leben zu scheiden. Sie
habe dann auf sein Einverständnis hin für jeden von beiden
2o Schlaftabletten in Wasser aufgelöst. Sie habe von vornherein nicht die Absicht gehabt, aus dem Leben zu scheiden.
Ihr Ehemann habe das Glas geleert, sie nicht. John Bläue
sei dann zurückgesunken. Sie habe einige Zeit bei ihm gesessen. Danach habe sie die Gläser ausgespült. Im Flur vor
dem Badezimmer sei sie mit Buchholz zusammengetroffen. Sie
sei weitergegangen ins Bad, Buchholz in die Bodenkammer zu

ihrem Mann. Dort habe Buchholz dem John Blaue die Schläge
mit dem Beil versetzt, während sie sich im Badezimmer aufgehalten habe.

Diese Darstellung hat die Angeklagte in einer handschriftlichen Erklärung vom folgenden Tage, dem 12.9.1954,
(Band II/321) und auch anlässlich ihrer Vernehmung durch
den Kriminal-Oberkommissar Paukstadt vom 23.11.1954 (Band
II/411) wiederholt. Insbesondere hat sie hier erneut angegeben, sie habe die Tat vorher mit Buchholz besprochen
und sei mit ihm einig geworden, den Ehemann im Schlaf zu
erschlagen, im Schlaf deshalb, weil sie keine Waffe besessen hätten und John Blaue Schreck und Schmerzen erspart
werden sollten.

In ihrer handschriftlichen Erklärung vom 11.3.1955
(Band II/452) ist sie von ihren früheren Angaben über
eine vorherige Verabredung mit Buchholz abgerückt. Sie hat
erklärt, sie allein habe den Entschluss gefasst, dem Buchholz um jeden Preis, notfalls mit dem Leben ihres Ehemannes, Heimat, Arbeit und Leben, welches er habe fortwerfen
wollen, zu sichern. Buchholz habe davon keine Ahnung gehabt. Am vorletzten Abend vor der Tat sei sie mit John
Blaue zum Tanz gewesen. Dabei habe sie ihm klar gemacht,
was sie alles innerlich von ihm trennte, dass sie ihm
nicht glauben und vertrauen könne, dass er die Schuld am
Tode seines ausserehelichen Kindes trage, dass er während
des Krieges als Mensch und Mann versagt habe und dass sie
ihn als Mann verabscheue und lieber sofort aus dem Fenster
springen wolle, als sich noch einmal von ihm anfassen zu
lassen. Im gleichen Sinne habe sie am Abend vor der Tat
nach dem gemeinsamen Abendessen mit John Blaue ein zweites
Mal gesprochen und ihn um ihre Freigabe gebeten. Er habe
gesagt, er werde sie nie freigeben, schon gar nicht wegen
eines so jungen Laffen – gemeint war Buchholz –. Um ihm
zu zeigen, dass es ihr Ernst gewesen sei, habe sie sich
bereit erklärt, sofort mit ihm zu sterben. John Blaue habe
gesagt " gut, sterben wir ". Er habe dann die von ihr aufgelösten Tabletten getrunken, habe " alter Trümmerhaufen "
gemurmelt und sei unvermutet auf die Couch zurückgesunken.
Sie habe dann wohl das Beil genommen, Buchholz aus seinem
Zimmer geholt und zu ihm bestimmt gesagt : " Ich kann nicht
mehr ". Buchholz habe ihr das Beil aus der Hand genommen

und, während sie sich im Badezimmer eingeschlossen habe,
auf ihren Mann eingeschlagen.

In einer weiteren nach Zustellung der Anklageschrift
abgegebenen handschriftlichen Erklärung vom 22.6.1955
(Band IV/683 a) hat sie sich dann dahin eingelassen, zwischen ihr und Buchholz sei nichts abgesprochen worden. Ihr
Ehemann habe freiwillig in selbstmörderischer Absicht die
Schlaftabletten genommen. Die Angabe des Buchholz, nicht
er, sondern sie habe die Schläge mit der Axt ausgeführt,
von denen sie erstmalig durch die Anklageschrift Kenntnis
erhalten habe, sei richtig.

2. Die Darstellungen des Horst Buchholz.

Das Gericht hat keine Möglichkeit, sich ein eigenes
Urteil über die Persönlichkeit von Horst Buchholz, insbesondere über seine Charaktereigenschaften, vor allem über
seine Wahrheitsliebe und sein Gerechtigkeitsempfinden zu
bilden. Zwar beurteilt der Sachverständige Dr.Hallermann
Buchholz in dieser Richtung weitgehend positiv. Ungeachtet
aller Erfahrungen und ärztlichen Autorität des Sachverständigen vermag das Gericht aber sein Urteil nicht ohne weiteres zu übernehmen, weil es infolge des Todes von Buchholz
an jeder Möglichkeit einer Nachprüfung darüber fehlt, ob
Buchholz wirklich zutreffend beurteilt wird, eine Frage,
die in punkto Wahrheitsliebe jedenfalls schon deswegen
zweifelhaft sein kann, weil auch Buchholz mehrfache voneinander völlig abweichende Darstellungen gegeben hat, von
denen, wenn überhaupt jedenfalls nur eine wahr sein kann,
während die übrigen erfunden sein müssen, so u.a. auch,
dass er die Zeugin Reumann in einer Umarmung mit John Blaue
betroffen haben will, was von dieser glaubhaft entschieden
in Abrede gestellt wird.

Unter anderem hat Buchholz bei seiner ersten polizei-
lichen Vernehmung am 17.8.1954 (Band II/243), die er am
gleichen Tage vor dem Haftrichter wiederholt hat (Band
II/247) zugegeben, den Ehemann Blaue durch Schläge mit
der Axt auf den Kopf getötet zu haben. Er hat es so geschildert, er sei anlässlich einer Auseinandersetzung zwischen den Eheleuten über abfällige Äusserungen des Ehemann-
nes ihn - Buchholz - betreffend in Wut geraten, habe aus
der Küche ein Beil geholt, sei auf den Bodenraum gegangen,
wo Blaue auf der Couch gelegen habe und habe ihn, als die-

ser Anstalten machte, aufzustehen, zurückgedrückt und ihm
schliesslich mit der Axt 2 bis 3 Schläge auf den Schädel
versetzt. Die Angeklagte sei an der Tat nicht beteiligt
gewesen.

In seiner Vernehmung vor dem Haftrichter, dem Zeugen
Amtsgerichtsrat Pavel, vom 22.11.1954 (Band II/410) hat
Buchholz in Bestätigung einer am gleichen Tage vor der Polizei getätigten Vernehmung erklärt, er habe mit der Angeklagten schon mehrfach in Gesprächen die Beseitigung von
John Blaue erörtert. Aus diesen Gesprächen sei ihm klar gewesen, dass die Angeklagte den Ehemann im Schlaf erschlagen wolle. Am Tage vor der Tat habe sie ihm gesagt, dass es
heute noch geschehen müsse. Daraufhin habe er im Laufe des
Vormittags das Beil aus seiner Werkstatt geholt und es in
der Wohnung im Flur zwischen Bad und Bodenraum abgestellt.
Frau Blaue habe das gewusst und gesehen. Er habe versucht,
sie im Laufe des Tages wieder von der Tat abzubringen. Nach
dem gemeinsamen Abendessen mit dem Ehepaar Blaue und dem
Zeugen Weinhold habe er sich schlafen gelegt und sei von
der Angeklagten erst geweckt worden, nachdem diese die Tat
ausgeführt gehabt habe. Im Anschluss daran hat Buchholz
jedoch in der gleichen Vernehmung weiter erklärt, er wolle
nunmehr die volle Wahrheit sagen. Er hat geschildert, in
der Nacht habe ihn die Angeklagte geweckt und erklärt,jetzt
wolle sie den Ehemann erschlagen, jetzt müsse gehandelt
werden. Sie habe das Beil ergriffen. Er, Buchholz, habe es
ihr aber weggenommen und dem auf der Couch schlafenden Blaue
mindestens 3 Schläge damit versetzt.

In seiner Vernehmung durch den Oberstaatsanwalt in
Itzehoe am 1.6.1955 (Band IV/635) hat er angegeben, die
Angeklagte habe den Ehemann allein erschlagen. Er, Buch-
holz, habe am Mittwochvormittag (13.9.) beim Eintritt in
den Bodenraum den Ehemann Blaue und die Hausangestellte
Waltraud, jetzige Zeugin Reumann bei einer Umarmung überrascht und dies der Angeklagten erzählt. Daraufhin habe
Frau Blaue mit ihm den Plan besprochen, den Ehemann umzubringen. Am Donnerstagmorgen sei die Angeklagte in seine
Werkstatt gekommen und habe ein Buschbeil in die Hand genommen. Dabei hätten sich beide angesehen und zugenickt.
Später habe er diess Beil in die Wohnung gebracht. Das
habe Frau Blaue gesehen. Bei dem Unternehmen in der Werk-

statt, für den noch lebenden Ehemann Blaue ein Loch zu gra-
ben, in dem er später verschwinden sollte, sei er, Buchholz, aber völlig ernüchtert. Er habe der Angeklagten erklärt, was sie vorhätten, sei unmöglich. Beim gemeinsamen
Mittagessen habe er nicht gewagt, den Ehemann Blaue anzusehen. Dem Hausmädchen habe er gesagt, er habe in der Werkstatt ein Loch für Kartoffeln gegraben. Nach einer noch-
maligen Aussprache mit der Angeklagten habe er die Meinung
gewonnen, dass die geplante Tat unterbleiben würde. Nach
dem gemeinsamen Abendessen, an dem auch Weinhold, der am
nächsten Tage habe verreisen wollen, teilgenommen habe, sei
er schlafen gegangen. In der Nacht habe ihn die Angeklagte mit der Mitteilung geweckt, sie habe ihren Mann erschlagen. Am folgenden Samstag habe er die Besorgnis geäussert, ob nicht Weinhold etwas gemerkt haben könnte. Daraufhin habe ihn die Angeklagte mit der Erklärung beruhigt,
Weinhold werde geschlafen haben, denn er habe beim gemeinsamen Abendessen von den Broten mit dem Aufstrich gegessen, in den sie für ihren Ehemann Schlaftabletten gemischt gehabt habe.

Übereinstimmend mit dieser Darstellung hat sich Buchholz auch in seiner richterlichen Vernehmung vom 9.6.1955
(Band IV/645) geäussert.

In der Vernehmung durch den Oberstaatsanwalt am 18.6.
1955 (Band IV/674) hat er dann diese Darstellung dahin
abgeändert, die Angeklagte habe ihn in der Nacht geweckt
und erklärt, es habe wieder Krach gegeben, jetzt wolle sie
ihren Ehemann umbringen. Das Beil habe sie dabei in der
Hand getragen. Bei einem Geräusch aus dem Bodenraum her
habe sie gesagt : " Jetzt müssen wir handeln, Horst. ". Daraufhin habe er selbst das Beil genommen und sei auf den
Bodenraum gegangen. Hier sei alles vorbereitet gewesen.
Das Fenster sei verhängt gewesen, die Lampe verdunkelt
und der Teppich vom Sofa weggeschlagen. Nun habe er, Buchholz, den Ehemann Blaue, der sich aufgerichtet gehabt habe, mit dem Beil erschlagen.

So, wie hier wiedergegeben, hat Buchholz die Tat auch
einen Tag vorher, am 17.6.1955, dem Zeugen Dr.Gerchow gegenüber mündlich geschildert, als dieser zusammen mit dem
Sachverständigen Professor Dr.Hallermann ihn auf seine

Bitte hin nochmals aufgesucht hatte. Dabei hat er insbesondere erwähnt, im Bodenraum sei alles so vorbereitet gewesen, dass er nur noch habe zuzuschlagen brauchen.

Der Zeuge Dr.Gerchow hatte den Eindruck, dass Buchholz
sich merkbar erleichtert fühlte, als er diese Darstellung
von sich gegeben hatte, so als sei gewissermassen nun eine
Last von seiner Seele genommen. Aber ~~mal~~ völlig richtig
muss nach der Ansicht des Schwurgerichts auch diese letzte
Tatschilderung deshalb nicht unbedingt gewesen sein, zumal
es kaum glaubhaft ist, dass der beim Eintritt von Buchholz
sich aufrichtende Blaue ohne Schreie oder Gegenwehr sich
hat erledigen lassen.

Die Todesursache seiner Mutter ist Buchholz nach seinem insoweit in allen Erklärungen und Vernehmungen immer
gleichgebliebenen Angaben nicht bekannt.

Die tatsächlichen Feststellungen zu Abschnitt A) Zif-
fern 4, 5, 6 und 7 dieses Urteils beruhen im wesentlichen
auf den Angaben der Zeugen Produktenhändler Heinz Weinhold,
Ehefrau Waltraud Reumann, Ehefrau Hertha Witt, Ehefrau Emma
Schneider, Ehefrau Ilse Baruth, Maschinenbauer Kröger, Korvettenkapitän Kolbe, Arbeiter Boysen, kaufmännischer Angestellter Schmidt, Strassenbahnschaffner Maschner, Kaufmann
Giesen und Verwaltungsinspektor Arnst, ferner der Sachver-
ständigen- und Zeugenbekundung des Professors Dr.Fritz, Di-
rektors des Instituts für gerichtliche Medizin und Krimina-
listik an der Universität Hamburg, schliesslich auch auf
den von der Angeklagten selbst in der Hauptverhandlung abgegebenen Erklärungen und ihrer später noch zu behandelnden
Bewertung.

Die Tatsachenfeststellungen zu Abschnitt B) dieses Urteils beruhen auf den Zeugenaussagen der Zeugen Pavel und
Paukstadt als Verhörspersonen sowie auf den verlesenen Urkunden und ihrer Auswertung, wie sie an anderer Stelle noch
zu erörtern sein wird, sowie ebenfalls den eigenen Erklärungen der Angeklagten in der Hauptverhandlung.

Die in Abschnitt B) Ziffer 1 wiedergegebenen Darstellungen tatsächlich gegeben zu haben, räumt die Angeklagte
ein, auch soweit sie sich jetzt daran nicht halten will.

C.

Wegen dieses Sachverhalts wird der Angeklagten gemein-
schaftliche, vorsätzlich heimtückische sowie aus niedrigen

Beweggründen erfolgte Tötung eines Menschen gemäss § 211 StGB. zum Vorwurf gemacht.

D.

Die Angeklagte verteidigt sich dahin, sie sei an der Tötung ihres Ehemannes unbeteiligt, dieser habe Selbstmord begangen.

Im einzelnen gibt sie an, ihr Ehemann, Buchholz und sie selbst hätten unter den Verhältnissen sehr gelitten. Es habe eine unerträgliche Spannung bestanden, obwohl nichts Greifbares vorgelegen habe. Sie habe keinen Ausweg gewusst. Angesichts der geschlechtlichen Überbeanspruchung durch ihren Ehemann, von der sie mit Buchholz zwar nicht gesprochen, die dieser aber bei ihrem gegenseitigen verstehenden Verhältnis gefühlt und geahnt habe, habe Buchholz die Befürchtung geäussert, ihr werde es noch so ergehen, wie seiner Mutter, die lange Zeit an multipler Sklerose erkrankt gewesen und daran zugrunde gegangen sei. Buchholz habe schliesslich erklärt, er wolle von Elmshorn weggehen oder am besten Selbstmord begehen und ihr schliesslich berichtet, dass er ihren Ehemann in einer verfänglichen Situation mit dem Hausmädchen überrascht habe. Das habe sie geglaubt und ihren Ehemann zur Rede gestellt. Bei dieser Unterredung habe John Blaue sie schwer gedemütigt. Über Einzelheiten insoweit hat sie sich nicht erklärt.

Weiter gibt sie an, sie habe sich nie bei Buchholz beklagt. Das sei nicht nötig gewesen ; denn Buchholz habe auch so alles gemerkt.

Am Mittwoch (13.11.1946) sei sie mit ihrem Ehemann zum Tanz gegangen, um eine Aussprache herbeizuführen und eine Klärung zu suchen. Sie habe ein erträgliches Zusammenleben aller drei Personen bei gutem Willen für möglich gehalten und deshalb gewollt, dass Buchholz dabliebe. Beim Tanz habe sich nicht die nötige Ruhe zu einer Aussprache ergeben. Deshalb sei sie mit ihrem Ehemann nach Hause gegangen und habe in dem Bodenraum, in dem er geschlafen habe, das Gespräch fortgeführt. Dabei sei ihr Ehemann aufgeregt gewesen und ausfällig geworden. Er habe alle Schuld auf Buchholz geschoben und sie schliesslich dadurch gedemütigt, dass er von ihr den Geschlechtsverkehr verlangt habe. Hiervor habe sie sich geekelt. Ihre Nerven seien mit ihr durchgegangen, und sie habe nunmehr ihrem Ehemann er-

öffnet, sie könne nicht weiter mit ihm zusammenleben. Um
zu zeigen, dass es ihr nicht um Buchholz, sondern um die
unerträglichen Verhältnisse zu tun gewesen sei, habe sie
schliesslich gesagt, sie wolle überhaupt nicht mehr leben,
sie wolle Tabletten nehmen, um zu sterben. Ihr Ehemann habe nach Unterrichtung, dass es sich um Evipan-Tabletten
handele, erklärt, er wolle auch sterben. Das habe sie überrascht. Von da ab wisse sie nur noch genau, dass sie zwei
Gläser genommen und in ihnen Evipan-Tabletten aufgelöst
habe ; und zwar in dem für den Ehemann bestimmten Glas 2o,
in dem für sie selbst bestimmten Glas vielleicht auch 2o,
vielleicht aber auch um ein Geringes weniger als 2o Tabletten. Ihr Ehemann habe zu ihrem Erstaunen sein Glas ohne
weiteres geleert.

Zu ihrer früheren Aussage, sie habe sich von vornherein mit der Absicht getragen, selbst nichts zu trinken,
erklärt sie, diese sei falsch gewesen. Sie gibt an, sie
habe eine solche Aussage nur gemacht, um Anteil an der Tat
des Buchholz zu haben.

Ihrer insoweit wiederholt aufgestellten Behauptung,
sie habe Buchholz schützen wollen, kann allerdings bereits
hier mit der Feststellung entgegengetreten werden, dass
sie in ihren Vernehmungen seit September 1954 (Band II/
314) mit Ausnahme ihrer handschriftlichen Darstellung vom
22.6.1955 (Band IV/683 a) nach dem Inhalt der verlesenen
Urkunden und den Aussagen der Verhörspersonen regelmässig
Buchholz bezichtigt hat, dieser habe die Beilhiebe geführt.

Des weiteren schildert die Angeklagte, nach dem Trin-
ken sei ihr Ehemann schnell zurückgesunken. Sie habe die
Gläser hinausgetragen und ausgespült. Danach habe sie sich
vor den auf der Couch liegenden Ehemann hingesetzt. Er habe
ihr plötzlich leid getan. Nach kurzer Zeit habe sich sein
Gesicht plötzlich verändert. Aus seinen Mundwinkeln sei
Schaum getreten. Nun sei sie hinausgegangen und auf dem
Flur vor dem Bad mit Buchholz zusammengetroffen. Von dieser Begegnung wisse sie nur, dass sie wörtlich gesagt habe:
" Ich kann nicht mehr. " Es sei möglich, dass sie weiter
den Wunsch geäussert habe, der Ehemann möge tot sein. Dann
sei sie in das Badezimmer gegangen und habe sich dort an
das Fensterkreuz geklammert, um nicht zusammenzusinken

- 31 -

vor ihren Augen habe sich alles gedreht, vielleicht sei sie
sogar bewusstlos geworden. Einige Zeit danach sei sie in die
Notküche neben dem fraglichen Bodenraum gegangen und habe
sich dorthin gesetzt. Kurz darauf sei Buchholz zu ihr gekommen. Sie wisse nicht, ob er etwas zu ihr gesagt habe.
Klar sei ihr aber gewesen, dass ihr Mann soeben von Buchholz erschlagen worden sei.

Sie sei nicht wieder in das Wohnzimmer gegangen, und
habe ihren toten Mann nicht wieder gesehen. Auch beim Verpacken der Leiche habe sie nicht geholfen. Ihre früheren,
hiervon abweichenden Angaben bezüglich des Verpackens habe
sie gemacht, damit Buchholz nicht alleine dastehe. Im Gegensatz hierzu hat sie aber auf Befragen auch angegeben,
sie habe die Brieftasche des Toten durch Zerschneiden und
Verbrennen vernichtet, ohne sich von dem Inhalt, der wohl
nur ein paar hundert Mark betragen habe, überzeugt zu haben.

Dass sie am nächsten Tag gemeinsam mit Buchholz die
Leiche ihres Mannes aus dem Hause geschafft hat, gibt die
Angeklagte zu.

Nach alledem beharrt sie darauf, ihr Ehemann habe
Selbstmord durch freiwillige Einnahme von Schlaftabletten
begangen. Er sei im Sterben oder gar schon tot gewesen, als
Buchholz ihm die Beilhiebe versetzt habe. Sie selbst habe
mit der Tötungshandlung nichts zu tun.

Mit Buchholz will die Angeklagte niemals abgesprochen
haben, ihren Ehemann zu beseitigen. Sie gibt wohl zu, das
in ihren früheren Vernehmungen teilweise eingestanden zu
haben, will das aber nur deshalb gesagt haben, weil ihr bei
den Vernehmungen erklärt worden sei, ihre Darstellung sei
unlogisch oder weil sie selbst ihre Angaben als für andere
unlogisch erscheinend betrachtet habe.

Das Tatbeil, so gibt sie an, habe im Wohnzimmer in
der Nähe des Ofens gelegen. Sie selbst habe es dort hinge-
legt, damit die Männer nicht ihr Brotmesser zum Holzspalten
gebrauchen müssten, es habe nämlich in der fraglichen Nacht
auf dem Ofen im Wohnzimmer in einem grossen Topf Grünkohl
gekocht. Sie habe das Beil zum Holzzerkleinern bereitgelegt,
da nach der Rückkehr vom Tanz möglicherweise ein Nachlegen
von Holz hätte erforderlich sein können.

Ihre frühere Angabe, sie selbst habe mit dem Beil zugeschlagen, sei nur zur Entlastung von Buchholz erfolgt,

die ihr immer ausschliesslich am Herzen gelegen habe. Wenn
Buchholz seinerseits ebenfalls gesagt habe, sie habe mit dem
Beil zugeschlagen, dann müsse er das verantworten.

Eine Äusserung Buchholz gegenüber, Weinhold habe von
dem Schlafmittel mitgegessen, welches sie für ihren Mann
in den Brotaufstrich gemacht habe, habe sie niemals getan.
Es sei ihr unerklärlich, wie Buchholz zu siner solchen Angabe gekommen sei.

Auf Vorhalt des Sachverständigen Dr.Fritz hat sie erklärt, nach längerem Überlegen müsse sie es auch für möglich ansehen, dass ihr Ehemann nach dem Austrinken des Was-
serglases mit den Schlaftabletten nicht sofort plötzlich
zusammengesackt sei, sondern dass dies etwa lo Minuten bis
1/4 Stunde gedauert haben könne.

Auf Vorhalt des Gerichts, weshalb ihr Ehemann keinen
Anstoss daran genommen habe, dass sie selber ihr Glas nicht
geleert habe, hat sie angegeben, ihr Ehemann habe das nicht
bemerkt. Er sei abgelenkt gewesen ; denn er habe von ihr zu
ihrer tiefsten Erniedrigung in dieser Situation geschlechtlichen Verkehr verlangt und habe deshalb seine Aufmerksamkeit von den Gläsern abgewendet.

Hiernach, so folgert die Verteidigung der Angeklagten,
könne ihr allenfalls der Vorwurf der unterlassenen Hilfeleistung oder, falls John Blaue erst durch die Beilhiebe
des Buchholz getötet worden sein sollte, der der Begünstigung gemacht werden. Die Verfolgung dieser strafbaren Handlungen sei jedoch verjährt.

E.

1. Würdigung des Vorbringens der Angeklagten.

Nach der Überzeugung des Schwurgerichts hat John Blaue
in der fraglichen Nacht keinen Selbstmord begangen. Die da-
hingehende Darstellung der Angeklagten ist unwahr.

a) Der Gutachter Professor Dr.Hallermann hält es zwar
für möglich, dass die Angeklagte in einer scheinbar ausweglosen Situation mit dem Gedanken eines Selbstmordes um-
gehen könnte, dass ihr also ein Selbstmord nicht persönlichkeitsfremd ist. In diesem einen Punkte ist das Gericht
anderer Ansicht als der Sachverständige, wie oben bereits
ausgeführt. Es sieht in der Angeklagten, die während des
gsamten Verfahrens niemals die Nerven verloren hat, die
unter der Belastung und dem Druck der gegen sie erhobenen

Anklage immer ruhig und gefasst gewesen ist, die sogar den
für sie gewiss sehr schweren und schmerzlichen Tod ihres
Geliebten Buchholz ohne sichtbare äussere Erschütterung
überstanden hat und während der ganzen Hauptverhandlung
mit eiserner Ruhe und Konzentration ihre Sache geführt hat,
keine Frau, die dazu neigen könnte, zu kapitulieren und
aus dem Leben zu scheiden. Sie ist vielmehr ein Mensch voller Tatkraft und Initiative, wie sie es selbst einmal von
sich mit den Worten gesagt hat : " gehandelt habe immer
nur ich ", so wie sie auch der Zeuge Boysen geschildert
hat und wie sie sich schliesslich die gesamten langen Jahre
nach der Tat unerschüttert und, ohne sich je zu verraten,
voller Umsicht und Vorsicht hat verhalten können.

b) Dass sie einen gemeinsamen Selbstmord ernstlich
vorgeschlagen haben sollte, ist umso weniger glaubhaft,
als für sie nicht der geringste Anlass bestand, mit dem un-
geliebten Manne aus dem Leben zu scheiden und den Geliebten, dem sie gerade Heimat und Wohnung sichern wollte, allein zurückzulassen.

c) Aber auch ein Eingehen von John Blaue auf einen
Selbstmordvorschlag muss als ausgeschlossen erachtet werden. John Blaue war in seiner ganzen Wesensart, seiner Veranlagung und seiner Lebenseinstellung kein Selbstmördertyp,
sondern ein froher, lebensbejahender Charakter. Er liess
sich selbst durch Widerstände und Kummer nur einmal für
wenige Minuten etwas verstimmen, aber niemals in so schwere Depressionen versetzen, dass für ihn ein Selbstmord in
Betracht gekommen wäre. So kennen ihn die Zeugen Reumann,
Weinhold, Schneider, Baruth, Schmidt, Kröger und Mascher
nach ihrer glaubhaften Schilderung. Seine Einstellung hat
sich auch an seinen letzten Lebenstagen nicht geändert.
Die Zeugen Reumann und Weinhold, die in dieser Zeit noch
mit ihm zusammen gewesen sind, bekunden das glaubhaft. Noch
beim letzten gemeinsamen Abendessen mit Weinhold hat er
diesem von seinen Zukunftsplanen vorgeschwärmt und dabei
erwähnt, dass er nun das Geld für einen Lkw. zusammen habe.
Selbst wenn es noch am gleichen Abend zu der von der Angeklagten behaupteten Auseinandersetzung zwischen den Eheleuten gekommen wäre, hätte sich nach der Überzeugung des Gerichts deswegen allein in der Einstellung von John Blaue

keine so grundlegende Wandlung vollzogen, dass er nun
plötzlich aus dem frohen optimistischen, zukunftsplanenden
Manne zu einem lebensmüden, verzweifelten Menschen geworden wäre, der keinen anderen Ausweg mehr gesehen hätte als
den Tod, zumal seine misslichen Eheverhältnisse ihm nicht
erst jetzt offenbar geworden waren, bisher aber noch nie
vermocht hatten, seine optimistische Haltung erheblich zu
verändern. Das kommt umso weniger in Betracht, als von seiner Seite aus auch kein Motiv vorhanden war, einer Frau
zuliebe sein Leben wegzuwerfen, von der er wusste, dass
sie ihn nicht mehr liebte und hinsichtlich deren auch seine eigenen Gefühle inzwischen verwandelt und abgeschwächt
waren.

Gewiss sind ihm die Zustände im Hause nicht ganz
gleichgültig gewesen. Seine gelegentlichen Äusserungen, er
werde bald einmal aufräumen (Zeugin Schneider) oder er
könne Buchholz nicht hinauswerfen, solange er, Blaue, wirtschaftlich abhängig sei (Zeugin Witt) lassen dies erkennen. Aber er hat sie nicht tragisch genommen und sie haben
ihn nicht tief beeindruckt. Gerade die letzte Äusserung
zeigt, dass er keineswegs verzagt war. Sie zeigt, dass er
mit Zuversicht seine Selbständigkeit kommen sah und nur
bis dahin das Aufräumen im Hause, das heisst die Entfer-
nung der störenden Untermieter, aufgeschoben hatte.

Keinem Menschen gegenüber, auch nach ihrem eigenen
Eingeständnis der Angeklagten gegenüber nicht, hat er jemals Andeutungen gemacht, dass er lebensmüde sei. Ein akuter Anlass, der bei ihm angesichts solcher Mentalität einen
Selbstmord hätte auslösen können, ist nicht ersichtlich.
Ein blosser Ehestreit, wie ihn die Angeklagte vorschiebt,
war dazu nicht geeignet. John Blaue hatte nach ihrem eigenen Eingeständnis und nach der Schilderung des Zeugen Weinhold sowie der Zeugin Reumann schon vorher manchen Streit
in seiner Ehe gehabt, ohne das in irgendeiner Weise schwer
zu nehmen.

Wenn er auch zuletzt bei der Wiederaufnahme seines
Fuhrbetriebes allerhand Schwierigkeiten begegnet war, so
liegt auch hier ein einen Selbstmord auslösender Anlass
nicht vor. Denn gerade hier war er nach seiner eigenen
Meinung, wie seine letzten Äusserungen zu dem Zeugen Weinhold beweisen, am Ziel seiner Wünsche angelangt. Es bestand also kein Grund für ihn, jetzt aufzugeben.

d) Unabhängig davon ist aber das Gericht auch noch aus
verschiedenen anderen Gründen überzeugt, dass die Schilderung des Selbstmordes, gleichviel in welcher der verschiedenen Varianten der Angeklagten man sie zugrunde legen wollte, unzutreffend ist und deshalb dieser Selbstmord niemals
stattgefunden hat.

Hätte John Blaue Schlaftabletten in einer tödlichen
Menge genommen, dann hätte nicht der geringste Anlass bestanden, ihm durch Axthiebe den Schädel zu zertrümmern. Das
erkennt die Angeklagte selbst. Eine ihrer Erklärungen, sie
habe das Gefühl gehabt, der Tote müsse unkenntlich gemacht
werden, die sie vor dem Haftrichter abgegeben hat (24.8.
1954 - Band II/273), lässt deutlich erkennen, zu welchen
gewagten Konstruktionen sie sich gezwungen sah, um die nach
dem angeblichen Selbstmord ausgeführten Axthiebe plausibel
zu machen. Gegenüber dieser Erklärung ist im übrigen der
Hinweis angebracht, dass sämtliche Axthiebe das Gesicht
des Toten völlig unbeschädigt gelassen haben, also in keiner Weise geeignet xixx waren, ihn unkenntlich zu machen.
Offenbar in Erkenntnis dessen, dass ein Selbstmord von John
Blaue mit der Ausführung der Axthiebe durch die Angeklagte
schlecht zu vereinbaren ist, hat die Angeklagte im Anschluß
an diese Erklärung in sieben aufeinanderfolgenden Äusserungen, teils handschriftlich, teils vor dem Zeugen Paukstadt, teils vor dem Haftrichter, nun angegeben, nicht sie,
sondern Buchholz habe geschlagen. Um das verständlich zu
machen, hat sie immer wieder behaupten müssen und behauptet, Buchholz habe von dem Selbstmord nichts gemerkt und
sie habe ihm bei der Begegnung auf dem Flur auch nichts
davon gesagt. Das ist der Angeklagten aber nun wieder nicht
abzunehmen. Das Gericht ist im Gegenteil davon überzeugt,
dass ihr ein etwaiger Selbstmord ihres Mannes keine so
grosse Erschütterung verursacht hätte, wie sie es jetzt
darstellt, sondern eine Erlösung bedeutet hätte und dass
sie deshalb, hätte ein Selbstmord sich wirklich ereignet,
durchaus Kraft und Nerven genug gehabt hätte, um Buchholz
darüber zu informieren. Sie hätte auf diese Weise ganz
sicher verhindert, dass Buchholz sich noch an einem Toten
vergriff.

e) Hätte ein Selbstmord vorgelegen, dann hätte die
Angeklagte diesen auch leicht unmittelbar nach der Tat
durch die nötigen Massnahmen bei den Behörden (Anzeige,

Leichenöffnung, Untersuchung auf Gift) feststellen lassen
können und hätte es nicht nötig gehabt, den Vorfall zu ver-
tuschen und die Leiche zusammen mit Buchholz beiseitezu-
schaffen, auch dann nicht, wenn nachträglich der Tote noch
mit Axthieben verstümmelt worden wäre. Gerade in einem solchen Falle wäre eine sofort eingeleitete Untersuchung geeignet gewesen, den wesentlich zu entlasten, der die Beilhiebe geführt hatte. Es ist nicht zu verkennen, dass die
Angst, mit der Darstellung keinen Glauben zu finden, dafür
bestimmend gewesen sein könnte, sich anders zu verhalten.
Aber das Gericht glaubt dessen ungeachtet bei der zielbe-
wussten, überlegten und intelligenten Angeklagten, dass
sie sich für den sichereren Weg entschieden haben würde,
wenn sich das, was sie heute angibt, damals wirklich hätte
beweisen lassen.

f) Hätte John Blaue Selbstmord begangen, dann hätte
für die Angeklagte im übrigen kein Anlass bestanden, bei
der Wiederaufnahme der Ermittlungen durch die Polizei und
bei der Bemühung um die Identifizierung der im Liether
Dorfteich aufgefundenen Leiche ihr Wissen zu verschweigen
und sogar noch nach ihrer vorläufigen Festnahme bei ihrer
ersten Vernehmung vor dem Haftrichter am 17.8.1954 (Band
II/247) sich unwissend zu stellen.

g) Dass die Selbstmordgeschichte unwahr ist, ergibt
sich schliesslich auch aus den Widersprüchen, in die die
Angeklagte sich bei ihren verschiedenen Darstellungen ver-
wickelt hat./

Soweit sie anfänglich nämlich geschildert hat, ihr
Ehemann sei sofort nach dem Austrinken des Glases mit den
Tabletten nach hinten gesackt, ist das offenbar unrichtig.
So schnell wirken nämlich Schlaftabletten überhaupt nicht,
auch dann nicht, wenn man zu Gunsten der Angeklagten un-
terstellen will, dass ihre Wirkung durch vorherigen Alkoholgenuss seitens John Blaue gefördert worden sein könnte.
Nach der Überzeugung des Gerichts hat die Angeklagte diese
unwahre Schilderung nur abgegeben, um einer anderen unbequemen Frage auszuweichen, nämlich der Frage danach, weshalb denn John Blaue angesichts der Verabredung gemeinsamen Selbstmordes nach dem Trinken seinerseits sich still-
schweigend damit abgefunden habe, dass sie ihr Glas nicht
auch leerte. Die Tatsache allein aber schon, dass die Angeklagte bei ihren ersten Darstellungen den Verlauf des

Selbstmordes in einer Weise beschreibt, wie er sich nach den überzeugenden Bekundungen der Sachverständigen Prof.Dr. Fritz und Prof.Dr.Hallermann niemals zugetragen haben kann, zeigt nach der Überzeugung des Gerichts, dass er sich tatsächlich auch überhaupt nicht ereignet hat.

h) Ein weiterer deutlicher Widerspruch der Angeklagten, der ihre gesamte Darstellung als unwahr charakterisiert, liegt in folgendem : Sie hat zunächst den Vorschlag zum Selbstmord an ihrem Ehemann damit motiviert, sie habe sich vor seinem im Laufe der ehelichen Auseinandersetzung geäußerten geschlechtlichen Verlangen geekelt und ihm erklärt, dass sie nicht mehr mit ihm leben könne. Nachdem durch die Sachverständigenbekundungen aber auch für sie ersichtlich war, dass ihr ihre erste Schilderung des angeblichen Selbstmordverlaufs mit dem sofortigen Zusammensacken ihres Mannes nicht abgenommen werden würde, und sie nun auf Befragen des Gerichts, nachdem sie das Verstreichen eines längeren Zeitraumes zwischen Trinken und Umsacken hatte einräumen müssen, eine Erklärung dafür geben musste, aus welchem Grunde ihr Mann sich damit abgefunden habe, dass sie nicht trank, hat sie plötzlich das Ereignis, welches nach ihrer ersten Darstellung den Anlass zu dem Selbstmordvorschlag gebildet haben soll, zeitlich verlagert. Sie hat erklärt, ihr Mann habe nichts bemerken können, weil er ihr jetzt geschlechtlich habe nahetreten wollen und dadurch abgelenkt worden sei.

Einmal legt sie also das geschlechtliche Ansinnen zeitlich vor den gemeinsamen Entschluss zum Selbstmord, ein anderes Mal legt sie es erst in die Zeit nach dem Ausleeren des Giftbechers durch ihren Mann.

Nur nebenher und der Vollständigkeit halber mag erwähnt werden, dass ihr auch ihre letzte Darstellung für sich allein nicht hätte abgenommen werden können, selbst wenn sie nicht in Widerspruch zu anderen von ihr gegebenen Schilderungen stünden. Wenn nämlich schon ein Mensch so weit entschlossen gewesen wäre, aus dem Leben zu scheiden, was unbedingt eine tiefe Depression, ein völliges Abwenden vom Leben voraussetzt - und übrigens nach dem oben Gesagten bei John Blaue niemals der Fall war -, dann steht ihm nach der Überzeugung des Gerichts, er mag charakterlich veranlagt sein wie er will, nicht mehr der Sinn nach geschlechtlichen

Ablenkungen. Ein solcher Mensch hat nämlich wirklich mit dem Leben abgeschlossen, ist zum Sterben bereit und denkt, den Tod vor Augen, nicht mehr an die Dinge, die die Angeklagte hier glauben machen will.

Weiter ist ihr ihre Erklärung nicht abzunehmen, mit der sie die Existenz des Handbeils auf dem Bodenraum zu begründen versucht. War sie nämlich mit ihrem Ehemann zum Tanz gegangen, dann stand die Zeit ihrer Rückkehr nach Hause nicht fest, ihre Abwesenheit musste mindestens auf einige Stunden veranschlagt werden. Es kann also nicht zwischendurch während ihrer Abwesenheit Grünkohl gekocht haben.

Nicht geglaubt werden kann ihr ferner die Behauptung, sie sei zwecks Herbeiführung einer Aussprache mit ihrem Mann zu einem öffentlichen Tanz gegangen, weil das kein Ort für die Erledigung einer ehelichen Auseinandersetzung ist. Sie mag, das ist auf Grund der auch von Buchholz und Weinhold gemachten Angaben möglich, mit ihrem Ehemann zum Tanz gewesen sein, aber das in durchaus friedlichem äusseren Einvernehmen und nicht zur Erledigung eines Streites.

Wieso ihr nach dem Wiedererscheinen von Buchholz aus der Bodenkammer plötzlich klar gewesen sein soll, dass er ihren Mann jetzt erschlagen hat, ist schlechterdings unverständlich, wenn eben nicht Entsprechendes irgendwann vorher mit Buchholz erörtert worden ist.

Wenn auch den Angaben der Angeklagten und des Horst Buchholz über den Tathergang im einzelnen aus den bereits dargelegten Gründen mangelnder Übereinstimmung und ständiger Änderungen keinerlei entscheidendes Gewicht beigemessen werden kann, so bestehen keine Bedenken, solche Angaben als wahr hinzunehmen, die für den Erklärenden sichtbar keinerlei Belastung seiner selbst oder seines Partners darstellen konnten. So bestand zum Beispiel für Buchholz nicht der geringste Anlass, die Todesursache seiner Mutter zu verschweigen oder darüber falsche Angaben zu machen. Wenn er aber hierzu niemals etwas anderes angegeben hat als, die Todesursache sei ihm nicht bekannt, so hat er insoweit nach der Überzeugung des Schwurgerichts auf jeden Fall die Wahrheit gesagt, da für ihn keinerlei Verbindung zwischen dem Tode seiner Mutter und der Ermordung des John Blaue ersichtlich war. Damit widerlegt sich aber die Behauptung der Angeklagten über die geschlechtliche Überbeanspruchung

durch ihren Mann, das angebliche Selbstmordmotiv und die
damit zusammenhängende Äusserung des Buchholz, sie werde
wegen dieses Verhaltens ihres Mannes noch, wie seine Mutter,
an multipler Sklerose sterben.

i) Bei allen ihren Vernehmungen ist die Angeklagte dabei verblieben, dass sie nach der Tat mit Buchholz niemals
mehr über die Vorgänge in der Tatnacht gesprochen habe. Sie
hat auf ausdrückliches Befragen des Gerichts nach dem Wie-
dereintritt in die Hauptverhandlung diese ihre Darstellung
wiederholt und hinzugefügt, sie habe Buchholz nie gesagt
oder auch nur angedeutet, dass es sich gar nicht um einen
Mord, sondern um einen Selbstmord des John Blaue gehandelt
habe. Das Gericht ist davon überzeugt, dass mindestens diese
letztere Behauptung wahr ist, mag auch die Darstellung der
Angeklagten im übrigen recht unwahrscheinlich anmuten. Dass
sie Buchholz niemals Andeutungen über einen Selbstmord gemacht hat, glaubt das Gericht deshalb, weil auch Buchholz
während aller seiner Vernehmungen sich niemals auf einen
solchen berufen hat, was er nach der Überzeugung des Schwurgerichts zu seiner und ihrer Entlastung mit Sicherheit getan
hätte, wenn ihm in dieser Richtung von der Angeklagten jemals irgendetwas gesagt worden wäre.

Hat aber die Angeklagte dem Buchholz nichts von einem
Selbstmord gesagt, ganz gleich, wie er im einzelnen nun vor
sich gegangen sein sollte, dann hat ein solcher Selbstmord
auch niemals stattgefunden. Das Gericht ist überzeugt, dass
die Angeklagte keine 8 Jahre hindurch zugesehen hätte, wie
der von ihr geliebte Mann, falls er es war, der die Axthiebe ganz oder teilweise ausführte, unter der vermeintlichen Mordtat seelisch litt, sondern dass sie sich ihm dann
offenbart hätte, ihm um ihn von seinen Selbstvorwürfen zu
befreien. Sie hatte es auch nicht etwa nötig, ihm die Wahrheit zu verschweigen, um ihn durch sein Schuldgefühl an sie,
die ältere Frau, zu fesseln, weil Buchholz bei Kenntnis von
dem Selbstmord wegen der Axthiebe, wegen der Zerstörung der
Ehe und wegen Verpackung und Abtransport der Leiche hinreichend an sie gebunden geblieben wäre.

Hatte aber Buchholz mit den Axthieben nichts zu tun
und war die Angeklagte Alleintäterin, dann hätte sie sich
ebenfalls offenbaren müssen und offenbart ; denn sie hätte
Buchholz nicht 8 Jahre lang in dem Glauben leben lassen können, in der geliebten Frau eine Mörderin sehen zu müssen,

weil sie damit gerade die Gefahr eingegangen wäre, dass er
sich ihr entfremdete.

Mögen die Angaben der Angeklagten und des Buchholz noch
so weit auseinandergehen und noch so häufig gewechselt haben, so stimmen sie in dem hier entscheidenden Punkt von
Anfang bis Ende überein. Die Angeklagte hat niemals behauptet, dass sie Buchholz gegenüber den Selbstmord erwähnt habe. Buchholz hat nie von einem Selbstmord des John Blaue
gesprochen.

k) Schliesslich ist der Angeklagten die Schilderung
des Tatverlaufs, die sie in der Hauptverhandlung gegeben
hat, in einem weiteren Punkt nicht abzunehmen. Nach ihrer
Darstellung soll Buchholz bei der Begegnung im Flur vor dem
Badezimmer auf ihre blosse Bemerkung " ich kann nicht mehr"
ohne weiteres in das Wohnzimmer gegangen sein und auf John
Blaue mit dem Beil eingeschlagen haben. So können sich die
Dinge aber unmöglich zugetragen haben. Mag Buchholz damals
noch so jung, unerfahren und unreif gewesen sein, so konnte
ihn eine solche Bemerkung für sich allein doch niemals dazu
veranlassen, mit dem Beil auf John Blaue loszugehen, ohne
sich zuvor wenigstens zu vergewissern, was denn eigentlich
geschehen sei. Merkwürdig bleibt auch, dass ausgerechnet
in dem geeigneten Augenblick das Beil zur Hand war.

Nahe liegt für einen Mann, auch für einen jungen Mann,
in einer solchen Situation einzig und allein der Versuch,
die offenbar verzweifelte Frau erst einmal zu beruhigen
und bestenfalls sie nach den Gründen ihrer Verzweiflung
zu fragen. Völlig abwegig ist es, ohne weitere Erklärungen
und ohne weitere Fragen einfach ein Beil zu greifen und in
das Schlafzimmer hineinzustürmen und dort eine dem friedlich schlafenden Menschen gegenüber, der ja auch nach Darstellung der Angeklagten unter Schlafmitteln gestanden haben soll, der vorgefundenen Situation nach völlig unmoti-
vierte Gewaltaktion vorzunehmen. Auch wenn Buchholz jähzornig gewesen ist und zu Wutausbrüchen geneigt hat, was
zu Gunsten der Angeklagten unterstellt werden soll, so war
für ihn auf Grund der wenigen Worte, die ihm gesagt worden
waren, noch kein Anlass zu Wut und Jähzorn ; denn er wusste ja nicht, ob überhaupt etwas geschehen war und ob John
Blaue dabei eine Rolle spielte. Auf jeden Fall hätten sich
aber Wut und Jähzorn legen müssen und gelegt, wenn er,
im Bodenraum von John Blaue angekommen, diesen unter der

Wirkung der Schlaftabletten friedlich hätte schlafen sehen und sich deshalb hätte sagen müssen, dass es im Augenblick zwischen der Angeklagten und ihrem Mann gar keinen Streit gegeben haben konnte. Wenn Buchholz auf eine solche kurze Bemerkung hin ohne weiteres in der beschriebenen Weise sich verhalten hätte, dann wäre das nur verständlich und möglich, wenn er, was die Angeklagte ja aber gerade abstreitet, bereits vorher eine solche Tat mit ihr verabredet gehabt hätte.

Auf Grund aller dieser Erwägungen ist das Schwurgericht überzeugt, dass John Blaue keinen Selbstmord verübt hat.

Der Selbstmord ist hiernach eine Erfindung der Angeklagten.

Deshalb hat eine Verurteilung wegen Mordes auch nicht auf ihre Darstellung insoweit gegründet werden können ;denn nur, wenn diese Darstellung richtig wäre, könnte in dem von der Angeklagten beschriebenen Verhalten bei einer Ehefrau dem Ehemann gegenüber ebenfalls schon ein Mord erblickt werden.

2. Nachweis der Täterschaft.

Hat John Blaue aber keinen Selbstmord begangen, dann ist er von fremder Hand durch Beilhiebe getötet worden.

Wartet bei dieser Sachlage die Angeklagte mit einer offensichtlich unwahren Darstellung des Geschehens auf, so kann dieses ihr Verhalten nur damit erklärt werden, dass sie etwas zu verbergen hat, nämlich dass die Wahrheit ihr gefährlich werden und den Nachweis für ihre Beteiligung an der Tat erbringen kann.

Das war ihr auch in der Hauptverhandlung an ihrer deutlich unterschiedenen Haltung bei ihrer Vernehmung zur Person und zur Sache anzumerken.

Die vielfach wechselnden, in sich selbst widersprüchlichen, aber auch zueinander häufig im Gegensatz stehenden Schilderungen, die die Angeklagte und Horst Buchholz im Laufe des Verfahrens über die Vorgeschichte im engeren Sinn und über den Verlauf der Tatnacht abgegeben haben, können zwar hinsichtlich der Tatdarstellung vom Schwurgericht nicht entscheidend verwertet werden. Es steht fest, dass beide mindestens in einigen ihrer Erklärungen auf alle Fälle objektiv, mit grosser Wahrscheinlichkeit auch subjektiv die Unwahrheit gesagt haben. Das bedarf angesichts der vie-

len Widersprüche keines weiteren Beweises. Ist dem aber so,
dann kann eine bestimmte Schilderung nur verwertet werden,
wenn besondere und überzeugende Anhaltspunkte dafür vorliegen, dass gerade sie nun die einzig wahre Darstellung
ist. Solche Anhaltspunkte lassen sich hinsichtlich keiner
der verschiedenen Tatschilderungen gewinnen.

Die sehr wesentliche Frage, wer von den beiden Beteiligten die Axt ergriffen und mit den 5 festgestellten Hieben den Schädel des John Blaue zerschmettert hat, muss
deshalb unlösbar erscheinen. Das Gericht hat insoweit keine sicheren Feststellungen treffen können mit Ausnahme der
einen, dass entweder die Angeklagte oder Buchholz oder
beide gemeinsam, aber niemand anders die Beilhiebe ausgeführt haben kann.

Eine dritte Person kommt als Täter nicht in Frage.
Ausser Weinhold war in der Tatnacht in der Wohnung Blaue
nur der Ehemann Blaue, die Angeklagte und Horst Buchholz
anwesend. Weinhold scheidet als Täter aus. Das bedarf angesichts der ganzen Zusammenhänge keiner weiteren Darlegung. Die Angeklagte selbst hat niemals den Weinhold der
Täterschaft bezichtigt. Auch Buchholz hat niemals so etwas
behauptet. Bei aller Fragwürdigkeit ihrer sonstigen Angaben hat das Gericht aus dem übereinstimmenden Schweigen
der beiden Beteiligten insoweit die sichere Überzeugung
gewonnen, dass Weinhold mit der Mordtat nichts zu tun hat.

Dann bleiben für die Ausführung der Axtschläge aber
nur Buchholz oder die Angeklagte oder beide gemeinsam
übrig.

Auch wenn diese Frage offen bleiben muss, wer zugeschlagen hat, so war doch die Angeklagte an der Tat auf
jeden Fall beteiligt. Sie hat bei ihrer Ausführung mitgewirkt, und zwar dadurch, dass sie ihrem Ehemann, um seine
geräuschlose und widerstandslose Tötung zu ermöglichen,
beim Abendessen mit Schlaftabletten versetzten Brotaufstrich vorgesetzt und ihn, den Ahnungslosen, durch den Genuss müde gemacht und in der Folgezeit in tiefen Schlaf
versetzt hat.

Lässt sich nämlich auch aus den Schilderungen des
Horst Buchholz und der Angeklagten kein zuverlässiges Bild
darüber gewinnen, was in der Tatnacht in der Bodenkammer
von John Blaue vor sich gegangen ist, wer vor seinem Lager

gestanden und die Beilhiebe geführt hat, und mag man auch
zu Gunsten der Angeklagten bei diesem Sachverhalt nicht
mit Unrecht davon ausgehen, dass in die Wahrheitsliebe,
Offenheit und Anständigkeit von Buchholz gewisse Zweifel
gesetzt werden können, so bestanden doch keine Bedenken,
seine Aussage in Nebenpunkten zu verwerten, die mit der
Tatausführung in keinem Zusammenhang stehen. Für ihn bestand in solchen Punkten, wie schon im Falle der Todesursache seiner Mutter, kein Anlass, von der Wahrheit abzuweichen, sondern er konnte sich in solchen Nebenpunkten
darauf beschränken zu sagen, was er wusste oder nicht wusste. Bei der in einer seiner Vernehmungen (Band IV/635)
mit ihm erörterten Frage, ob denn der schlafende Weinhold
von den Vorgängen der Nacht nichts gemerkt habe, hat sich
Buchholz aber nicht darauf beschränkt zu erklären, das
wisse er nicht oder vermutlich habe Weinhold nichts bemerkt. Er hat vielmehr eine ganz konkrete positive Äusserung abgegeben, nämlich die, Weinhold habe sicher nichts
bemerkt, und er hat auch eine Erklärung dafür gegeben,
eine Erklärung, die abzugeben für ihn gar nicht notwendig
gewesen wäre. Er hat nämlich frei und offen, ohne irgendwelche Vorhalte insoweit, erklärt, er habe von sich aus
die Befürchtung geäussert, ob Weinhold nichts gemerkt haben könne, und sei darauf von der Angeklagten durch den
Hinweis beruhigt worden, Weinhold werde wohl geschlafen
haben, denn er habe von dem Brotaufstrich mit den Schlaftabletten mitgegessen, den sie für ihren Mann zurechtgemacht habe.

Dass die Angeklagte eine solche Bemerkung zu Buchholz
auf dessen entsprechende Frage gemacht hat, davon ist das
Schwurgericht hiernach überzeugt, zumal Buchholz schliesslich gerade auf Schlaftabletten bezüglich Weinhold gar
nicht verfallen konnte, wenn ihm nicht von der Angeklagten
etwas derartiges gesagt worden wäre. Es kommt hinzu, dass
er von dem angeblichen Selbstmord des John Blaue durch
Schlaftabletten ebenfalls nichts gehört hatte.

Schlaftabletten hat also John Blaue tatsächlich zu
sich genommen. Insoweit steckt sogar in der Einlassung
der Angeklagten ein wahrer Kern. Aber er hat sie nicht
freiwillig und aus eigenem Entschluss genommen, sondern

sie sind ihm heimlich beigebracht worden, um ihn dann
ahnungslos im Schlaf töten zu können.

Dass in den Aussagen der beiden Beteiligten – wenn
auch in etwas unterschiedlichen Zusammenhängen – von
Schlaftabletten die Rede ist, kann nicht ein blosser Zufall sein, besonders bei Buchholz nicht, der durch niemand
anders als durch die Angeklagte entsprechend informiert
sein kann und diese Informationen naturgemäss vor der Inhaftierung erhalten haben muss. Die Frage, ob Weinhold von
der Tat nichts gemerkt hat, war für ihn so völlig abseits
von der eigentlichen Tat und Täterschaft gelegen und erschien für ihn so unwichtig, dass keinerlei Motiv für ihn
ersichtlich ist, in diesem Punkt Dinge anzugeben, die nicht
der Wahrheit entsprachen. Insbesondere aber wäre, selbst
wenn er hätte lügen wollen, noch immer keine Erklärung dafür vorhanden, weshalb er dann ausgerechnet auf Schlaftabletten verfallen ist. Viel näher hätte gelegen, beispielsweise zu sagen, Weinhold sei bereits verreist gewesen oder
er sei an dem Abend zum Tanz gewesen u.ä.

Deshalb ist das Schwurgericht überzeugt, dass er es
so, wie er tatsächlich in diesem Punkte ausgesagt hat, von
der Angeklagten gehört haben muss.

Ihm gegenüber hatte aber andererseits auch die Angeklagte keinen Anlass, mit der Wahrheit hinter dem Berge zu
halten, und wenn sie es zu Buchholz so gesagt hat, dann
hat es sich nach der Meinung des Gerichts auch so zugetragen. Das muss umso mehr gelten, als bezeichnenderweise auch
in ihrer Aussage Schlaftabletten weitgehend eine Rolle
spielen, wenn auch gewissermassen die Art und Weise, wie
sie in den Magen von John Blaue gekommen sein sollen, durch
die Angeklagte ein wenig abgewandelt worden ist. Durch die
Beibringung dieser Tabletten, verabfolgt, um die weitere
Tatausführung zu ermöglichen, eine Gegenwehr des Opfers
zu verhindern sowie Lärm und Geräusche und damit die Entdeckung der Tat zu vermeiden, hat die Angeklagte an der
Tat mitgewirkt. Sie ist, wenn nicht Alleintäterin, dann
mindestens Mittäterin, gleichviel wer nun die Beilhiebe
ausgeführt hat. Sie hat die Tötung ihres Ehemannes gewünscht und gewollt. Ihre eigene Erklärung in der Hauptverhandlung " Ich kann doch nichts dafür, dass wir damals

alles so anders angesehen haben ", zeigt in dem Gebrauch
des Wortes " wir ", dass sie bei der Beseitigung ihres Ehemannes mitbeteiligt ist. Angesichts ihrer intellektuellen
Überlegenheit, ihres altermässigen Vorranges und ihrer Füh-
rungseigenschaften ist das Gericht sogar gewiss, dass sie
dabei die treibende Kraft gewesen ist. Ihre Beteiligung an
der Beseitigung ihres Mannes ergibt sich auch daraus, dass
sie beim Wegschaffen und Verbergen der Leiche mitgewirkt
und 8 Jahre lang zusammen mit Buchholz Seite an Seite gelebt hat.

Diesen Abtransport hat die Angeklagte nie geleugnet.
Auch Buchholz hat insoweit keine davon abweichenden Erklärungen abgegeben. Beiden ist offenbar das Eingeständnis des
gemeinsamen Abtransports der Leiche verhältnismässig unver-
fänglich erschienen. Ihren übereinstimmenden Erklärungen,
einer der wenigen, bei denen sie stets verblieben sind,
glaubt das Gericht deshalb in diesem Punkt.

Hat die Angeklagte die Beilhiebe allein ausgeführt,
was nach dem Gutachten des Sachverständigen Prof. Dr.Fritz
auch für eine Frau nicht völlig ausgeschlossen erscheint,
dann ist sie Alleintäterin, was keiner weiteren Ausführungen bedarf.

Hat sie die ersten mehr berührenden Beilhiebe geführt
und Buchholz nur die letzten 3 Schläge, die er immer wieder erwähnt hat, und die in ihrer Art eine kräftige und
geübte Männerhand vermuten lassen, dann hat sie einen Teil-
akt der Tathandlung selbst durchgeführt, einen weiteren
teilweise und ist zusammen mit Buchholz Mittäterin im
Sinne von § 47 StGB. Auch das bedarf keiner weiteren Begründung.

Wenn das Schwurgericht es auch nicht als eindeutig hat
aussprechen wollen, dass es sich so verhalten hat, so mag
doch immerhin erwähnt werden, dass diese Art der Tatbeteiligung die grösste Wahrscheinlichkeit für sich hat. Dafür
spricht, dass der Tote 5 Beilhiebe erhalten hat, Buchholz
aber immer dort, wo er Zahlen nennt, nur von 3 von ihm ausgeführten Schlägen spricht. In dieses Geschehen passt auch
die von der Angeklagten mehrfach behauptete Bemerkung
" Ich kann nicht mehr ", die sie beim Zusammentreffen mit
Buchholz vor dem Badezimmer gemacht haben will. In dieser

Situation wäre das ein Hinweis dahin gewesen, dass sie während der Tatausführung nicht mehr weiter konnte und dass nun Buchholz vollenden sollte, was sie zu vollenden nicht mehr in der Lage war, um so doch noch zu erreichen, was sie als Enderfolg gewollt hatte.

Aber auch wenn Buchholz alle Axthiebe allein ausgeführt haben sollte, bleibt die Angeklagte Mittäterin, weil sie an der Ausführung der Tat mitgewirkt hat. Von mehreren Beteiligten ist derjenige, der die Ausführungshandlung nicht zu Ende führt, sondern nur die Vorbedingungen zum Erfolg schafft, dann Täter, wenn er mit Täterwillen gehandelt, also die Tat als eigene gewollt hat und nicht nur eine fremde Tat hat unterstützen wollen. Dabei ist das Kriterium für die Willensrichtung der Grad des Interesses am Erfolg. Dieses Interesse war bei der Angeklagten. Sie wollte die Beseitigung ihres Mannes. Er war ihr der Minderwertigere, den sie nicht mehr liebte, sondern den sie verachtete und der ihrer Liebschaft mit Buchholz im Wege stand. Für den Letzteren hatte sie sich entschieden. Ihn wollte sie für sich erhalten. Ihm wollte sie das Heim bewahren. Sollte er also allein geschlagen haben, so hat er, wie sie es selbst einmal ausgedrückt hat, " vollendet ", was ich sonst getan hätte ". Selbst wenn sie also die Tat nur durch die Verabfolgung des Betäubungsmittels zu einem Teil ausgeführt hätte, würde das in ihrem Falle zur Feststellung der Mittäterschaft genügen ; denn sie hat auch den etwa von ihrem Partner ausgeführten Tatteil als eigenen gewollt.

Im Falle der Ausführung einiger oder aller Beilhiebe durch Buchholz muss, wie klarstellend bemerkt werden soll, eine vorherige Tatverabredung zwischen den beiden Beteiligten oder wenigstens eine vorherige Aufforderung durch die Angeklagte an Buchholz, die Tötung vorzunehmen, die sie wollte, als sicher angenommen werden. Das ist der Fall, weil die Angeklagte nach ihrer Persönlichkeit und den Zusammenhängen Führung und Initiative hatte und Buchholz auch unmöglich mitten in der Nacht aufgestanden sein und, ohne die zu erwartende Reaktion der Angeklagten zu kennen, plötzlich ohne akuten überzeugenden Anlass mit der Axt über den friedlich schlafenden John Blaue hergefallen sein

kann, wenn keine Erörterung dahin oder keine Aufforderung
dazu vorausgegangen ist.

Da John Blaue eines gewaltsamen Todes gestorben ist,
und zwar von fremder Hand, bestehen keine Bedenken gegen
die Feststellung, dass die Angeklagte allein oder im bewussten und gewollten Zusammenwirken mit Buchholz ihn in
einer Nacht Mitte November 1946, wahrscheinlich in der
Nacht vom 14. zum 15.11.1946, in ihrer Wohnung getötet hat.

3. Rechtliche Würdigung.

Diese Tötung, die bewusst und gewollt und somit vorsätzlich ausgeführt worden ist, stellt sich nach den Be-
gleitumständen als Mord im Sinne des § 211 StGB. dar.

Das ist der Fall, weil der oder die Täter bei der Tat
heimtückisch vorgegangen sind. Heimtücke ist dann gegeben,
wenn der Täter die Arg- und Wehrlosigkeit seines Opfers
ausgenutzt hat. Kennzeichnend für die Heimtücke ist regelmässig die hilflose Lage des von der Tat überraschten arg-
losen und deshalb wehrlosen Angegriffenen (BGH.Str.2, 60).
Dass der Ehemann Blaue, der zur Zeit der Tat schlief, und
zwar eigens durch die Angeklagte zu diesem Zweck eingeschläfert, den Angriffen, die nun gegen ihn geführt wurden,
wehrlos preisgegeben war, und dass die Angeklagte das bereits bei der Einflössung des Schlafmittels vorausgedacht
und erkannt hat, bedarf als selbstverständlich keiner weiteren Ausführungen. Jeder Mensch kann übersehen, dass ein
Schlafender, der unter Drogeneinwirkung steht, nicht bemerkt, wenn etwas gegen ihn unternommen wird.

Übrigens ist nicht einmal Voraussetzung der heimtückischen Tötung, dass der Täter sein Opfer in den Zustand
der Arg- und Wehrlosigkeit versetzt, sondern es genügt,
dass ein solcher Zustand ausgenutzt wird (vgl. BGH. in
NJW. 1951/410 und 1955/1524). Selbst wenn die Angeklagte
im übrigen die Schlafmittel nur verwendet hätte, so, wie
sie es einmal angibt, um dem zu Tötenden Angst, Schreck
und Schmerzen zu ersparen, so würde das an der Heimtücke
nichts ändern ; denn es genügt, dass der Täter die Umstände kennt, die die Tat zu einer heimtückischen machen,
und diese Umstände bewusst ausnutzt (BGH.Str. 2,60).

Die Angeklagte wusste, dass ihr Mann im Schlaf erschlagen werden würde und erschlagen werden sollte, gleich-

viel ob sie es getan hat oder ob Buchholz gehandelt hat.
Sie war sich'also klar darüber, dass ein Schlafender,
noch dazu einer, der unter Ausnutzung seines Vertrauens
gegen sein Wissen eingeschläfert worden war, im Schlaf
sterben sollte. Sie hat nach der Überzeugung des Schwurgerichts im übrigen auch durchaus erkannt, dass eine Beseitigung ihres Mannes mit Rücksicht auf die übrigen Bewohner des Hauses und der Wohnung ohne Lärm und Aufsehen
nur mit Hilfe der von ihr gewählten Methode möglich war,
und sie hat auch, wie sich aus gelegentlichen Äusserungen
in dieser Richtung ergibt, erkannt, dass nur so eine sonst
zu erwartende Gegenwehr von John Blaue zu vermeiden war.

Mord liegt aber auch vor, weil eine weitere Alter-
native des § 211 StGB. erfüllt ist. Die Angeklagte hat
nämlich auch aus niedrigen Beweggründen gehandelt. Es mag
sein, dass die Angeklagte infolge ihres Verhältnisses zu
Horst Buchholz geschlechtlichen Abscheu gegenüber ihrem
Ehemann empfand, wenn sie auch ihre Abneigung insoweit
deutlich übertrieben hat (siehe multiple Sklerose), hat
übertreiben müssen, um einen harmlosen und überzeugenden
Beweggrund für den Vorschlag zum Selbstmord zur Hand zu
haben, während in Wahrheit es gerade in der letzten Zeit
nach ihrer eigenen Erklärung in der Hauptverhandlung ohne
Vorhalte und Vorwürfe ihres Ehemannes abging. Sie hat in
der Hauptverhandlung schliesslich auch keinerlei positive
substantiierte Darstellungen angeblicher besonderer Span-
nungsursachen geben können, sondern sich schliesslich auf
die Bemerkung beschränkt, es hätten zwar für sie erhebliche Spannungen bestanden, aber es habe " nichts Greifbares " vorgelegen. Was sie vorgetragen hat, ihre Demü-
tigungen, ihre Erniedrigung, ihr geschlechtlicher Abscheu
gegenüber ihrem Ehemann, ermangelt jeder konkreten Ein-
zelheit. Sie hat selbst nach Ausschluss der Öffentlichkeit hierzu nichts anzugeben gewusst. Deshalb kann hierin
keine so schwerwiegende Belastung für sie gelegen haben,
dass diese Dinge als ausreichendes Tatmotiv angesehen
werden können. Es kann auch kein Streit zwischen den Eheleuten kurz vorausgegangen sein.

Der geschlechtliche Abscheu hängt überdies eng mit
ihrer Bindung an Horst Buchholz zusammen. Wenn sie sich
zur Beseitigung ihres Mannes entschloss, so war dafür letz

ten Endes der Wunsch Motiv, mit Buchholz, mit dem sie geschlechtlich besser harmonierte, auf jeden Fall zusammenbleiben zu können. Ein anderer akuter Anlass für die Tat hat nicht bestanden. Er ist auch der Situation nach nicht denkbar, von ganz entfernten rein theoretischen Möglichkeiten abgesehen, die deshalb als gänzlich unwahrscheinlich ausser Betracht bleiben können. Alles, was die Angeklagte an negativen Empfindungen über ihren Ehemann fühlte oder sich einredete, rührt letzten Endes aus dem Umstand her, dass sie einen anderen Liebhaber gefunden hatte. Sie hat also ihren Ehemann um des Geliebten willen getötet. Ein solcher Tötungsbeweggrund ist niedrig im Sinne von § 211 StGB. Wer nämlich seinen Ehegatten tötet, weil dieser dem ehebrecherischen Verhältnis im Wege steht, handelt aus niedrigem Beweggrund selbst dann, wenn die Ehe unglücklich ist. (BGH. in NJW 1955, 1727). Eine solche Tötung nämlich ist nach allgemeiner sittlicher Wertung besonders verächtlich und steht auf tiefster Stufe. Dabei kann es nicht auf das eigene Werturteil des Täters ankommen, sondern es muss zugrundegelegt werden, was allgemein von recht und billig denkenden Menschen als gemein und verächtlich angesehen wird. Dort, wo die Ehe als die Grundlage des Staates anerkannt wird, fällt darunter ohne jede Frage der Gattenmord, der ausgeführt wird, um mit dem Liebhaber zusammenbleiben zu können.

Grausamkeit, die eine vorsätzliche Tötung ebenfalls zum Mord stempeln könnte, hat das Gericht nicht festgestellt. John Blaue ist im Schlaf ohne Qualen gestorben. Gleichviel, ob die Angeklagte über die Beigabe der Schlaftabletten hinaus an der weiteren Tatausführung noch aktiv oder lediglich als billigende und den Tod wünschende Zuschauerin mitgewirkt hat, ist sie hiernach auf jeden Fall als Mörderin zu bestrafen, entweder begangen in Allein- oder in Mittäterschaft.

Angesichts des Masses ihrer Mitwirkung, ihrer Interessenlage und ihrer Willensrichtung erübrigen sich Ausführungen über die Frage, ob sie etwa nur als Anstifterin oder Gehilfin einer fremden Tat, der Tat des Horst Buchholz, zu betrachten ist ; denn wer auch den Tod letztlich herbeigeführt hat, dieser Tod war ihr Werk, ihr Ziel, ihr Gedanke.

Anhaltspunkte dafür, dass die Angeklagte zur Zeit der
Tat an Bewusstseinsstörung, krankhafter Störung der Geistes-
tätigkeit oder Geistesschwäche gelitten hat, und deshalb das
Unerlaubte der Tat nicht oder nur unter erheblichen Schwierigkeiten einsehen oder einer solchen Einsicht nicht oder
nur unter erheblichen Schwierigkeiten folgen konnte, liegen
nicht vor. Sie selbst hat sich niemals darauf berufen. Auch
das Gericht hält ungeachtet der abweichenden Beurteilung,
die sie in früheren Verfahren erhalten hat, in Übereinstimmung mit dem überzeugenden Gutachten des Sachverständigen
Prof. Dr.Hallermann die Angeklagte für voll verantwortlich,
auf die Tatzeit bezogen. Das Gericht teilt dieses Sachver-
ständigengutachten auf Grund des Eindrucks, den es von der
Angeklagten gewonnen hat, zumal auch die Bekundungen der
Zeugen Paukstadt und Pavel diesen Eindruck bestätigen. Bei
der Tat der Angeklagten lag auch kein so starker Affekt vor,
dass ihre Selbstkontrolle beeinträchtigt gewesen wäre. Das
ergibt sich schon daraus, dass sie die Tötung, während man
ruhig beim Abendessen sass, ohne jeden äusseren akuten Anlass
vorbereitet, danach planmässig die Arg- und Wehrlosigkeit
des Opfers ausgenutzt und schliesslich auch folgerichtig mit
klarer Überlegung nach der Tat reagiert hat. Sie hat sich
auch bis zu ihrer Festnahme äusserlich völlig unverändert
und unauffällig gegeben.

§ 211 StGB., wonach die Angeklagte zu bestrafen war,
kennt als einziges Strafmass nur lebenslanges Zuchthaus.
Hierauf war deshalb zu erkennen.

Daneben hat das Schwurgericht von der Möglichkeit des
§ 32 StGB. Gebrauch gemacht und der Angeklagten die bürgerlichen Ehrenrechte aberkannt, da sie sich durch ihre niedrige Gesinnung und die Schwere ihrer Tat ausserhalb der sittlichen Gemeinschaft gestellt hat. Der Verlust war auf Lebenszeit auszusprechen (BGH.Str. 5, 2o9 ; Schwarz Note 2
zu § 32 StGB.).

Da das Schwurgericht eine Beurteilung und Wertung
der Persönlichkeit des verstorbenen Horst Buchholz nicht
vorgenommen und die über ihn abgegebenen Erklärungen nicht
verwertet hat, brauchte der Hilfsantrag der Verteidigung,
ein graphologisches Gutachten über seinen Charakter, insbesondere über seine Glaubwürdigkeit einzuholen, nicht
beschieden zu werden, um so weniger, xxxxxxxxxxxxx

215

als zu Gunsten der Angeklagten davon ausgegangen ist, dass er
bei seinen Vernehmungen hinsichtlich des Tatherganges möglicherweise nicht die Wahrheit geschildert hat. >

Die Kostenentscheidung beruht auf § 465 StPO.

An Justiz~~angestellter~~ Jönsson
_____ zur Zustellung am 5. Jan. 1956
_____ zur Post am

Justizangestellter